라이프 트렌드
Life Trend 2025

지은이 김용섭

Trend Insight & Business Creativity를 연구하는 '날카로운상상력연구소' 소장. 트렌드 분석가이자 경영전략 컨설턴트, 비즈니스 창의력 연구자다. 삼성, 현대차, SK, LG, 포스코, 롯데, 한화, GS 등 국내 10대 그룹사 및 500대 기업과 기획재정부, 국토교통부, 외교부 등 정부 기관에서 3000회 이상의 강연과 비즈니스 워크숍을 수행했고, 300여 건의 컨설팅 프로젝트를 수행했다. 《한국경제신문》《한겨레신문》《머니투데이》등에서 칼럼니스트로 활동했고, 〈최경영의 경제쇼〉〈박종훈의 경제쇼〉〈함께하는 저녁길 정은아입니다〉〈성공예감 김방희입니다〉등 KBS 라디오 주요 프로그램에서 10년간 트렌드 관련 고정 코너를 맡아 방송했다. SERICEO에서 트렌드 브리핑 〈트렌드 히치하이킹〉을, 휴넷 CEO에서 〈트렌드 인사이트〉를 통해 대한민국 CEO들에게 최신 트렌드를 읽어주고 있으며, 다수 기업을 위한 자문과 다양한 프로젝트를 진행했다.

저서로 《라이프 트렌드 2025: 조용한 사람들》《리더의 각성 STRONG LEADERSHIP》《라이프 트렌드 2024: OLD MONEY》《라이프 트렌드 2023: 과시적 비소비》《아웃스탠딩 티처 Outstanding Teacher》《ESG 2.0: 자본주의가 선택한 미래 생존 전략》《라이프 트렌드 2022: Better Normal Life》《결국 Z세대가 세상을 지배한다》《프로페셔널 스튜던트 Professional Student》《라이프 트렌드 2021: Fight or Flight》《언컨택트 Uncontact》《펭수의 시대》《라이프 트렌드 2020: 느슨한 연대 Weak Ties》《요즘 애들, 요즘 어른들: 대한민국 세대 분석 보고서》《라이프 트렌드 2019: 젠더 뉴트럴 Gender Neutral》《라이프 트렌드 2018: 아주 멋진 가짜 Classy Fake》《실력보다 안목이다》《라이프 트렌드 2017: 적당한 불편》《라이프 트렌드 2016: 그들의 은밀한 취향》《라이프 트렌드 2015: 가면을 쓴 사람들》《라이프 트렌드 2014: 그녀의 작은 사치》《라이프 트렌드 2013: 좀 놀아 본 오빠들의 귀환》《아이의 미래를 망치는 엄마의 상식》《트렌드 히치하이킹》《페이퍼 파워》《날카로운 상상력》《대한민국 디지털 트렌드》, 공저로는 《머니 트렌드 2025》《머니 트렌드 2024》《코로나 사피엔스, 새로운 도약》《디자인 파워》《소비자가 진화한다》등이 있다.

· 트렌드 전문 유튜브 youtube.com/c/김용섭INSIGHT
· 페이스북 facebook.com/yongsub.kim
· 인스타그램 instagram.com/trendhitchhiking

라이프 트렌드 2025 조용한 사람들

초판 1쇄 발행 2024년 10월 2일

지은이 김용섭 | **발행인** 박윤우 | **편집** 김송은 김유진 박영서 성한경 장미숙 | **마케팅** 박서연 정미진 정시원 | **디자인** 이세연 | **저작권** 김소연 백은영 | **경영지원** 이지영 주진호 | **발행처** 부키(주) | 출판신고 2012년 9월 27일 | **주소** 서울시 마포구 양화로 125 경남관광빌딩 7층 | **전화** 02-325-0846 | **팩스** 02-325-0841 | **이메일** webmaster@bookie.co.kr | **ISBN** 979-11-93528-36-5 13320

※ 잘못된 책은 구입하신 서점에서 바꿔 드립니다.

만든 사람들 편집 박영서, 성한경 | 디자인 이세연

당신이 미처 몰랐던 일상 속의 진짜 트렌드!

라이프 트렌드
Life Trend 2025

조용한 사람들은 더 이상
불리하지 않다, 아니 유리하다

김용섭 지음

조용한
사람들

Quiet & Silent

부·키

조용한데 강력하다

한국은 집단주의 문화가 강했고, 외향적인 사람들이 모든 걸 주도했다. 내향적이고 조용한 성격은 사회생활이나 인간관계에서 약점이 되었다. 사실 외향적인 사람들이 유리한 세상인 건 전 세계가 마찬가지였고, 우리가 좀 더 심했다. 그런데 지금은 달라졌다. 엄밀히 따져보면 IT가 산업의 중심이 되면서 달라졌고, AI 열풍이 불며 더 달라졌다. 내향적이고 조용한 사람도 '능력'만 있으면 얼마든지 창업가가 되고 리더가 된다. 사회생활에서도 더 이상 외향적인 사람들이 주도하지 않는다. 기술적 진화, 사회적 진화, 산업적 진화가 바꾸어놓은 일이다. 누구나 외향성과 내향성을 함께 가지지만 최근 들어 점점 내향성의 가치가 커졌다.《라이프 트렌드 2025: 조용한 사람들》에서는 2025년에 주목할 12가지 트렌드 이슈 중 가장 첫 번째이자, 가장 중요한 트렌드로 '조용한' 사람들의 '조용한' 욕망과 '조용한' 행동이 거침없이 세상을 바꾸는 내용을 다룬다. 내향적이고 조용한 사람들이 바꾸는 트렌드, 내향성 경제가 갈수록 커지고 있는 현실, 내향적 리더가 사회를 이끄는 시대, 소음과 과잉 연결에서 벗어나 조용함이 중요한 욕망이자 소비 코드가 되는 세상에 관한 이야기다. 아울러 텍스트힙이 바꿀 트렌드, 솔로프러너가 가져올 혁신, 자발적 고립주의자들이 일으킬 변화, 비만치료제 열풍이 초래할 의식주 변화, 밀리터리룩이 유행할 불길한 예감, 여행 욕망의 리셋으로 역대 최대가 될 여행 지출, 운동홀릭과 펀러닝, 웰다잉과 장례식 디자인의 유행, 기후 위기가 초래한 인플레이션이 끼칠 영향, 하이엔드 체어에 눈뜬 사람들이 가져올 욕망의 변화, AI at Work가 가져올 인재상과 채용, 교육, 부동산 시장의 변화 등 전방위적 AI 전환 시대에 벌어질 삶의 변화를 순차적으로 다룬다. 이 트렌드 이슈들은 서로 연결되기도 하고, 거대한 메가 트렌드의 퍼즐 조각을 이루기도 한다. 중요한 것은 2025년을 아주 특별한 해로 만들어줄 트렌드를 포착하고 활용하는 능력이다. 우리는 2025년에 많은 것을 버리고 많은 것을 새롭게 받아들여야 한다. 과거와 관성을 버려야 새로운 미래가 보인다. 트렌드 분석은 변화의 방향과 속도, 변화가 만들어낼 위기와 기회 등을 연구한다. 즉 변화 자체를 인정하는 것만큼 중요한 것이 변화를 받아들이는 일이다. 트렌드서를 읽는다는 것은 지적인 탐닉이나 정보 취득 차원에서 그치지 않고, 변화를 받아들여 자신을 바꿀 수 있어야 함을 의미한다. 최대한 관대하고, 열린 태도로 변화를 만끽하기를 권한다.

소음을 걷어내면 진짜 들어야 할 소리가 들린다. 이 책에서는 '조용한 사람들의 시대' 트렌드에서 소음에 대한 내용을 다루고, '자발적 고립주의자들의 시대' 트렌드에서도 소음에 대한 태도를 다룬다. 세상을 보는 일도 마찬가지다. 불필요한 것을 걷어내야 진짜 필요한 것이 더 잘 보인다. 트렌드서라고 해서 세상 모든 것을 다 보여주지는 않는다. 불필요한 것은 조금 걷어내고, 소음은 조금 줄여서 당신이 좀 더 잘 보고, 잘 들어야 할 것을 선명하게 만들어줄 따름이다.

이 책 《라이프 트렌드 2025: 조용한 사람들》은 2025년을 미리 보는 애뉴얼 트렌드 리포트다. 한국 사회가, 한국인이 더 주목해야 할 라이프스타일, 소비, 사회, 문화, 비즈니스 트렌드 이슈들을 제시하는 《라이프 트렌드》 시리즈(2013~2025)의 열세 번째 책이다. 《라이프 트렌드 2013: 좀 놀아 본 오빠들의 귀환》을 시작으로 13년을 이어왔는데 감사하게도 시리즈 전체를 책장에 꽂아두신 애독자들도 꽤 있다. 《라이프 트렌드》 시리즈는 트렌드 분석가로서 가장 애착이 가는 동시에, 가장 작업이 힘든 애증의 책이기도 하다. 나는 현재 트렌드 분석가로서 3가지 '트렌드 분석 시리즈'를 집필하고 있다. 한국 사회의 경제, 산업, 사회, 정치 어젠다가 되는 메가 트렌드 이슈 한 가지를 깊이 있게 분석하는 《트렌드 인사이트》 시리즈는 2020년 4월에 출간한 《언컨택트 Uncontact》를 시작으로 5년을 이어오며 6권을 냈다. 《머니 트렌드》 시리즈(2023~2025)는 트렌드 분석가를 비롯해 경제 애널리스트, 주식 투자 전문가, 부동산 전문가, 테크 전문가 등 각 분야 전문가 8인이 공동 저술하는 한국 사회의 부의 흐름과 경제 트렌드 분석서로, 2024년부터 함께하기 시작해 2025년에도 함께 작업했다. 《라이프 트렌드》 시리즈와 《트렌드 인사이트》 시리즈는 기획, 분석, 집필까지 전체를 단독으로 진행하는 프로젝트이고,《머니 트렌드》시리즈는 공동으로 진행하는 프로젝트다. 3가지 트렌드 분석 시리즈의 정체성이 명확한데, 하나는 넓고 세세하게 보고, 하나는 깊고 논쟁적으로 보며, 하나는 다양한 관점으로 본다. 트렌드 분석가로서 가장 이상적인 연구, 집필 체제를 구축해 진행하고 있는 셈이다.

트렌드는 지속적으로 관찰하고 분석하는 것이 무엇보다 중요하다. 트렌드 분석가는 이미 답이 다 정해져 있는 것, 다 알고 있는 것을 연구하는 것이 아니다. 트렌드 분석가는 수많은 단서와 흐름을 통해 답을 찾아가는 직업이기에 지속적인 공부, 연구, 관찰이 필수다. 그런 점에서 3가지 '트렌드 분석 시리즈'를 지속적으로 작업하는 환경을 유지하고, 여기에 기업들과 상시로 트렌드 분석 작업과 워크숍을 하면서 트렌드 보는 안목을 계속 갈고닦을 수 있다는 것은 트렌드 분석가로서 무척 감사한 일이다. 트렌드 분석력은 쌓이는 것이고, 잘 쌓여야 쓸 만해진다. 트렌드 분석가로서 더 나아지고 있고, 쓸 만해지고 있음을《라이프 트렌드》시리즈를 통해 독자들에게 검증받는 느낌도 든다.《라이프 트렌드》시리즈의 애독자들 덕분에 트렌드 분석가로서 성장하고, 활동을 계속할 수 있다고 해도 과언이 아니다. 늘 감사드린다. 부디《라이프 트렌드 2025: 조용한 사람들》을 즐겁게 읽고, 2025년을 특별한 해로 만드는 데 좋은 인사이트를 얻기 바란다.

"2025년, 당신의 신선한 변화와 멋진 기회 창출을 진심으로 응원합니다."

2024년 10월, 트렌드 분석가 **김용섭**

2025년을 위한 24가지 질문, 그리고 15부류의 사람들

2025년, 라이프 트렌드에서 주목할 문제의식은 무엇이고, 여기서 나올 기회는 무엇일까?

▼

2025년 우리를 둘러싼 트렌드에 대한 문제의식이자 연구 과정에서 집중적으로 관심을 가진 질문은 아래의 24가지다. 24가지라고 했지만 각 질문 속에서 서로 연결된 다양한 질문이 있기 때문에 실제로는 훨씬 더 많은 질문이자 문제의식이다. 이 질문에 대한 답을 찾기 위해 단서와 방향, 이슈를 분석해서 제시하는 것이 이 책의 역할이고, 질문을 자기 상황에 적용해서 재해석하고 자기만의 답으로 고민해보는 것이 독자들의 역할이다. 과연 우리는 2025년에 무엇을 해야 할 것인가? 어디에서 기회를 잡아야 할 것인가? 어떤 일상을 누릴 것인가?

1 조용한 여행, 조용한 걷기, 조용한 럭셔리, 조용한 휴가, 조용한 고용 등 조용함이 전방위적 코드가 된 이유는 무엇일까?

2 침묵이 상품과 서비스가 되고, 새로운 소비 코드가 되는 시대, 우리는 어떤 비즈니스를 주목할까? 과잉 연결, 소음 공해 등이 소비 트렌드에 미칠 영향은 무엇일까?

3 왜 미국에서 내향성 경제Introvert Economy에 대한 분석이 주목받았을까? 한국에서는 내향성 경제가 유효할까?

4 AI와 로봇이 현실이 되는 시대, 조용하고 내향적인 사람이 오히려 리더로서 더 적당하다? 외향적인 사람이 가졌던 유리함이 사라질까? 리더십 트렌드의 변화가 조직 문화와 경영에 미치는 영향은 무엇일까?

5 왜 독서율은 감소하고 출판계는 불황인데, Z세대는 텍스트힙에 열광하며 새로운 독서 열풍을 일으킬까?

6 AI가 촉발시킨 솔로프러너 혁신, 과연 1인 기업의 경제적 가치는 어디까지 커질 수 있을까? 솔로프러너 트렌드가 스타트업 창업을 늘릴까? 솔로프러너가 대기업 고용에도 영향을 줄까?

7 왜 자발적 고립주의자인 쇼펜하우어가 열풍의 주인공이 되었을까? 철학을 도구로 어떤 문제를 풀고 싶었을까?(한국 사회에서 철학 열풍은 주기적으로 불었는데, 다 시기에 맞는 이유가 있었다.)

8 은둔형 외톨이의 증가와 느슨한 연대 트렌드의 확산, 외로움을 대하는 한국 사회의 욕망이 어떻게 바뀌고 있는가?

9 왜 한국인은 행복하지 않을까? 경제력에 비해 행복지수가 유독 낮은 한국에서 '타인과의 관계'에 대한 태도가 바뀌면 어떻게 될까? 한국인이 타

일까? 기후 위기가 초래할 식량 위기에서 자급자족 트렌드가 대안 중 하나로 손꼽히는 이유는?

20 왜 한국에서 전 세계 유일무이한 의자Chair 다큐멘터리 매거진이 나왔을까? 의자가 하이엔드 소비 욕망에서 차지하는 위상은? 하이엔드 의자 시장이 의식주와 라이프 트렌드에 미칠 영향은?

21 하이엔드 체어에 눈뜨기 시작한 한국의 중산층, 한국에서 비싼 의자, 고가 가구 시장이 커질 결정적 이유는 무엇일까? 전 세계 고가 가구 시장은 왜 커질까?

22 영포티피프티Young 4050s가 가진 욕망과 소비력이 한국의 단독 주택, 인테리어, 가구 시장에 미칠 영향은 무엇일까?

23 AI가 일하는 방식을 얼마나, 어떻게 바꿀 것인가? 이런 변화가 일자리 구조와 채용 문화, 조직 문화, 평가 방식과 보상에 미칠 영향은 무엇일까? 인재상은 어떻게 바뀔까? 우리가 겪을 AI 스트레스AI Stress에는 어떤 것이 있을까?

24 AI at Work가 오피스 임대 시장과 주택 시장에 어떤 영향을 미칠까? AI at Work가 의식주와 라이프 트렌드에 미칠 영향은 무엇일까?

2025년, 라이프 트렌드에서 주목할 사람들은 누구인가?

▼

2025년 컬처와 라이프스타일, 비즈니스와 소비에 영향을 미치고, 트렌드를 주도할 15부류의 사람들을 기억해두자. 당신이 바로 그 사람일 수도 있고, 당신 주변 사람들이 그럴 수도 있다. 이들이 무엇을 하는지를 지켜보자. 당신의 2025년이 달라질 것이다.

1 　전방위적 트렌드 코드가 된 '조용함Quiet & Silent'을 활용해 새로운 비즈니스를 만드는 기획자/마케터

2 　내향성 경제로의 전환을 적극적으로 받아들이고 기회를 찾는 사람들

3 　'조용하지만 강력한' 새로운 리더십으로 각성한 경영 리더(외형형 리더에서 내향형 리더로 전환)

4 　AI/로봇을 도구로 적극 활용해 자신의 업무 영역과 가치를 극대화시키는 솔로프러너

5 　타인과의 비교, 집단주의(연공서열)를 과감히 버린 사람들(특히 이것을 버리는 기성세대에 더 주목)

6 　비만 치료제 열풍이 몰고 올 소비/라이프 트렌드 변화에서 기회를 만드는 사람들

7 　피트니스 열풍, 러닝 열풍 등 일상적 운동 열풍에 참여하는 운동중독자 (기회는 깊숙이 관여하는 사람들 눈에 더 잘 보인다)

8 　운동과 자기 관리에 적극적인 싱글(이런 사람들이 싱글 이코노미를 주도한다)

9 　다양한 경험을 위해 여행을 떠나는 사람들(이런 사람들이 여행 트렌드를 주도하고, 가장 왕성한 여행 지출을 한다)

10 　전 세계적 갈등 심화와 지정학적 위기가 초래할 위기와 기회를 '냉정히' 활용하는 경영자 & 투자자

11 　기후 위기가 초래한 기후플레이션Climateflation과 클린 테크Clean Tech가 만드는 위기와 기회를 활용하는 경영자 & 투자자

한 장으로 보는 《라이프 트렌드 2025

애국주의　BRICS　**Military Look**　무역 전쟁　글로벌 공급망 위

Re-Militarization　신냉전　구조조정　지정학적 위기

경제 위기　무력 충돌　시장 변화

Quiet Short-Form　Stealth 가전　Introvert Economy　Dem

층간 소음　소음 공해　Stealth Wealth　Old Money　Quiet Luxu

대화 금지　Sound Bath　Silent

침묵 카페　Sound Therapy　**Quiet & Silent**　Silent

침묵 술집　Sound Healing　Silent

독신주의　Quiet Hiring　Quiet Quitting　Quiet Cutting　Quiet Vacationing　Stealth C

개인주의　Mute Challenge　Noise Canceling　멍때리기　북클럽　독서　모험책

자기 주도권　Mindfulness　Reading is so sexy　독서 열풍

생전 장례식　무덤 친구　종활　죽음 명상　마음챙김　철학 열풍　**TEXT HIP**

**Well-Dying &
Last Dance**　쇼펜하우어 열풍　**자발적 고립주의자**

사르트르 열풍

유산　Care Economy　초고령 사회　행복　타인은 소음이다　타인과 비교　은둔형 외톨이

Young Old　건강　자기 배려　DEI　Veganuary　Vegan　Vegeterian　가

취향　욕망　과시　녹지/숲　여름 별장　**Cli**

VVIP　취향　매거진 C　하이엔드 가구　premium　세컨드 하우스　폭염

Old Money　**High-end Chair**　건축가　신선채소　식품 인플레

각집살이　건축　텃밭　주말 농장　탄소

수면 이혼　Young 4050　의지는 가장 작은 건축이다　단독 주택　가드닝　고대 작물　H

수면 산업　슬립 테크　고급 침대　인테리어　조명　고급 오디오　땅(토지)　자연

조용한 사람들》 트렌드 키워드 맵

Diet Economy　　Early Anti-Aging　　Well-Aging　　Immortality-as-a-service

션　　다이어트　　당뇨　　안티에이징　　피부 관리　　뷰티 테크　　성형　　Young 4050

비만 치료제 열풍

빈익빈 부익부　　수명 연장　　바이오 산업　　Luxury

스포츠웨어　　건강/운동 데이터　　건강식품

Health is the new wealth　　에슬레저룩　　Running Economy　　Fitness　　Gym

건강미

운동홀릭

Dumbbell Economy　　Dry January　　취향

머슬핏　　　　Workoutholic族　　해외여행 열풍　　Daily Vacation

오운완

Fun Running

경험, 솔로, 즉흥, 노마드

경험 소비

1:1 PT　　　　　　　　　　　　　　　　　　　　　　　일본 디저트

독서 챌린지　　러닝 챌린지　　러닝화 열풍　　운동 챌린지　　스포츠 이벤트　　(해외)한 달 살기

어　　지적 탐닉　　　　　　　　　　　　　　　　　　　　　　Solo Travel

창의성　　창업 열풍　　One-Person Unicorn　　증강 인류　　Upskilling

Gen Z

Solopreneur

AI 비서　　1인 기업

대　　자기계발　　　　　　　　　　　　　AI 도구　　Reskilling

자급자족　　생성형 AI　　Cloud Service　　Data Center　　반도체　　구조조정

식량 위기　　노동 생산성

AI at Work

인재 전쟁　　효율성

능력주의　　　　　　　　　　　　　AGI　　AI 윤리

ation

공정성

AI Stress

퇴사　　퇴직 교육

감축　　Hybrid Work　　　　　　　　　　불안　　노사 갈등

오피스 시장　　채용 문화　　Strong Leadership　　공장 자동화　　로봇

able　　The Great Resignation　　조직 문화　　탈연공서열　　휴머노이드

사　　　　　탈인맥주의　　ABS　　TASK　　평가/보상

차례

1	**조용한 사람들의 시대** 021
	: 욕망과 태도가 된 Quiet & Silent! 새로운 소비와 경제가 된다

Silent Travel과 Silent Walking: 왜 웰니스는 '조용함'을 주목할까? / 음소거 챌린지
와 Sound Bath: 소리를 통한 세상과의 단절, 내면의 소리를 찾아서 / 조용한 사람들과
Introvert Economy / 치열한 경쟁 사회지만 '조용한 사람들'은 더 이상 불리하지 않다,
아니 유리하다 / AI 시대에는 조용한, 내향적인 리더가 더 필요하다 / Quiet Luxury와
Stealth Wealth에 대한 관심은 계속된다 / Quiet Vacationing, 일과 휴가의 경계가 조용
하지만 강력하게 지워지다 / Quiet Firing과 Quiet Hiring: 선택이 아닌 필수가 되어간다 /
Quiet Short-Form: 침묵의 리뷰가 확산되다 / 스텔스 가전과 스텔스 캠핑: 드러내지 않았
을 때 얻는 것들 / 침묵 카페, 침묵 술집: 대화 금지를 당연하게 여기는 공간들 / 물멍, 불멍, 숲
멍, 그리고 멍때리기: 우리는 왜 '멍'에 빠질까? / '조용함'이 욕망이 되고 트렌드가 되는 것은
마치 '숨 쉴 구멍'과 같다 / 가장 조용한 활동 '독서': 왜 서울국제도서전에 사람이 몰렸을까?

2	**텍스트힙과 모형책의 묘한 관계** 075
	: 독서 열풍을 주도하는 Z세대, 그리고 책의 변신

왜 텍스트힙이 등장했을까? / 틱톡은 책을 좋아한다! 인스타그램도 / Reading is so sexy!
전 세계로 번진 Z세대 독서 열풍 / 공항 패션보다 공항 책: 한국의 Z세대에게는 책이 욕망의
도구가 될까? / 모형책과 책가도: 책이 굿즈가 되고 인테리어가 되는 것은 오히려 기회다

1장

조용한
사람들의 시대

욕망과 태도가 된 Quiet & Silent!
새로운 소비와 경제가 된다

Life_Trend_2025
#조용한 사람들 #조용한 여행 #조용한 걷기 #음소거 챌린지 #소음 공해 #층간 소음 #사운드 배스 #내향성 경제 #내향적 리더 #조용한 럭셔리 #스텔스 웰스 #조용한 휴가 #조용한 해고 #조용한 고용 #조용한 숏폼 #스텔스 가전 #스텔스 캠핑 #침묵 카페 #침묵 술집 #대화 금지 #멍때리기 독서

LIFE TREND 2025

'조용함'은 오늘날 우리의 핵심 욕망이다. 인위적인 외부 소음, 갈등하는 인간관계에서 벗어나 오롯이 자신에게만 집중하기 위해서다. 패션에서 조용한 럭셔리, 일에서 조용한 사직, 조용한 해고, 조용한 고용, 조용한 휴가, SNS에서 조용한 숏폼, 여행에서 조용한 여행, 스텔스 캠핑, 리더십에서 내향적 리더, 경제에서 내향성 경제 등이 조용하지만 강력한 힘으로 우리의 라이프 트렌드를 바꾸고 있다.

요란하고 복잡한 세상에 살고 있는 우리에게 '조용함Quiet & Silent'이 욕망이 되고 태도가 되는 것은 지극히 자연스러운 전개다. 이는 단지 '소음'에 대한 청각적 반작용으로 한정되지 않는다. 예컨대 인간관계에서는 갈등을 전면에 드러내며 부딪히기보다 은밀히 조용히 몰래 처리하기를 바라고, 자신에게 더 집중하기 위해서도 타인이 만드는 소음을 줄이기를 바란다. '조용한 사람들'이라는 트렌드는 오늘날 우리의 핵심적 욕망이다. 패션에서는 올드 머니 트렌드의 한 요소인 조용한 럭셔리Quiet Luxury에 대한 관심이 높아졌고, 일에서는 조용한 사직Quiet Quitting, 조용한 해고Quiet Cutting, 조용한 고용Quiet Hiring에 이어 조용한 휴가Quiet Vacationing로까지 번지고 있다. SNS에서는 말 없는 조용한 숏폼Quiet Short-Form이 확산되고, 여행에서는 조용한 여행Silent Travel, 스텔스 캠핑Stealth Camping, 스텔스 차박 등이 대두되었다. 이밖에 조용한 걷기Silent Walking, 음소거 챌린지Mute challenge 등 '조용함'을 강조하는 욕망이

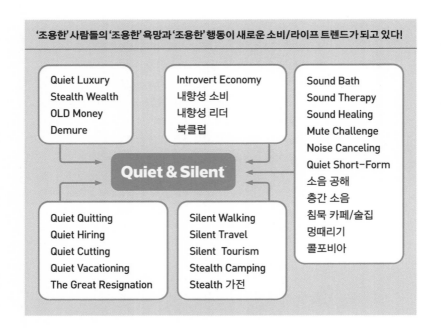

'조용한' 사람들의 '조용한' 욕망과 '조용한' 행동이 새로운 소비/라이프 트렌드가 되고 있다!

Quiet Luxury	Introvert Economy	Sound Bath
Stealth Wealth	내향성 소비	Sound Therapy
OLD Money	내향성 리더	Sound Healing
Demure	북클럽	Mute Challenge

Quiet & Silent

Noise Canceling
Quiet Short-Form
소음 공해
층간 소음
침묵 카페/술집
멍때리기
콜포비아

Quiet Quitting	Silent Walking
Quiet Hiring	Silent Travel
Quiet Cutting	Silent Tourism
Quiet Vacationing	Stealth Camping
The Great Resignation	Stealth 가전

현상을 넘어 트렌드가 되었다. 특히 조용하고 내향적인 사람들의 리더십과 역할이 재조명되고, 소비와 라이프스타일에서 내향적인 사람들이 중요해진다며 미국에서는 '내향성 경제'라는 말까지 등장했다. 조용한 사람들이 우리의 의식주를 어떻게 바꾸고, 삶의 태도와 소비의 욕망을 어떻게 바꾸는지 주목해보자.

Silent Travel과 Silent Walking
: 왜 웰니스는 '조용함'을 주목할까?

▼

웰니스Wellness는 신체적·정신적·사회적으로 모두 건강한 상태를 말한다. 몸만 건강하다고 되는 것이 아니라 정신적 안정, 삶의 가치 발견, 커뮤니티와 외적인 아름다움까지 포괄하는 개념이다. 웰니스는 전통적인 건강 관리와 운동, 피트니스에서 다이어트, 외모 가꾸기, 수면, 마음챙김Mindfulness, 영양 관리, 여행 등으로 확장되었다. 즉 우리를 둘러싼 라이프스타일과 소비, 우리의 욕망 깊숙이 웰니스가 적용되고 있고, 관련 기업들도 웰니스를 마케팅 코드로 활용하며 계속 우리를 유혹하고 있다는 의미다. 국제웰니스협회International Wellness Association는 전세계 웰니스 시장이 연평균 9.9퍼센트의 성장률을 기록하고 있으며, 2025년에는 약 7조 달러에 이를 것으로 전망했다.

특히 최근 들어 여행에서도 웰니스가 지향되고 있는데, 국제웰니스연구소Global Wellness Institute에 따르면, 웰니스 관광(여행)은 연간 6510억 달러 규모이고 2027년까지 연평균 16.6퍼센트 증가가 예상된다. 그동안 우리에게 여행은 '새로운 것을 보고 경험하는' 것, '사진이나 영상에서 보던 곳을 직접 가보는' 것이라는 의미가 컸다. 그런데 이제 기존 방식의 여행을 충분히 경험한 이들이 많아졌고, 어딜 가더라도 자기 자신에게 집중하며 온전히 자기만의 시간을 보내겠다는 이들도 늘어났다. 그래서 부각되는 것이 바로 웰니스 여행이고, 그중에서도 '조용한 여행' '침묵 여행Silent Tourism'이 트렌드의 중심으로 떠올랐다. 조용한 여행은 인위적 소음에서 벗어나는 여행이다. 조용한 여행지를 찾아, 스마트폰을 내려놓고 자연이 내는 소리 자체를 듣거나 침묵과 고요 속에서 자기 자신에게 집중하려 한다. 예전에는 어디를 가느냐보다 누구와 가느냐가 중요하다고 했는데, 이제는 무엇을 하느냐가 가장 중요해졌다. 주인공은 자기 자신이다. 자기 내면의 소리에 귀를 기울이

든, 자신에게 평온을 주든 우선 시작은 소음으로부터 벗어나야 한다. 조용한 여행, 침묵 여행은 일종의 디지털 디톡스, 소음 디톡스, 쇼츠 디톡스나 영상 디톡스이기도 하다. 2023년부터 조용한 여행에 대한 관심이 증폭되기 시작했고, 틱톡이나 인스타 등에서 Silent Travel, Silent Tourism과 관련한 콘텐츠나 직접 하는 챌린지가 2024년까지 계속 이어지고 있다. 2025년에 더 확산될 수밖에 없다. 우리는 지금 너무 시끄럽게 살아가기 때문이다.

우리는 어딜 가더라도 인위적 소음에 노출되어 있다. 도시는 밤낮 각종 소음으로 가득 차 있고, 우리는 스마트폰에 사로잡혀 알고리즘의 노예가 된 채 끊임없이 쇼츠와 동영상을 본다. 잠자기 위해, 또는 명상을 한다면서도 ASMR 소리를 듣고, 심지어 조용한 숲속으로 가도 귀에 이어폰을 꽂고 자연이 아닌 인위적 소리를 듣는다. 소음에 너무 길들여지다보니 침묵을 견디지 못하는 이들도 있다. 틱톡이나 유튜브를 배경음악처럼 켜놓고 끊임없이 영상이 재생되게 하는 이들이 있다. 지루함을 막고 때로는 일의 생산성을 높인다는 이유인데, 과거에 FM 라디오 음악을 들으며 일하던 것과 같은 맥락이다. 하지만 신경과학자들은 이런 행동이 오히려 생산성과 창조성을 저해한다고 한다. 음악과 달리 동영상은 언어적이고 시각적인 정보를 포함하고 있기에 우리 뇌는 이런 정보에 지속적으로 반응하는 것이다. 한마디로 동영상에 중독되면 정신이 거기에 팔려서 뇌 건강, 집중력, 창조성이 떨어진다는 이야기다. 이 문제가 제기된 것은 어제오늘의 일이 아니다. 하지만 매년 우리는 더 많은 쇼츠, 동영상을 소비한다. 세계적인 정보 분석 기업 닐슨Nielsen에 따르면, 미국인이 2023년 스트리밍한 동영상의 총 시간은 2022년보다 21퍼센트 증가했다. 2024년 3월《월스트리트저널》기사에 따르면, 스탠퍼드대 의대 정신건강의학과 애나 렘키Anna Lembke 교수는 쇼츠나 유튜브 동영상은 애초에 사람들을 집중시키고 자극하려고 만든 콘텐츠이기에 이것을 보면 도파민 분비가 일어나고, 마약이나 알코올과 비슷한 방식으로 뇌를 자극해 중독을 일으킬 수 있다고 했다. 이는 미국뿐 아니라 한국도 문제다. 아니 한국이 더 문제일 수 있다.

앱·리테일 분석 서비스 와이즈앱·리테일·굿즈에 따르면, 2024년

1월 기준 한국인의 유튜브 앱 월평균 사용 시간은 40시간이었다. 2019년 1월 21시간, 2021년 1월 31시간, 2022년 1월 33시간, 2023년 1월 37시간에 이어 2024년 1월 40시간대에 진입했다. 세계 평균(중국 제외) 사용 시간 23시간보다 1.7배나 많다. 이 수치는 유튜브 앱 사용 시간만 계산한 것이다. 다른 경로로 보는 유튜브 쇼츠 영상이나, 틱톡과 인스타그램, 페이스북에서 보는 쇼츠 영상까지 포함하면 훨씬 더 많은 시간을 쓴다. 쇼츠중독, 스트리밍중독은 특정 연령, 특정 가구의 문제가 아니지만, 1인 가구의 경우 영상 스트리밍 시간이 더 늘어난다는 점을 간과해서는 안 된다. 이는 결국 어떤 형태로든 문제가 될 수 있다. 와이즈앱·리테일·굿즈에 따르면, 2023년 8월 기준 1인당 월평균 숏폼 비디오 플랫폼(틱톡, 유튜브 쇼츠, 인스타그램, 릴스 등) 사용 시간은 46시간 29분이었다. OTT 플랫폼(넷플릭스, 티빙, 웨이브, 쿠팡 플레이, 디즈니 플러스, 왓챠 등) 이용 시간은 월평균 9시간 14분 이었다. 숏폼 영상을 OTT 영상보다 5배나 더 보는 셈이다. 시간이 5배인 것이지 보는 양은 가늠할 수 없이 많다. 숏폼은 몇십 초에서 몇 분짜리가 많다보니 같은 시간을 보더라도 러닝타임 길이가 긴 OTT 영상보다 훨씬 더 많은 콘텐츠를 접하게 된다. 숏폼 영상에 길들여지면 OTT 드라마나 영화의 러닝타임이 너무 길고 지루하게 느껴질 수밖에 없다. 그래서 빨리감기하듯 영상을 보거나 드라마나 영화의 요약본 영상을 보는 현상이 많아졌다. 이런 태도는 콘텐츠를 볼 때만이 아니라 사람과 관계를 맺을 때나 사회생활 또는 일상생활에서도 뭐든 빠르게 결론만 내리려는 성급한 태도로 이어질 수 있다. 조용한 여행, 조용한 걷기가 그 어느 나라보다 더 필요한 것은 한국 아닐까?

조용한 여행의 시작은 조용한 걷기다. 우리가 가장 쉽게 시도하는 운동이 바로 걷기다. 특별히 돈 들이지 않아도 누구나 일상에서 할 수 있는 운동이기 때문이다. 누구나 스마트폰이나 스마트워치를 통해 자신이 하루에 얼마나 걸었는지 확인할 수 있는 만큼 하루 1만 보 걷기를 실천하려는 사람들도 아주 많다. 운동이 아니라 이동을 위해서도 우리는 걷는다. 대중교통이나 자동차 대신 걸어서 출퇴근하는 사람들도 있다. 걷기의 장점이나 운동 효과, 건강 효과를 강조하는 콘텐츠는 무척 많다. 발의 아치를 강조하거나, 발이 모든 신체 기관이 모여 있는 곳이라는 이야기도 익숙하다. 이런 맥락에서 한국에서는 중장년층 사이에서 맨발 걷기가 확산 중이다. 맨발로 걷기 좋은 황톳길이나 흙길을 만들어 맨발 걷기를 확산시키려는 지자체의 오랜 시도는 이제 중장년층에서 확실히 자리 잡았다. 다이어트 성공 비법으로 장거리 걷기, 하루

2~3만 보 파워워킹을 강조하는 이들도 있다. 다들 자기만의 방법으로 걷기 다이어트 성공 사례를 홍보한다. 이렇듯 걷기는 신체 효과가 중심이었다. 그런데 조용한 걷기는 여기에 정신 효과를 더한다. 걷는 동안 음악도 듣지 않고 외부 소음도 최소화한 상태로 내면의 소리에 집중하는 것이다. 마음챙김 명상 등은 조용한 장소, 수련법 공부 등이 필요하다. 반면에 조용한 걷기는 특별한 도구나 특별한 공간도 필요 없고, 특별한 기술을 배울 필요도 없다. 소음을 걷어내고 걸으면서 자신에게 집중하면 된다. 신체 효과, 정신 효과를 동시에 누리는 것이 바로 조용한 걷기다. 얼마나 합리적이고 실용적인가?

음소거 챌린지와 Sound Bath
: 소리를 통한 세상과의 단절, 내면의 소리를 찾아서

▼

비욘세는 월드 투어 콘서트에서 노래 중간 침묵의 시간을 가지는 퍼포먼스를 했다. 〈에너지Energy〉라는 곡에 "주위를 둘러보니 모두가 아무 말 없이Look around, everybody on mute"라는 가사가 나오는데, 이때 비욘세가 노래를 멈추면 공연장의 모든 관객과 연주자가 비욘세가 다음 가사를 부르기까지 침묵의 시간을 갖는다. 수많은 사람으로 가득 찬 공연장에 갑자기 찾아온 침묵과 고요의 시간은 특별한 경험이 된다. 침묵은 사람들을 집중시키는 방법이 되기도 하는데, 모두가 침묵하면 1초, 1초가 아주 긴 시간처럼 느껴진다. 소음이 가득한 공간에서는 1초는커녕 1분도 금세 지나가버리는데, 침묵은 특별한 시간을 만들어주고 그 순간을 각인시켜준다. 비욘세의 공연 중 침묵 퍼포먼스 영상이 확산되

면서 자연스럽게 음소거 챌린지가 SNS에서 유행이 되었다. 우리 일상에서도 때때로 침묵이 필요하다. 도시에서 밤에 별이 보이지 않는 것은 별이 없어서가 아니라 도시의 조명 때문이다. 도시를 벗어나 하늘을 보면 별이 얼마나 많은지 새삼 놀란다. 소음도 마찬가지다. 외부 소음 때문에 당신은 자기 내면의 소리를 듣지 못하는 것이지, 당신 내면이 아무 소리를 내지 않는 것이 아니다. 웰니스가 트렌드를 넘어 문화로 자리 잡아가면서 조용함도 점점 더 라이프스타일과 소비, 욕망의 중요 코드로 부각되고 있다.

소리로 샤워를 하면서 묵은 감정을 떨쳐내는 사운드 배스Sound Bath, 소리로 정신적·신체적 치유를 하는 사운드 힐링Sound Healing, 소리의 진동이나 파동 에너지를 이용해 신체적·정신적 문제를 치료하는 사운드 테라피Sound Therapy. 셋 다 비슷한 의미를 가진 말이다. 모두 소리의 공명으로 몸속에 진동을 일으켜 건강한 리듬을 회복하는 것을 전제로 삼는다. 소리는 물리적 파동이다. 공기와 물은 이 파동에 반응하고 공명하는데, 우리는 공기로 호흡하고 물을 마시며, 인체는 70퍼센트가 물로 이루어져 있다. 따라서 인간은 소리 파동의 공명 현상을 활용하는 명상이나 치유에 대해 아주 오래전부터 관심을 가질 수밖에 없었고, 이를 동서양 모두에서 활용해왔다. 최근 들어 2030세대 사이에서도 명상이나 사운드 배스, 힐링 악기가 힙하고 새로운 트렌드로 부상 중이다. 요가와 아로마테라피, 사운드 배스를 합친 웰니스 테라피도 등장했다. 호수공원 등에서 물 위 패들보드에 누워 요가를 하는데, 아로마 향기와 싱잉볼Singing Bowl 소리까지 더해진다. 이런 융합 시도는 계속될 것이다. 더 새롭고, 더 다채롭고, 더 특이한 경험을 통해 우리는 일상에서 벗어나고자 한다. 그만큼 우리 일상은 피곤하고, 힘겹고, 시끄럽고, 스트레스로 가득 차 있기 때문이다.

가장 보편적으로 사용되는 도구는 싱잉볼이다. '노래하는 그릇'이라는 말 그대로 그릇 모양 기구를 두드리거나 문지르면 울림 파장을 만들어낸다. 특히 요가와 명상 프로그램에서 근육 이완과 스트레스 해소를 목적으로 누워서 소리와 진동을 느끼는 데 쓰인다. 싱잉볼은 금속 합금으로 만드는데, 2024년 한국에서는 징을 만드는 무형문화재 장인이 한국형 싱잉볼Korea Singing Bowl을 만들기도 했다. 자신만의 리듬을 만들어 연주할 수 있다는 장점을 가진 핸드팬Handpan, 텅드럼Tongue Drum도 싱잉볼만큼 활용이 많다. 공명 상자에 붙어 있는 금속이나 대나무 등 가느다란 판을 튕겨서 음을 내는 칼림바Kalimba나 공명 튜브 속 벨의 흔들림으로 맑고 신비로운 소리를 내는 자피어 차임Zaphir Chime을 비롯해

하프공, 윈드공, 튜니포크, 얼티미트 싱잉볼, 크리스털 싱잉볼, 오션드
럼, 팅샤, 디저리두, 인디언 플루트 등 생소한 이름의 악기들이 힐링 수
단으로 꼽힌다. 이런 악기나 도구가 아니어도 바람 소리, 계곡물 소리,
파도 소리 같은 자연의 소리를 들으며 사운드 힐링을 하기도 한다. 소
리의 파동은 사람마다 느끼는 정도가 다 다르기도 하고 온도나 습도,
기압, 공간 등에 따라서도 미세하게 다르다보니 다양한 방법, 다양한
시도가 존재한다. 사운드 테라피는 대체의학의 한 분야로 인식되는데,
그만큼 소리를 통해 긴장과 불안을 완화시키고, 심신의 안정을 찾으려
는 사람이 많다는 의미도 된다. 치열한 경쟁 사회에서 살아가는 현대인
은 다양한 스트레스와 불안에 시달리며 불면증, 우울증, 공황장애 등을
겪는다. 타인의 말, 도시가 만들어내는 수많은 소리 모두 소음이 되는

데, 이런 소음의 파장이 우리 몸과 마음을 다치게 할 것이다. 결국 소리로 소음에 맞서기 위해 자신을 불편하게 만드는 소리나 세상으로부터 잠시 벗어나, 자신에게 좀 더 집중하면서 스스로를 다스리고 치유하는 방법으로, 사운드 배스, 사운드 힐링, 사운드 테라피는 갈수록 더 각광받을 것이다.

우리에게는 '노이즈 캔슬링Noise Canceling'이 필요하다. 노이즈 캔슬링은 1950년대부터 음향 기술에서 활용되기 시작해 1970년대 전투기 조종사들이 제트 엔진 소음에 방해받지 않고 소통하게 할 목적으로 개발된 기술인데, 헤드폰(이어폰)에서 음악을 들을 때 외부의 잡음과 소음을 없애 음악에 집중하게 하는 용도로 대중화되었다. 특히 2019년 등장한 애플의 아이팟 프로 이후 더 확산되어 음악을 들을 때 외에도 외부 소리를 차단하고 자기만의 세계에 집중할 때 많이 쓴다. 상사의 잔소리를 노이즈 캔슬링해준다는 발상은 개그 소재로 자주 활용된다. 어쩌면 미래에는 타인의 말을 귀로 그대로 듣는 것이 아니라, AI 이어폰으로 듣기 싫은 말은 걸러서 들을 날이 올지도 모르겠다. 중요한 것은 소음의 시대에는 자신만의 고요한 시간을 위해 음소거와 노이즈 캔슬링이 절실하다는 것이다.

조용한 사람들과 Introvert Economy

▼

"내향적인 사람들이 미국 경제를 장악했다The Introverts Have Taken Over the US Economy." 이 도발적인 헤드라인은 경제학자 엘리슨 슈래거Allison Schrager가 2024년 1월 블룸버그Bloomberg에 쓴 칼럼 제목이다. 미국의 싱크탱크인 맨해튼정책연구소 선임연구원이자 블룸버그의 칼럼니스트인 슈래거는 이 칼럼에서 2023년에는 낮에 사무실에서 열리는 파티가 많았고, 대부분의 미국인이 외출을 줄였고, 외출해도 시간대가 더 빨라졌다고 했다. 이런 상황에 영향을 준 요소로는 코로나19 팬데믹, 높은 물가와 금리 탓에 줄어든 씀씀이가 있다. 재택근무가 팬데믹을 기점으로 크게 늘었고, 팬데믹이 끝나도 재택근무는 과거로 돌아가지 않고 입지를 확보했다. 온라인 쇼핑도 팬데믹을 기점으로 폭발적으로 성장해 오프라인 쇼핑을 압도했는데, 팬데믹이 끝나도 여전히 온라인 쇼핑의 입지는 굳건하다. 2023년 블랙프라이데이 때 온라인 매출은 사상 최대치를 기록했다. 그동안 미국의 소비 트렌드와 내수 경제를 주도한 부류는 외출과 외식을 많이 하고, 오프라인 쇼핑몰에서 물건을 많이 사며, 파티를 좋아해 직장이든 학교든 지역 커뮤니티에서든 활발하게 사람들과 어울리는 이들이었다. 이들은 유행을 선도하고, 소비에 적극 기여했다. 또 직장에서 승진이 빨랐고, 리더가 되는 경우도 많았다. 늘 주변에 사람들이 많고, 다소 시끄럽고, 오지랖 넓고, 행동반경도 넓다. 바로 외향적인 성격의 사람들이다.

하지만 이제 내향적인 성격의 사람들이 미국의 소비와 내수 경제를 주도하고 있다는 것이 엘리슨 슈래거의 주장이다. 그 근거로 든 데이터에 따르면, 미국의 전체 소매 쇼핑 중 온라인 쇼핑의 비중이 계속 올라가고 있으며, 뉴욕 레스토랑의 오후 5시 30분 예약률은 급증한 반면 오후 8시 예약률은 감소했다. 공교롭게도 두 시간대의 증가와 감소를 합치면 거의 제로가 된다. 즉 8시에 예약하던 사람이 5시 30분으로 약속 시간을 당겼다는 의미다. 8시 예약 시 식사와 함께 술자리까지 하고 나면 10시나 11시 또는 더 늦게 자리가 끝난다. 일찍 만나 일찍 집에 돌아가는 것을 선호하는 이들이 늘었다고 볼 수 있다. 이는 젊은 층의 음주율 감소와 데이트 문화의 변화와도 연결된다. 갤럽에 따르면, 미국의 18~34세 음주 비율은 2001~2003년 21퍼센트에서 2021~2023년 13퍼센트로 줄었다. 20년 새 거의 반 토막 난 셈이다(반면 중장년층의 음주 비율은 유지되고 있고, 노년층의 음주 비율은 오히려 증가했다). 미국에서 연인을 찾는 가장 보편적인 경로는 데이팅앱과 온라인 플랫폼이다. 이성을 만나려고 외출할 필요도 없고, 술집을 기웃거릴 필요도 없다. 이런 시대가 되니 조용하고, 낯가림하고, 소극적인 내향적인 사람도 외향적인 사람보다 불리할 것이 없어졌다. 이런 변화에 주류업계, 유흥업계,

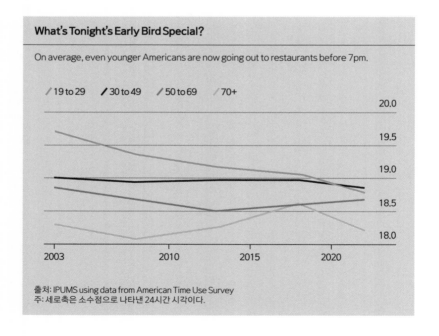

What's Tonight's Early Bird Special?

On average, even younger Americans are now going out to restaurants before 7pm.

/ 19 to 29   / 30 to 49   / 50 to 69   / 70+

20.0
19.5
19.0
18.5
18.0

2003   2010   2015   2020

출처: IPUMS using data from American Time Use Survey
주: 세로축은 소수점으로 나타낸 24시간 시각이다.

오프라인 소매업계 등은 생존을 위한 변화가 필요해졌다. 물론 여전히 내수 경제, 소비 트렌드에서 외향적인 사람들의 역할은 중요하다. 주장을 좀 더 돋보이게 하려고 내향적인 사람들이 미국 경제를 장악했다고 표현했지만, 분명한 것은 장악까지는 아니어도 급부상한 것은 맞다. 기성세대는 외향적인 사람이 일도, 관계도, 소비도 주도하는 상황에서 살아왔다. 과거로 갈수록 더 그랬다. 하지만 1020세대에서는 확실히 다르다. 30대에서도 변화가 드러난다. 사회 전체로 보면 점점 외향성 소비가 줄고 내향성 소비가 늘면서 둘 사이에 균형을 이루는 상태가 되었고, 향후에는 외향성 소비에서 내향성 소비로 무게 중심이 옮겨갈 것이다. 이것은 미국만의 이야기가 아니다. 한국도 마찬가지다. 내향적인 사람들이 경제를 장악했다는 표현은 과할지 몰라도, 분명 내향성 경제가 커져가는 것은 분명하다.

밖에서 하는 사회 활동이나 모임, 야외 활동이 줄어드는 반면 집 안에서 하는 콘텐츠 소비는 늘어난다. 유튜브나 틱톡에서 더 많은 영상을 보고, 넷플릭스를 비롯한 OTT, 인스타그램을 비롯한 SNS에 더 많은 시간을 보낸다. 외식을 하기보다 배달 음식을 더 많이 시켜 먹고, 회식은 꺼리지만 혼술은 즐긴다. 온라인 게임, 웹툰, 온라인 쇼핑에 더 많은 시간과 돈을 쓰고, 사람보다 반려동물, 반려식물, 반려로봇에 대한 수요와 지출이 더 많아질 것이다. 자기계발, 건강, 안티에이징, 패션 등 개인을 둘러싼 다양한 영역에서 내향성 소비의 특성이 반영되는 이슈들이 계속 등장하고 새로운 유행으로 이어질 것이다. 지는 시장과 뜨는 시장, 지는 소비 트렌드와 뜨는 소비 트렌드를 분석할 때, 공교롭게도 외향성 소비와 내향성 소비로 구분해서 보면 꽤 많은 것이 설명된다.

'조용함'은 일상뿐 아니라 경제에서도 주목할 방향성이다.

치열한 경쟁 사회지만 '조용한 사람들'은
더 이상 불리하지 않다, 아니 유리하다

▼

그동안은 내향적인 사람들이 불리했다. 미국, 유럽은 물론이고 전세계가 그랬다. 산업 사회에서는 외향적인 사람들이 유리했다. 치열한 경쟁 사회에서 내향적이고 조용하고 소심하면 뒤처지고 손해 본다고 여겼다. 소심하고 내향적인 성격을 바꾸어준다는 성격 개조 자기계발 프로그램이 쏟아져 나왔고, 맹목적인 자신감을 불어넣는 자기계발 서적들도 잘 팔렸다. 인맥이 넓은 사람을 성공한 사람으로 여기고, 인맥을 활용해 경제적 이득이나 기회를 얻는 것을 당연하게 여기던 시절도 있었다. 직장에서도 외향적인 사람들이 사회생활 잘한다며 선호되고, 승진과 업무 평가에서 유리하기도 했다. 집단주의 문화가 굳건하던 한국 사회에서는 더 그랬다. 하지만 이제 한국에서도 집단주의가 퇴조하고 개인주의가 급부상했다. 102030세대까지는 확실히 개인주의가 우세하다. 4050세대에서는 집단주의와 개인주의가 적절히 균형을 이루며, 6070세대에서는 집단주의가 우세하다. 이런 차이가 이른바 세대 차이가 되고, 직장에서 세대 갈등을 낳는 배경이 되기도 한다. 우리는 이해관계가 얽힌 상황에서는 세대 차이를 주관적으로 볼 수밖에 없다. 이런 배경이 만든 갈등은 결국 시간이 해결해준다. 이미 2030세대의 비중이 3분의 2가량 되는 직장이 많다. 관공서나 공기업은 절반을 넘어섰고, 테크 기업은 4분의 3이 넘는 곳도 많다. 중요한 것은 현재

102030세대가 계속 나이 들 것이고, 따라서 한국 사회에서 개인주의가 우세해지는 것은 시간문제일 뿐이라는 점이다. 지금 4050세대도 개인주의에 꽤 호의적이다. 이들이 한때 신세대라 불리며 한국에서 개인주의를 표방한 첫 세대인 X세대였기 때문이다.

소비자든 유권자든 근로자든 이제 개인주의적이고, 조용하고, 내향적인 성격을 가진 사람들을 주류로 인식할 필요가 있다. 이것은 사회의 변화, 소비의 진화다. 인간이 사회적 동물이라는 것은 변함없는 사실이다. 그러나 AI와 로봇, 스마트폰, 컴퓨터와 인터넷 같은 도구를 활용해 살아가고 일하고 관계를 맺고 소비하는 시대가 되면서 외향적 성격을 가져야 할 필요성, 외향적 성격을 드러낼 기회가 줄어들기 쉽다. 과거에는 내향적인 사람이 외향적으로 성격을 바꾸어서 마침내 사회적 성공을 거두었다는 식의 스토리가 많았지만, 이제는 굳이 그러지 않아도 성공할 수 있다. 여러 연구에 따르면 내향인과 외향인의 비율은 반반 정도라고 한다. MBTI 연구에서도 I와 E의 비율은 거의 반반이라고 한다. 그리고 한 사람한테 내향적인 면과 외향적인 면이 섞여 있다. 그러니 자기 안의 외향성을 일부러 더 부각시키려 애쓸 필요는 없다. 그럼에도 여전히 외향성에 대한 막연한 동경, 내향성에 대한 편견을 가진 이들도 많다.

변호사 수전 케인Susan Cain이 쓴 책《콰이어트Quiet: The Power of Introverts in a World That Can't Stop Talking》는 2012년 출간 이후《뉴욕타임스》베스트셀러 1위에 오르고, 40개 이상의 언어로 번역되었다. 그녀가 이 주제로 강연한 TED 영상은 5000만 회 이상(TED와 유튜브 합쳐서) 조회 수를 기록했다. 수전 케인은 독서광이자 모범생으로 지극히 내향적인 사

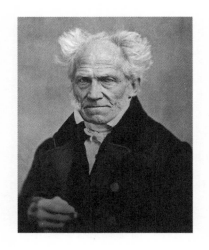

람으로 성장했다. 프린스턴대와 하버드대 로스쿨을 나와 기업과 대학에서 협상 기법을 가르치는 변호사가 되고 나서는, 공부만 할 때와는 다르게 사회생활을 하면서 내향적인 사람이 불리하다는 점을 실감했는지, 자신의 성격과 자신이 하는 일이 어울리지 않는다고 느꼈다고 한다. '왜 세상은 외향적인 사람을 선호할까?'라는 문제의식과 함께, 내향성이 얼마나 위대한 기질인지를 증명해보고 싶다는 생각에 이를 위해 심리학, 유전학, 뇌과학 등을 7년간 공부하며 책을 썼다고 고백한다. 결과적으로 그녀의 문제의식과 그녀가 밝혀내고자 했던 사실이 이 책을 통해 제대로 증명되었고, 덕분에 내향적인 사람, 조용한 사람의 장점이 새삼 주목받게 되었다. 《콰이어트》는 내향인의 장점을 다룬 책 중 아마 가장 널리 알려진 책일 것이다. 이 책 이후 내향적인 사람, 조용한 사람에 관한 책이 한국을 포함해 전 세계에서 다수 출간되기 시작했고, 여전히 계속 나오고 있다. 이제 확실히 우리는 조용한 사람들의 장점에 점점 더 주목하고 있다.

흥미로운 사실은 19세기 독일 철학자 쇼펜하우어가 내향적인 사람을 지적인 사람으로 평가했다는 점이다. 쇼펜하우어 본인이 내향적이고, 타인과 어울리지 않는 사람이기도 했다. 2023~2024년 한국에서 분 쇼펜하우어 열풍에 내향적인 사람들이 더 열광했다는 분석도 있다. 아리스토텔레스도 내향적인 사람의 조용하고 우울한 기질이 철학, 시, 예술에 영향을 준다고 했다. 세계에서 가장 많이 팔린 소설 중 하나인 《해리포터》 시리즈의 작가 조앤 K 롤링은 스스로 아주 내향적인 사람이라고 밝혔다. 2008년 6월 하버드대 졸업식 축사 요청을 받았을 때 아주 영광스럽고 좋았지만, 이내 두려움과 멀미를 몇 주간 겪고 살까지 빠졌다고 했다. 결국 멋진 축사를 해냈고 박수까지 받았지만 말이다. 그녀의 소설 《해리포터》도 수없이 거절당한 원고였지만 끝내 출간되어 세상을 뒤흔들었다. 고흐, 아인슈타인, 키아누 리브스, 리어나도 디캐프리오 등도 내향적인 유명인의 사례로 꼽힌다. 사실 예술가나 작가, 학자, 과학자 등 다른 사람들과의 관계보다 일 자체에 몰입, 집중하는 것이 더 필요한 영역에서 내향적인 사람이 탁월한 족적을 남기는 일은 그리 놀랍지 않다. 세계적 리더 중에서도 내향적인 사람이 많다. 미국 역사상 가장 존경받는 대통령으로 꼽히는 에이브러햄 링컨은 말이 없고, 느리고, 자기 자신에 의지하는 내향적인 사람이었다고 한다. 버락 오바마 대통령도 조용하고 낯가리는 성격인데, 사회 운동과 정치를 하면서 외향성을 드러낸 사람이다. 오바마는 신중하고 절제된 언행으로 리더십을 발휘했다. 넬슨 만델라와 마하트마 간디도 탁월한 내향적 리더였다. 흥미롭게도 외향성이 가장 중요할 것 같은 스포츠 분야에서 최고의 성과를 이룬 스타 중에 자신이 내향적이라고 말하는 이들이 많다. 최고의 축구 선수였고 레알 마드리드 감독으로서도 성공한 지네딘 지단은 말 없고 조용한 아이였는데, 자신이 내향적인 것이 인생에서 도움이 되었다는 인터뷰를 한 적이 있다. 축구의 신으로 불리는 리오넬 메시도 말이 별로 없고 사교적이지 않고 아주 내향적이었으며, 유명 스타가 된 지금도 인터뷰에서 말이 아주 짧다. 그렇다면 왜 최고의 운동선수 중 내향적인 사람이 많을까? 만약 그들이 외향적이었다면 외부의 유혹에 더 많이 노출되어 최고의 실력을 발휘할 기회를 스스로 깎아 먹었을 수도 있다.

AI 시대에는 조용한, 내향적인 리더가 더 필요하다

▼

카를 구스타프 융은 1921년 출간한 《심리 유형Psychologische Typen》에서 외향성은 사교적이고 활발하며, 상황에 쉽게 적응하고, 잠정적 불안 요소에 아랑곳하지 않고 미지의 상황으로 돌진해나가는 특성이라고 했고, 내향성은 사려 깊고 대상으로부터 물러나 관조하며, 방어적이어서 신뢰할 수 없는 상황에 대해서는 뒤로 물러나 신중히 검토하는 특성이라고 했다. 사실 융은 외향성과 내향성 중 어떤 것이 긍정적이고 어떤 것이 부정적이라고 양극화시키지 않았다. 이후 수많은 연구자가 외향성, 내향성 이론을 연구했고, 독일계 영국 심리학자 한스 아이젠크Hans Eysenck가 내향적 성격과 외향적 성격으로만 나누지 않고 감정적, 안정적 요소까지 반영해 성격유형론을 만들었다. 이후 현대에 이르러 내향적인 사람이 외향적인 사람보다 더 높은 성과를 낼 수 있다는 연구가 쏟아졌다.

와튼 경영대학원 애덤 그랜트 교수가 130개 가맹점을 가진 피자 회사를 대상으로 조사한 연구에 따르면, 직원들이 업무에 적극적인 경우 내향적 리더가 외향적 리더보다 14퍼센트 높은 성과를 기록했고,

직원들이 업무에 소극적인 경우에
는 외향적 리더가 내향적 리더보
다 16퍼센트 높은 성과를 보였다.
즉 직원들이 적극적이고 능동적으
로 일하는 회사에서는 외향적 리
더보다 내향적 리더가 더 높은 성
과를 낸다는 것이다. 애덤 그랜트
교수는 후속 연구로 163명의 대학
생을 그룹으로 나누어 티셔츠 접
기 실험을 진행했는데, 각 그룹을
1명의 리더와 4명의 직원으로 구

성해 10분간 얼마나 많은 티셔츠를 접는지를 지켜봤다. 그 결과 직원
들이 적극적인 그룹에서는 리더가 내향적인 사람일 때 평균보다 28퍼
센트 높은 성과를 보였다. 이처럼 조직에 따라 내향적인 사람이 리더로
서 장점을 발휘할 수 있는데, 특히 오늘날의 첨단 산업 환경, 빠르게 변
화하는 산업 환경에서는 오히려 내향적인 리더가 더 유리하다고 볼 수
있다. 리더는 더 이상 군림하는 보스가 아니다. 이제 리더는 비즈니스
상황과 조직 상황을 꼼꼼히 살피고, 세심히 배려하고, 필요할 때는 이
해관계에 굴하지 않고 과감히 결단하는 사람이어야 한다.

　　내가 리더십에는 트렌드가 있고 지금 시대 리더상이 스트
롱 리더십으로 바뀌고 있다는 내용을 담은 《리더의 각성 Strong
Leadership》(2024. 4)을 쓴 것도 이런 배경에서다. 《라이프 트렌드
2023: 과시적 비소비》에서도 2024년 강한 리더십이 한국 기업의 경영

트렌드가 되리라 예측했는데, 실제로 2024년 상반기 주요 대기업에서 구조조정 메시지가 쏟아지고 사업 재편, 인력 재편이 그해 내내 주요 화두로 떠올랐다. 지금은 내향적 리더가 강한 리더다. 과거의 강하다는 이미지는 외향성에 가까웠으나 이제 진짜 강한 것은 외향성이 아닌 내향성에서 나오는 치밀하고 과감한 결단이다. 보스의 강함과 리더의 강함은 확실히 다르다. 앞서서 끌고 갈 수 있는 능력이 없다면, 비즈니스를 풀어가는 유능함이 없다면 지금 시대의 경영 리더로서는 자격 미달이다.

산업 사회와 달리 지식 정보 사회에서는 내향적인 사람의 역할이 갈수록 중요해졌고, IT 산업을 이끈 창업자이자 테크 리더 중에는 내향적인 사람이 많았다. 내향적인 사람은 앞으로 뿐만 아니라 이미 오래전부터 유리했다. 그럴 수밖에 없는 것이 새로운 것을 창조하고 혁신하는 힘은 활발한 성격에서 나오는 것이 아니라 치밀한 계획과 실행에서 나오기 때문이다. 스티브 잡스는 어릴 적 내향적인 성격에 대부분 집에서 시간을 보냈다고 한다. 빌 게이츠도 마찬가지다. 어릴 적 그는 방에서 책 읽고 사색하는 것을 좋아했다고 하는데, 외향적인 어머니는 이를 문제가 있다고 보았는지 심리 상담이 필요하다고 여겼다고 한다. 어머니의 걱정이 무색하게도 빌 게이츠는 성공 비결로 자신의 내향적 성격을 꼽기도 했다. 빌 게이츠나 스티브 잡스는 영업력이나 인맥, 정치력으로 성공한 것이 아니다. 둘 다 내향적이지만 새로운 도전 앞에 적극적이었기 때문에 세상에 없었던 독보적이고 탁월한 기술과 제품을 만들어 성공할 수 있었다. 결국 두 사람은 시가 총액 세계 1, 2위에 오르는 회사를 창업했다.

마크 저커버그가 페이스북을 만든 계기는 사람들과 친해지고 싶은 내면적 욕구에서 시작되었다고 한다. 내향적이었던 그는 다른 사람과 잘 어울리지 못하는 것을 아쉽게 생각했는데, 소셜 네트워크를 통해 외향적인 사람이 아니어도 누구나 쉽게 새로운 친구를 사귀도록 만들었다. 만약 마크 저커버그가 외향적이었다면 페이스북을 만들지 않았을 수도 있다. 그랬다면 그의 미래는 어땠을까? 테슬라의 일론 머스크, 아마존의 제프 베이조스, 투자의 귀재 워런 버핏도 MBTI에서는 I에 해당한다고 평가받는다. 세계 최고의 투자자로 알려진 워런 버핏은 조용하고 민감한 성향이라서 투자를 잘할 수 있었다고 한다. 워런 버핏은 지능 지수와 투자 성공률은 관계가 없으며, 오히려 투자 충동을 억제할 수 있는 기질이 투자 성공률과 큰 관련이 있다고 말한 바 있다. 그는 공식 행사에 가는 것을 꺼리고, 친구가 많지 않으며, 체스가 취미인 내향적인 성격을 가졌다. 그렇지만 세계에서 가장 영향력 있는 사람 중 하나다. 성격은 조용해도 그의 말과 행동 하나하나가 강력한 힘을 발휘한다. 내향적이지만 강력한 리더인 셈이다. 내향적 성향의 완벽한 논리주의자, 용의주도한 전략가가 지식 정보 산업과 금융 산업이 중요해지고, 테크 창업이 부의 중심이 되는 시대에 더 유리할 수 있는 것이다. 버핏은 지금도 매년 외부와 단절된 곳에서 혼자 책 읽고 사색하는 생각 주간을 보낸다. 애플의 공동 창업자 스티브 워즈니악도 수줍어하고 생각이 많은 성격이라고 밝힌 바 있는데, 혼자 일할 때 오히려 더 혁신적이고 창조적인 것을 만들어낸다고 했다. 온전히 혼자 자신만의 시간을 가지고 집중하게 하는 것은 수많은 기업이 실제로 도입하고 있는 방식이다. 업무 몰입도와 집중도를 높이기 위해 집중 근무 시간을 만드는 기업이 많다. 이 시간만큼은 외부 회의, 전화, 이동을 일절 하지 않고 자기 업무에만 집중하도록 하는 것이다. 사무 공간에도 집중하기 좋게 독립적인 공간이나 편안한 공간을 마련하는 경우가 많다.

세계경제포럼World Economic Forum에서는 직업(일자리)의 미래를 다루는 보고서를 주기적으로 발간하는데,《직업의 미래 보고서 2023The Future of Jobs Report 2023》(2023. 4. 30)에는 2023~2027년 기업에서 요구가 증가할 스킬(업무 역량)을 제시한 내용이 들어 있다. 가장 요구가 증가할 스킬 1위가 창의적 사고력이고, 그다음으로 분석적 사고력, 기술 활용 능력, 호기심과 평생 학습, 탄력성, 유연성 및 민첩성, 시스템적 사고력, AI 및 빅데이터 활용 순이다. 솔직히 외향적인 사람에게 이 스킬들이 더 유리하다고 보기는 어렵다. 오히려 내향적인 사람에게 더 유리할 수는 있다. AI와 각종 기술 도구의 활용이 많아지고, 로봇과 AI가 사람의 역할을 대체할수록 결국 인간만이 가진 고유한 역량이 더 돋보일 수밖에 없다. 창의적 사고력, 분석적 사고력은 내향적인 사람에게 훨씬 유리하다. 꼼꼼하고 차분하게 집중하는 힘은 내향적이고 조용한 사람들에게 더 있을 수밖에 없다. 물론 외향적인 사람이라고 전혀 내향성이 없는 것이 아니다. 외향적이냐 내향적이냐는 우열의 문제도 능력의 문제도 아니다. 성향의 문제이고, 각기 장점이 뚜렷하다. 분명한 것은 외향적인 사람이 유리하다는 발상은 구시대적이라는 점이다. 이제 더 이상 내향적이고 조용한 사람이 불리할 것 없다. 오히려 유리할지도 모른다.

Quiet Luxury와
Stealth Wealth에 대한 관심은 계속된다

▼

구글 트렌드에서 'Quiet Luxury'(조용한 럭셔리)와 'Stealth Wealth'(스텔스 웰스) 검색어에 대한 관심도 추이를 최근 5년간(2019. 6~2024. 6) 전 세계를 기준으로 살펴본 결과, 확실히 2023년을 기점으로 이 두 검색어가 급부상했고 2024년까지도 그 흐름이 이어지고 있다. '조용한 럭셔리'는 부를 노골적으로 자랑하기 위해 비싼 소비를 티내는 것을 천박하고 부끄럽게 여긴다. 어설픈 부자들이나 갓 부자가 된 졸부들이나 하는 일로 여기고, 오히려 티 나지 않게 조용히 비싸고 좋은 것을 누린다. 남에게 자랑하고 과시하려는 것이 부를 쌓은 목적이 아니다. '스텔스 웰스'는 부를 숨어서 누리는 것을 지향한다. 조용한 럭

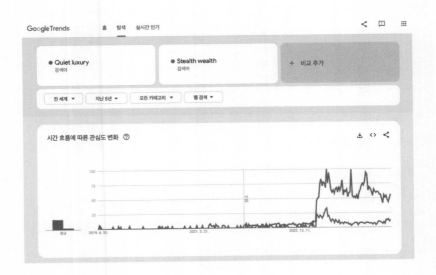

셔리나 스텔스 웰스 둘 다 영국 부자들의 기본적 소비 태도였고, 그러다보니 사람들이 부자들의 소비에 위화감을 가지지 않을 수 있었다. 영국에서는 초호화 저택을 짓거나 말도 안 되는 비용으로 결혼식을 치러도 '위화감을 느낀다'라는 식으로 이야기하지 않는다. 사실 관심이 없다. 부자가 자기 돈으로 무엇을 하든 신경도 안 쓴다. 그냥 그들만의 리그로 여기고 그만이다. 사실 사람들은 타인과 비교를 하면서 불행해진다. 하지만 부자도 타인과 비교 우위로 과시하려 들지 않고, 서민도 타인과 비교하며 위축되지 않는다면 부의 양극화가 물질적 차이로만 다가올 뿐 정신적·심리적 차이로까지 다가오지는 않을 수 있다. 조용한 럭셔리와 스텔스 웰스에 대한 관심은 올드 머니Old Money에 대한 관심에서 비롯되었고, 올드 머니가 그동안 누려왔던 패션, 인테리어, 운동, 여행, 취미를 비롯해 의식주와 라이프스타일 전반이 새로운 트렌드의 욕망으로 자리하게 되었다. 새롭게 부자가 된 사람들이 먼저 올드 머니의 라이프와 소비를 따라갔고, 지금은 실제로 부자는 아닌 20대가 올드 머니 스타일을 따라가고 있다. 올드 머니 트렌드는 미국의 Z세대가 먼저 시작해 전 세계로 번져가 메가 트렌드로 계속되고 있다. 패션에서만 유행했으면 금세 열풍이 꺼졌을 텐데 인테리어, 여행 스타일, 운동으로 계속 확산되고 단독 주택, 고급 가구, 고급 식자재, 기부 등 의식주와 삶의 방식 전반으로까지 확장되면서 올드 머니는 트렌드를 넘어 문화로 자리 잡아갈 가능성이 커졌다.

　　최근 5년간 'Old Money' 검색어에 대한 관심도(검색량)를 살펴보면 확실히 지속적 상승세임을 확인할 수 있다. 앞서 살펴본 Quiet Luxury와 Stealth Wealth의 검색량을 압도할 정도다. 《라이프 트렌

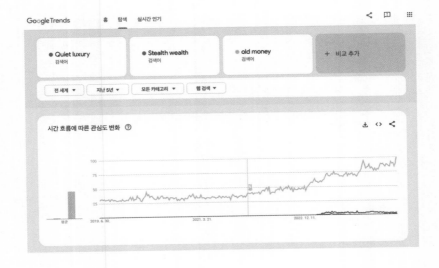

드 2024: OLD MONEY》에서 올드 머니를 핵심 트렌드로 꼽으면서 장기적으로 유효하며, 다른 트렌드 이슈들에 영향을 미칠 메가 트렌드로 전망했는데, 2025년에도 올드 머니는 계속 주목할 필요가 있다. 단지 패션 트렌드로만 바라보지 말고 의식주 전반에서 중요 욕망으로 확장되는 것에 주목해야 한다. 확실히 티 나는 부의 과시, 비싼 물건으로 자신을 드러내는 졸부의 방식은 지금 시대에는 너무 올드하고 식상하다고 여기는 이들이 증가하고 있다. 남들이 부러워해야 돈 자랑하는 이들도 흥이 날 텐데, 졸부식 돈 자랑과 요란한 럭셔리에 무관심해지면서 부 과시의 방향성에 변화가 생길 수밖에 없다. 구찌 입고 벤츠 타고 롤렉스 차고 골프 치는 사진을 찍고 노골적으로 자랑하는 사람은 오히려 진짜 부자가 아니다. 예전에는 진짜 부자가 그랬을 수 있지만 더 이상은 아니다.

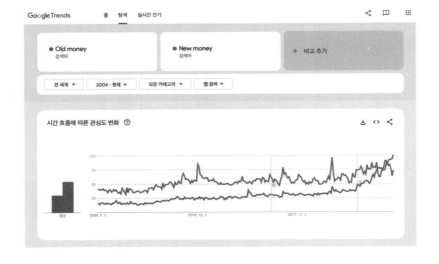

구글 트렌드에서 최근 20년간(2004. 1~2024. 7) 'Old Money'와 'New Money'(뉴 머니) 검색어 관심도 추이를 살펴본 결과, 확실히 New Money에서 Old Money로 관심도가 역전되었고, 격차는 계속 벌어지고 있었다. 지난 20년간 유지되던 두 검색어의 격차가 2023년에 급격히 좁혀져 추세가 역전되는 골든크로스가 일어났고, 2024년에는 확실히 이 추세가 더 증가했다.

조용한 럭셔리는 '드뮤어Demure' 스타일로도 이어졌다. 프랑스어 'demeure(진지한, 엄숙한)'에서 온 영어 'demure'는 과거에는 '진지한, 정중한'이라는 의미로 쓰였고, 현재는 '얌전한, 조용한, 겸손한' 등의 의미로 쓰인다. 이 말이 올드 머니와 조용한 럭셔리 트렌드를 만나 '패션과 행동에서 겸손하고 절제된 스타일'이라는 유행어로 인스타그램, 틱톡을 통해 확산되었다. 패션계에서도 드뮤어를 트렌드 키워드로 내세우며 마케팅하기 시작했다. 너무 요란하고 사치스럽고 과시적인 스타일이 아니라 수줍은 듯 얌전하고 조용하고 단정한 스타일이 매력이 되고 있다. 마케팅 신조어로 떠오른 '인스타그램에 올릴 만한'이라는 뜻의 인스타그래머블instagramable은 원래 화려하고 과시적인 욕망에서 비롯됐는데, 그 반대를 욕망하는 말이 유행으로 번진다는 것은 '조용함'이 확실히 욕망과 태도에서 중요해진 것이다.

Quiet Vacationing, 일과 휴가의 경계가
조용하지만 강력하게 지워지다

▼

휴가와 일은 명확히 구분되었다. 그런데 '조용한 휴가Quiet Vacationing'는 일을 하고 있기는 하지만 마치 휴가를 가 있는 것 같은 상황을 일컫는다. 원격 근무 또는 하이브리드 워크를 하는 직장에서 가능한 조용한 휴가는 엄밀히 휴가를 따로 신청하지 않았지만 휴양지나 집에서 최소한의 일만 소극적으로 하면서 마치 휴가를 보내는 것처럼 하는 것이다. 공식적으로는 근무 중이지만 몰래 쉬는 셈이다. 이렇게 요령껏 쉴 수 있는 것은 원격 근무이기 때문에 가능하다. 직장에서 상사나 동료들과 직접 마주하지 않고 회사의 메시징 플랫폼에서 소통하며 근무 시간 동안 일하고 있다는 흔적만 보여주면 실제로 일하는지 노는지 알 수가 없다. 사실 이런 방법의 원조는 외근 나간다고 하면서 사우나 가거나 아예 놀러 다니다가 조기 퇴근하는 것일 것이다. 출근해서 사무실 의자에 재킷 걸어두고 컴퓨터 켜놓고 책상 위에 일거리를 펼쳐둔 채 나가서 담배 피우고 커피 마시며 한두 시간 허비하거나, 심지어 하루 종일 밖에서 놀다가 퇴근 시간 즈음에 나타나 컴퓨터 끄고 퇴근하는 빌런도 있었을 것이다. 이런 과감한 행동은 과거에는 아주 하기 어려운 시도이자, 겁 없는 이들의 전유물이었다면 원격 근무 환경에서는 누구나 쉽게 시도한다. 조용한 휴가는 계속 확산될 수밖에 없다. 애초에 원격 근무와 하이브리드 워크가 복지를 위한 것이 아니라 생산성, 효율성을 높이기 위해 도입된 것이기 때문이다. 물론 조용한 휴가를 보내도 업무 성과만 확실히 만들어내면 아무런 상관없다. 업무 성과를 못 내는 사람들은 조용한 휴가를 시도하다가 영원히 쉬게 될 수도 있다.

조용한 휴가는 '조용한 사직Quiet Quitting'의 연장선상에서 등장한 현상이기도 하다. '조용한 사직'은 언제든 더 좋은 일자리로 이직할 기회를 엿보며 잘리지 않을 정도로만 일하는 것이다. 일을 하고는 있지만 몰입하지는 않는다. 조용한 사직은 경영자나 인사 담당자 입장에서는 몹시 곤란하다. 월급은 다 받으면서 생산성은 낮은 직원이 많아지면 기업으로서는 손해다. 인건비의 손해보다 기회비용의 손해가 크다. 최선을 다하지 않는 직원들 때문에 최선을 다하는 직원들의 사기도 떨어진다. 조용한 사직이 엄밀히 말해 태업은 아니지만 조직에는 잠재적 위험 요소다. 이런 사람들에게 무엇을 맡기고, 무엇을 기대할 수 있을까? 결국 조용한 사직을 없애는 것이 기업 입장에서는 필요하다. 물론 노동자의 입장에서는 다르다. 지금 회사가 자신을 성장시키고 충분한 기회를 준다면 최선을 다하겠지만, 그것이 아니라면 더 좋은 기회가 있는 곳을 호시탐탐 노리는 것이 합리적인 선택이다. 조용한 사직은 일시적 유행이 아니라 메가 트렌드다. 기업에서도 조용한 사직을 없애기 위한 대응을 적극 할 수밖에 없다. 이제 과거와 같은 맹목적 애사심, 충성심은 없다. 장기근속을 할 생각도 별로 없다. 더 좋은 기회가 주어진다면, 자신이 더 성장할 수 있는 환경이 있다면 언제든 옮겨갈 수 있다. 과거와 달리 실직, 이직에 대한 불안감도 두려움도 적다. 긱 고용에 대해서도 관대하다. 과거의 조직 문화, 과거의 평가나 보상 체계로는 이들을 사로잡기 어렵다. 2030세대 인재들일수록 더더욱 투명하고 공정하게 평가받고 보상받기를 원한다. 성과급도 윗선에서 알아서 결정하는 것이 아니라, 투명하게 성과급 기준을 공개하고 그에 따라서 책정되어야 한다. 잦은 이직을 막지 못하는 시대다. 이런 시대에는 적어도 재직하고 있는 동안 열심히, 최선을 다하게 하는 것이 기업의 목적이다. 이직하지 않고 계속 자기 회사에서 일하게 하는 것을 기업의 목적으로 삼는 것은 의미 없는 짓이다.

Quiet Firing과 Quiet Hiring
: 선택이 아닌 필수가 되어간다

▼

'조용한 사직'이 노동자에게 주어진 칼자루라면, '조용한 해고Quiet Firing, Quiet Cutting'는 기업에게 주어진 칼자루다. 해고 대신 직원 재배치나 직무 평가 강화, 급여 인상 거부, 승진 기회 박탈과 같은 간접적인 해고 사인을 주는 것을 '조용한 해고'라고 한다. 조용한 사직에 대응하는 말이다. 해고하고 필요한 직원을 새로 채용하는 방식보다 기존 직원을 재배치하는 것이 기업에는 이득이기도 하다. 해고하면 퇴직금과 구조조정 비용이 들어갈 수밖에 없는데, 직원 재배치는 비용도 덜 들고 구조조정 효과도 본다. '조용한 고용Quiet Hiring'도 있다. 신규 직원을 뽑기보다, 직원 재배치로 역할을 전환시키거나 단기 계약직을 고용하는 것을 의미한다. 한국은 해고가 어려운 나라다. 기업이 망하거나 인수합병되는 등 아주 심각한 경영 위기가 아니라면 대놓고 해고를 못 한다. 산업 재편에 선제적 대응으로 수익성 없는 기존 사업을 접고 새로운 사업으로 넘어가는 과정에서도 해고는 쉽지 않다. 저성과자, 무능한 무임승차자의 해고도 쉽지 않다. 해고 당사자가 저항하고 반발하면 갈등 상황이 만들어지고 법적으로 다투게 되다보니, 리더들은 조직의 과감한 인적 개편인 구조조정, 정리해고를 기피하게 된다. 고용과 해고 관련한 편법만 난무한다. 사실 조용한 해고, 조용한 고용은 한국 기업들이 그동안 잘하던 것이다. 분명한 것은 고용이 원활해지려면 해고도 원활해져야 한다는 점이다. 북유럽 복지 강국들에서 해고는 우리보다 훨씬 수월하다. 대신 해고된 사람들이 교육을 받고 새로운 일자리를 구하는 것에 대한 지원이 훨씬 적극적이다. 출구를 막는다고 될 일이 아니라 현실적인 출구 전략을 만들어두어야 기업이 고용을 적극적으로 늘릴 수 있다. 기업 상황에 따라 고용을 늘렸다가 줄였다가 탄력적으로 조직 운용을 할 수 있어야, 변화에 빠르게 대응하고 새로운 사업도 더 공격적으로 할 수 있다.

'조용한 사직'과 '조용한 고용' '조용한 해고'는 서로 연결된다. 왜 미국을 필두로 전 세계에서 조용한 사직, 조용한 고용, 조용한 해고가 확산되고 있을까? 산업 변화와 일하는 방식의 변화 때문이다. 아울러 기업이 인재를 선택하는 시대가 아니라, 인재가 기업을 선택하는 시대라는 증거다. 산업이 바뀌고, 업계의 선도 기업들 순위도 바뀌는 시기에는 위기와 기회가 공존한다. 더 나은 기회, 더 밝은 미래가 있는 기업으로 옮겨 가고 싶은 것은 당연한 욕망이다. 인재들이 적극적으로 움직이는 시대다. 조용한 사직은 인재 중심으로 확산되어간다. 사실 능력 없는 사람은 애초에 다른 데로 옮겨갈 궁리도 하기 힘들다. 움직이는 인재들을 잘 잡아두고 잘 데려오기 위해 기업도 조용한 고용, 조용한 해고를 적극적으로 하게 된다. 인재 전쟁의 핵심은 잘 내보내고, 잘 키우고, 잘 데려오는 것이다. 이 과정이 빠르고 갈등 없이 잘 이루어져야 한다. 그런 점에서 조용한 사직, 조용한 고용, 조용한 해고는 갈등을 줄이기 위한 선택이기도 하고, 상시적으로 나가고 들어오는 시대에 대한 방증이기도 하다. '조용함'은 고용, 퇴사, 이직 문화에서도 중요한 방향성이 되고 있다.

Quiet Short-Form: 침묵의 리뷰가 확산되다

숏폼이 대세가 된 것은 불과 몇 년 전부터다. 하지만 몇 년 새 1020세대는 물론이고, 나이 든 사람들까지 숏폼 영상에 중독되다시피 했다. 짧고 자극적이고 강렬한 숏폼 영상에 익숙해지다보면 긴 러닝타임의 영상이 지루해지고, 점점 더 짧고 강렬한 자극을 주는 영상을 원하게 된다. 결국 숏폼 영상에 중독되면 더 많은 숏폼 영상을 찾게 되고, 겨우 몇십 초짜리라도 계속 보다보면 1~2시간을 훌쩍 넘기고 만다. 숏폼 영상은 아주 잠깐 짬이 생겨도 볼 수 있다. 긴 영상은 집중해서 봐야 하고 보다가 멈추어야 할 수도 있지만 짧고 자극적인 숏폼은 집중하려고 애쓰거나 중단할 필요가 거의 없다. 그렇지만 숏폼은 태생적 한계를 안고 있다. 충분한 설명을 할 시간이 모자라다보니 모든 장르에 효과적

이지는 않다. 그럼에도 숏폼 중심으로 영상이 소비되다보니 모든 장르가 숏폼화될 수밖에 없다. 이런 배경에서 등장한 것이 '조용한 숏폼Quiet Short-Form'이다.

틱톡이나 릴스에서 말없이 패션과 뷰티 제품을 소개하는 리뷰 콘텐츠가 많아졌다. 제품 소개나 리뷰 영상은 동영상 플랫폼이나 숏폼 플랫폼에서 비중이 높은 장르 중 하나인데, 짧은 시간에 제품 설명을 자극적으로 하거나 물건에 대한 의견을 쏟아낸다. 워낙 이런 영상이 많다보니 반대로 말없이 조용하게 제품을 보여주거나 손으로 만지며 기능이나 특징을 알려주고, 속삭이듯 작은 소리로 브랜드명을 말하는 영상이 등장하기 시작했다. ASMR(자율 감각 쾌락 반응) 영상과 같은 형식이다. 사람들이 ASMR에 반응했던 것은 심리적 편안함, 안정감을 주는 백색 소음을 원했기 때문이다. 그간 SNS와 동영상을 적극 소비하면서 사람들은 너무 피곤하고 불안정하고 시끄러운 상태에 노출되어왔다. 그렇다고 동영상을 끊지는 못하겠으니, 대신에 ASMR 동영상을 통해 치유받으려고 한 것이다. 그렇게 ASMR 형식은 제품 리뷰에서 보편적인 시끄럽고 자극적인 메시지가 주는 피로감, 불편함, 거부감을 해소해 주었다. 영상 속 인플루언서의 말과 행동이 시끄러운 노이즈로 인식되자 그냥 있는 그대로를 보여주기만 하는 영상을 원하는 이들이 늘어난 것이다. 나아가 숏폼 플랫폼의 자극적이고 시끄러운 영상, 호들갑 떠는 라이브 커머스 사이에서 오히려 조용하고 침묵에 가까운 제품 리뷰나 소개 영상이 차별화되어 시선을 사로잡는다. 조용한 숏폼은 숏폼중독 시대에 새로운 차별화로 주목도를 높인 것이다. 시작은 옷과 화장품 등 패션, 뷰티였지만 이제 식음료, 생활용품, 가전, 책 등 다양한 제품군으로 그 영역이 확장되었다. 짧고 조용하다보니 구체적 설명이 부족할 수 있는데, 이 문제는 댓글창에 관련 정보 링크를 걸어 해결한다.

페이스북의 월간 활성 이용자 수는 30억 명 정도이고, 유튜브는 20억 명, 틱톡은 11억 명, 인스타그램은 10억 명이 넘는다. 겉으로 드러난 수치로는 페이스북이 가장 많고, 역사도 가장 오래되었다. 하지만 지금은 텍스트 기반보다는 동영상 기반, 그중에서도 숏폼 영상 기반이 대세다. 영상 길이가 15초~1분 정도인 숏폼은 틱톡에 의해 확산되었다. 2016년 중국에서 시작되고, 2018년 전 세계로 서비스된 틱톡은 순식간에 1020세대를 사로잡았고 월간 활성 이용자 수에서 폭발적 증가세를 보였다. 이에 메타는 2020년부터 인스타그램에 인스타그램 릴스 Instagram Reels를 서비스하기 시작했고, 2021년부터는 페이스북에도 적용했다. 유튜브는 2021년부터 유튜브 쇼츠 YouTube Shorts를 본격 서비스하며 틱톡이 만들어놓은 숏폼 영상 판에서 경쟁을 시작했다. 유튜브는 2022년부터 쇼츠에 광고도 도입했다. 2022~2023년 유튜버들이 대거 쇼츠 중심으로 전환해 현재 유튜브 조회 수 중 쇼츠의 비중이 80~90퍼센트에 이른다. 페이스북, 인스타그램, 유튜브, 틱톡을 4대 메이저 SNS 라고 할 수 있는데, 모두 숏폼 영상이 조회 수와 활성 이용자 수를 책임 진다고 해도 과언이 아니다. 숏폼 영상은 콘텐츠 소비만 하던 사람들이 직접 콘텐츠를 생산하도록 만들었다. 누구나 쉽게 숏폼을 만들다보니 SNS가 텍스트나 사진 중심에서 숏폼 영상 중심으로 넘어가게 되었다. 이제 숏폼은 SNS의 기본 문법이자 사람들이 자신을 드러내고, 콘텐츠 를 소비하는 기준이 되었다. 기업들의 온라인 마케팅에서도 숏폼은 중 심이 되었다. 그만큼 소비자는 노골적으로 물건 팔겠다는, 시끄럽고 자 극적으로 유혹하는 마케팅이 개입된 콘텐츠를 아주 많이 접하게 되었 다. 이로 인해 피로감, 거부감도 한층 더 많이 쌓이는 환경이기에 조용 한 숏폼에 대한 수요는 계속 늘어날 수밖에 없다.

스텔스 가전과 스텔스 캠핑
: 드러내지 않았을 때 얻는 것들

▼

세계적 가전 전시회에서 '스텔스 가전'을 수년 사이 계속 선보이 고 있다. 점점 화면 사이즈가 커진 TV는 집에서 큰 공간을 차지한다. 아무리 얇아져도 사각형의 검은 화면은 실내 공간에서 두드러져 보인 다. 그래서 등장한 것이 평소에는 안 보이다가 필요할 때만 화면이 나 오는 TV, 벽에 걸어둔 대형 그림이나 사진 액자처럼 평소에는 아트 작 품처럼 보이는 TV다. 냉장고도 주변 벽이나 벽지와 색상을 같게 하고, 문손잡이도 없어서 냉장고가 아니라 그냥 벽이라고 인식하게 만든다 (필요시 음성 인식으로 문을 여닫을 수 있다). 가전과 가구의 결합도 많다. 테이블처럼 생겨 위 판은 테이블로 쓸 수 있는데 아래는 냉장고인 제품도 있고, 테이블과 공기청정기가 결합된 제품, 테이블과 스피커가 결합된 제품, 천장 조명이 빔프로젝터도 되고 스피커도 되는 제품도 있다. 크고 고가의 가전제품일수록 집 안에서 차지하는 비중이 크다보니 디자인이 중시되었다. 하지만 지금은 있는 듯 없는 듯 잘 눈에 띄지 않는 형태로 진화 중이다. 아무리 가전이 생활필수품이라고 해도 집의 주인공은 어디까지나 사람이다. 이렇듯 조연처럼, 때로는 엑스트라처럼 존재감을 지워가는 것이 스텔스 가전이다. 기능은 그대로이나 우리 눈에 두드러지지 않게 하는 것이다. 스텔스 가전 덕분에 좁은 공간이 더 넓어 보이기도 하는데, 일본에서 유독 스텔스 가전 시도가 많다. 한국에서도 1인 가구 증가나 인테리어에 대한 관심 증가가 스텔스 가전에 대한 수요로 이어지는 배경이 된다.

국내 캠핑 인구를 600만 명 정도로 추산하는데, 이렇게 많은 숫자가 될 수 있는 것은 차박 때문이다. 차박은 가성비 높고 합리적인 선택지다. 누구나 자기 차를 가지고 최소한의 장비로 차박을 하다보니 SUV 판매도 급증했다. 물론 고가의 캠핑카를 사거나 비싼 캠핑 장비를 사는 이들도 여전히 있다. 하지만 캠핑카가 늘어나면서 해수욕장이나 캠핑장에서 논란이 되는 일도 많아졌다. 전망 좋은 해변이나 산 가까운 도로변, 무료 공영주차장에 장기 주차하는 캠핑카는 공공의 적이 되어버렸을 만큼 캠핑카에 대한 시선도 곱지 못하게 변했다. 그래서 대형 캠핑카보다 일반 차량을 내부만 개조해 조용히 티 나지 않게 캠핑하려는 이들이 늘어나고 있다. 이것을 '스텔스 캠핑카'라고 부른다. 캠핑은 좋지만 굳이 남의 시선을 끌고 싶지는 않다는 뜻이다. 텐트나 방수천을 둘러치는 차박이 아니라, 차 밖으로 아무것도 드러내지 않고 차 안에서 간단한 캠핑이 가능한 것이 '스텔스 캠핑'이다. 차 안에서 조용히 쉬며 창밖 경치를 즐기거나 커피를 내려 마시거나 라면 같은 간단한 음식을 먹거나 한다. 차 안을 들여다보지 않고서는 일반 차량인지 캠핑 차량인지 알 수가 없다. 스텔스 캠핑이 증가하는 것은 '주차장법 시행령과 시행규칙 개정안'(2024년 9월부터 시행) 때문이기도 하다. 이제 국가기관이나 지방자치단체, 공공기관, 지방공사와 지방공단 등이 설치한 주차장에서 야영이나 취사를 하다가 적발되면 1차에는 30만 원, 2차에는 40만 원, 3차 이상은 50만 원의 과태료 처분을 받는다. 일부 몰지각한 캠핑족 때문에 민원이 늘자 국토교통부가 나서서 법이 개정되었고, 그동안 매너를 지키며 차박했던 이들도 여기에 영향을 받게 되었다. 결국 겉으로 티 나지 않게 조용히 차박하는 방법이 차선책으로 등장한 셈이다. 캠핑 문화의 큰 변화일 수밖에 없다. 대형 캠핑카는 수요가 주춤해지고, SUV나 승합차를 스텔스 캠핑카로 개조하는 시장은 수요가 증가한다. 물론 법 개정으로 차박 열풍이 좀 식고 버블이 꺼지는 것도 나쁘지 않다. 캠핑은 차박이 아니라 클래식한 방식으로 돌아가도 좋다. 분명한 것은 '조용함'이 캠핑을 포함한 우리 일상의 다양한 영역에서 욕망으로, 소비 트렌드로 계속 등장하고 있다는 사실이다.

침묵 카페, 침묵 술집
: 대화 금지를 당연하게 여기는 공간들

▼

카페에서 매너 없는 사람들을 종종 목격한다. 물론 카페에서 대화

할 수는 있지만, 혼자만 쓰는 공간이 아닌데 지나치게 시끄럽게 구는 것은 문제가 있다. 이어폰 없이 스피커로 볼륨을 높여서 유튜브 영상을 보는 사람도 있다. 마치 카페 전체에 중계하듯 큰소리로 소음 공해를 일으키며 전화 통화를 하는 사람도 있다. 카페 직원들에게 무례하게 굴면서 큰소리를 치는 사람도 있다. 안타깝지만 카페에서 매너 없이 소음 공해를 일으키는 사람 중에는 중장년이 많다. 오죽했으면 '아저씨/아줌마 출입 금지' 카페까지 생겨 논란이 되기도 한다. 그렇다고 크게 떠드는 사람을 제어할 수 있을까? 조용히 해달라고 말 건넸다가 싸움날 수도 있다. 이런 소음은 공해이고, 때로는 폭력도 된다. 이런 상황에서 대화가 금지된 침묵 카페가 늘어나고 있다.

서울 서대문구(아현역과 이대역 사이)에 '침묵'이라는 이름을 가진 카페가 있다. 이곳은 대화 금지 카페다. 주문할 때 외에는 말할 수 없는데, 심지어 주문할 때도 메모지와 펜을 준다. 이곳에 온 사람들은 말 한마디 없이 주문하고 커피 마시고 음악 듣고 책 읽고 사색하다가 갈 수

있다. 커피값을 내는 것이 아니라 공간 이용료를 낸다. 1만 원을 내면 2시간 동안 카페에 머물 수 있고, 커피를 비롯한 음료를 마실 수 있다. 메뉴판에 이용 수칙이 적혀 있는데, 귓속말도 금지고 통화도 당연히 금지며 휴대폰도 무음으로 해놓아야 한다. 대화를 금지하고 소음을 줄이니 커피 원두 가는 소리, 커피 내리는 소리, 책장 넘기는 소리, 음악 소리가 더 선명하게 들린다. 침묵으로 사운드 힐링을 해주는 셈이다. 출입문에 '대화 금지' 안내문이 붙어 있으므로 이 규칙에 동의하지 않으면 안 들어가면 된다. 덕수궁 근처에 있는 공유 서재 '마이시크릿덴'도 낮에는 대화 금지 규칙을 유지한다(밤에는 대화 가능한 와인바로 변신한다). 예약제로 이용하는 서재인데 책 읽으며 사색을 즐기는 곳이다. '골방'은 서울, 부산, 제주 등 전국 13곳에 지점을 둔 술집으로 대화 금지가 규칙이다. 예약제로 운영되는데 음악을 들으며 혼술하는 공간이다. 신청곡이나 술 주문도 인스타그램 DM과 카톡 메시지로 받는 다. 일행끼리 여럿이 가더라도 대화는 DM과 카톡으로 해야 한다.

이렇듯 카페, 서재, 술집 등에서 대화 금지, 침묵을 콘텐츠화하고 있다. 갈수록 혼밥, 혼술, 혼커, 혼영, 혼여 등 혼자서 하는 활동이 늘어가고, 타인과의 관계나 교류보다 자기 자신에게 집중할 시간을 원하는 이들도 늘어가기 때문이다. 이들에게 타인의 대화는 소음일 뿐이다. 소음 없이 자신에게 집중하며 커피 마시고 술 마시고 음악 듣고 책 읽고 사색할 수 있는 기회는 '돈을 내고서라도' 이용하는 서비스가 되어버린 시대다. 소음이 기본값인 시대에 침묵은 돈이다. "침묵은 금"이라는 격언과 의미는 살짝 다르긴 해도 결과는 같아졌다. 침묵을 돈으로, 금으로 만드는 비즈니스는 계속 성장할 가능성이 크다.

물멍, 불멍, 숲멍, 그리고 멍때리기
: 우리는 왜 '멍'에 빠질까?

▼

사전에서 '멍하다'는 정신이 나간 것처럼 자극에 대한 반응이 없는 것을 일컫는다. '멍하다'와 비슷한 말로는 '멀뚱멀뚱하다, 멍청하다, 어리둥절하다, 벙벙하다, 아득하다, 꺼벙하다' 등이 있다. 다소 부정적인 뉘앙스가 포함된 이 말은 시대가 바뀌면서 긍정적으로 변하고 있다. 모닥불을 멍하게 쳐다보는 불멍, 강이나 바다를 멍하게 쳐다보는 물멍, 산과 숲을 멍하게 쳐다보는 산멍과 숲멍 등 뭐든 자신이 좋아하는 것을 붙이면 '멍'이 된다. 불멍, 물멍이 좋아서 혼자 캠핑이나 차박을 하는 사람들도 늘어나고, 유튜브에서 힐링용으로 불멍, 물멍 영상을 찾아보는 사람들도 많아졌다. '멍'은 잠시 우리의 머리를 끄는 것과 같은 행동이다. 너무 복잡하고 시끄럽고 피곤한 상황에서 잠시 멈추는 것이다. 특

히 스마트폰에서 벗어나는 디지털 디톡스의 기회가 되기도 한다. 우리는 우리의 눈과 귀, 머리를 한시도 쉬지 못하게 혹사시키고 있다. 그래서 반대급부로 '멍'이 욕망이 되어버린 것이다. '멍'에 빠지는 순간 침묵이 우리를 감싼다.

멍때리기 대회Space-out Competition는 아티스트 웁쓰양WOOPSYANG이 기획해 2014년 10월 서울광장에서 처음 열렸다. 멍때리는 일이야 누구나 일상에서 수시로 하지만, 이것을 대회로 만들어 경쟁하는 형태로 만든 것은 기획자의 공이다. 바쁜 현대인에게 "과연 아무것도 하지 않는 것은 시간 낭비인가?"라는 질문을 던지는 참여형 퍼포먼스인데, 반응이 좋아서 일회성 이벤트가 아닌 새로운 문화 현상이 되었고, 갈수록 관심도와 영향력이 커지고 있다. 2016년부터 장소를 한강으로 옮겨서 올해까지 계속 열리고 있는데, 국내뿐 아니라 일본 도쿄, 대만 타이페이, 중국 베이징과 홍콩, 네덜란드 로테르담 등에서도 멍때리기 대회가 열렸다. 이에 대해 미국 NBC 〈투데이쇼〉(2022. 1. 7)에서 "멍때리기는 그저 허공을 응시하는 것이 아니라 스마트폰 등 디지털 기기를 멀리한 채 의미 있는 휴식이 될 수 있도록 의도적으로 시간을 투자하는 것 … 멍때리기는 삼림욕과 매우 유사하다. 아무런 방해 없이 자연에 몰두하는 것이기 때문이다"라고 소개하고, 오스트리아 일간지《쿠리어Kurier》에서 "현대 사회의 전염병인 소음 공해는 우리 몸에 심각한 손상을 주기 때문에, 고요함 가운데 스트레스를 완화시키는 한국의 '멍때리기'가 서구 사회로 건너올 가능성이 있다. … 복잡함과 소음에서 벗어난 고요함과 휴식은 매우 가치 있는 것이다"라고 소개했을 정도로 해외에서도 관심이 커졌다. '2024년 한강 멍때리기 대회'는 80팀이 본선에 참가했는데, 참가 신청자만 2787명으로 본선 경쟁률이 약 35 대 1에 달할 정도였다. 상금도 없는 행사지만 매년 수십 대 1의 경쟁률을 기록하고 있다. 대회 종료 직전에는 "우리에게 멍때리기를 허하라"라는 구호를 외친다. 치열한 경쟁 사회에다가 워커홀릭이 유독 많은 한국 사회에서 멍때리기는 과거 부정적인 취급을 받았다. 하지만 극심한 갈등과 미래에 대한 불안, 모든 것이 소음인 요즘 시대에 멍때리면서 세상과, 소음과 잠시 단절하는 것은 긍정적인 현상으로 여겨진다. 하루 종일 스마트폰을 쥐고 있고, 유튜브나 쇼츠를 보느라고 몇 시간을 써버리는 사람이 대부분인 이 시대에 아무것도 하지 않고 멍때리는 것은 지극히 건강한 행동일 수 있다.

'조용함'이 욕망이 되고 트렌드가 되는 것은
마치 '숨 쉴 구멍'과 같다

▼

그냥 "좀 시끄럽잖아" 정도가 아니라, "시끄러워서 미치고 못 살겠다"가 된 시대다. '조용함'이라는 욕망은 우리가 찾은 대안이자 숨 쉴 구멍이 된다. 환경부 '층간 소음 이웃사이센터'에 접수된 층간 소음 신고 건수는 2012년 8795건이었으나 2014년 2만 641건으로 2만 건을 넘어섰고, 수년간 비슷한 수준을 유지하더니 2018년에는 2만 8231건으로 3만 건대를 노크하더니, 2020년 4만 2250건으로 치솟은 뒤 2020~2022년 연속으로 4만 건대(최고는 2021년 4만 6596건)를 이어갔다. 2023년에는 3만 6435건으로 다소 주춤한 듯 보이지만 2012년에 비하면 4배 정도 늘어난 수치다. 층간 소음 신고는 10년 전보다 4배, 5년 전보다 2배쯤 늘었다. 더 심각한 것은 층간 소음으로 인한 강력 범죄가 5년간 10배 늘었다는 점이다(경실련에 따르면 층간 소음 때문에 발생한 살인, 폭력 등 5대 강력 범죄는 2016년 11건에서 2021년 110건으로 증가했다). 층간 소음의 심각성은 갈수록 커진다. 층간 소음을 못 견디는 사람이 늘어나는 것은 갑자기 성질 급하고 다혈질적인 사람이 늘어서가 아니라 그동안 누적된 불만과 화가 임계치를 넘어섰고, 아파트, 연립 주택, 빌라, 오피스텔 등 공동 거주 시설에 사는 비율이 압도적으로 많아졌기 때문이다. 국민권익위원회의 조사에 따르면 국민의 88퍼센트가 층간 소음으로 스트레스를 느꼈다고 한다. 아파트를 비롯한 공동 주거 시설에 주로 사는 한국인에게 층간 소음으로 고통받는 것은 지극히 보편적인 현상이다. 이것은 한국인이 유독 집에서 시끄럽게 지내서가 아니라,

건축에서 층간 소음을 억제하는 시공에 투자를 소홀히 했기 때문이다. 평범한 일상을 보내는데도 아랫집에서는 층간 소음을 느낀다.

환경부의 《소음·진동 관리시책 시도별 추진실적》 보고서에 따르면 2020년 기준 전국 지방자치단체에 접수된 소음, 진동 민원 수는 16만 9679건이었다. 2009년에는 4만 2400건 정도였으니 11년간 4배가량 증가했다. 전체 소음, 진동 민원 건수에서 수도권(서울시, 경기도)이 절반이 넘는다. 인구수가 가장 많으니 당연한 결과겠지만, 상대적으로 좁은 지역에 인구 밀도가 높으면 소음, 진동 불편과 민원도 많을 수밖에 없다. 국가소음정보시스템에 따르면 2022년 서울 등 전국 주요 도시의 연평균 소음도는 61.57~70.57데시벨dB로, 국내 기준치인 55데시벨, 세계보건기구WHO 권고치인 53~54데시벨보다 훨씬 높았다. 기준치를 크게 넘어설 정도로 도시 소음이 심하다는 것은 도시에 사는 한국인의 스트레스와 불편이 그만큼 심하다는 이야기이고, 이는 건강에도 악영향을 끼친다. 한국환경연구원에 따르면 소음 노출이 1데시벨 증가할 때마다 심장 및 뇌혈관 질환 발병률은 0.17~0.66퍼센트 증가한다. 유엔환경계획UNEP은 소음이 인류를 위협하는 3가지 중 하나라고 경고한 바 있고, 소음 공해로 EU에서만 매년 1만 2000명이 조기 사망한다고 했다. 세계보건기구는 전 세계 인구 중 약 5퍼센트가 청력 손실을 겪고 있으며, 스마트폰과 이어폰 사용 빈도가 계속 늘고 일상의 소음 공해도 계속 커지는 탓에 2050년이면 전 세계 인구 중 25퍼센트가 청력 손실을 겪을 것으로 전망했다. 미국 존스홉킨스대학교 연구팀에 따르면, 경도 난청이 있는 노인의 치매 발병률은 난청이 없는 노인에 비해 2배 높았고, 중도 난청은 3배, 고도 난청은 5배 높았다. 난청이 치매 유발로 이어질 수 있다는 가설은 학계에서 일반적으로 받아들여지고 있다. 평생 누적된 소음 공해로 청력 손실이 가속화되어 난청에 이르면, 타인과 소통이 원활치 않아 세상으로부터 고립되고, 이것이 사회성, 관계성을 취약하게 만들어, 결국은 치매로 이어질 수 있다는 것이다. 난청 치료는 치매 유발 요인을 제거하는 방법이기도 한 셈이다.

소음으로 가득한 시끄러운 세상은 단지 귀만 다치게 하는 것이 아니라 우리의 삶 자체를 다치게 할 수 있다. 소음에 대한 거부감, 소음에 대한 경각심이 커질수록 '조용함'을 표방하는 서비스와 상품, 콘텐츠가 더 많아질 수밖에 없다. 조용한 사람들의 확산은 결국 새로운 소비 트렌드이자 비즈니스 기회가 될 것이다.

가장 조용한 활동 '독서'
: 왜 서울국제도서전에 사람이 몰렸을까?

▼

2024년 6월 코엑스에서 열린 제66회 서울국제도서전에 5일간 15만 명이 찾았다. 2023년 제65회 서울국제도서전을 찾은 13만 명에 비해 크게 증가했다. 2023년에도 전년보다 방문자 수가 많다고는 했지만, 2024년에는 역대 최고치를 기록했다(아마 2025년에는 다시 역대 최고가 갱신될 것이다). 도서전에 들어가기 전부터 대기 행렬이 이어졌고, 입장 후에도 유명 출판사 부스는 인파에 막혀 들어가지도 못할 정도였으며, 참여한 출판사들은 역대급 매출을 기록하기도 했다. 도서전 참여를 인증한 사진이 SNS에 넘쳐나고, 도서전을 보며 유튜브나 틱톡 영상을 찍는 이들도 많았다. 이는 곧 도서전 참여 자체가 남들에게 보여

줄 콘텐츠가 된다는 것이고, 그만큼 많은 이들이 도서전의 각종 이벤
트, 북토크 등을 매력적 경험으로 여긴다는 방증이 된다. 입장료가 1만
2000원(청소년은 6000원)이지만 요즘 영화표 값도 그보다는 비싸다. 경
험 대비 입장료는 합리적인 셈이고, 그마저 사전 예매하면 8000원(청
소년은 4000원)이다. 사실 도서전을 오가며 쓰는 교통비, 도서전에서 쓰
는 굿즈나 책 구입비, 도서전에서 나와 쓰는 외식비를 생각하면 입장료
는 문제도 아니다.

　도서전이 역대급 흥행을 하다보니 아예 상반기, 하반기로 나눠서
1년에 두 번 개최해야 할까, 독서의 부활이 시작된 거 아닐까 하는 장
밋빛 이야기들도 나올 정도였다. 분명 책의 위기라 불리는 시대인데 도

서전은 흥행했다. 왜일까? 도서전을 찾은 이들은 2030세대 여성이 대부분이라고 해도 과언이 아니다. 흥미롭게도 최근 몇 년 새 트레바리를 비롯한 독서 모임에 참여하는 이들이 늘었는데, 여기서도 2030세대 여성이 대부분이다. 출판사나 독립서점이 하는 북토크와 저자 강연에도 2030세대 여성이 가장 많이 참가한다. 독립서점, 동네서점에서 책 사고 다양한 프로그램에 참여하는 이들도 대개 2030세대 여성이다. 사실 미술관이나 전시장에서 하는 크고 작은 전시 행사에도 2030세대 여성이 압도적으로 많다. 책 읽고, 전시 보고, 지식과 예술을 탐닉하고 사색하는 활동은 아주 오래된 고전적인 행위이자 가장 조용한 활동이다. 적극적으로 자신을 표현하고, 자기주장을 펼치고, 경험 소비, 취향 소비를 하는 2030세대 여성이야말로 서울국제도서전 흥행의 일등 공신이다.

매년 국내 출판 시장은 줄어들고 있고, 성인의 독서율도 줄어들고 있다. 대한출판문화협회의 《출판 시장 통계》 보고서에 따르면, 2023년 국내 주요 71개 출판사 영업이익은 전년 대비 42.4퍼센트 줄었다. 문화체육관광부의 〈2023년 국민 독서실태 조사〉에 따르면, 2023년 성인의 종합 독서율은 43.0퍼센트였다. 1년에 책을 1권이라도 읽은 성인이 겨우 10명 중 4명 정도란 이야기다. 반대로 보면 10명 중 6명 가까운 성인은 1년에 책을 1권도 읽지 않는다는 뜻이다. 2013년 조사에서는 성인 독서율이 71.4퍼센트였다. 첫 조사를 했던 1994년에는 86퍼센트였고, 1990년대 내내 80퍼센트대를 이어갔으며, 2000년대 들어서도 2013년까지는 70퍼센트 내외를 유지했다. 하지만 이후 계속 하락하더니 2019년 50퍼센트대로 떨어졌고 2021년에는 40퍼센트대로 추락했다. 2025년 조사에서는 40퍼센트 벽마저 무너질지도 모른다. 스

연령 및 학교급별 종합 독서율

(2023/단위: %)

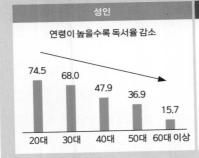

성인
연령이 높을수록 독서율 감소

74.5 68.0 47.9 36.9 15.7

20대 30대 40대 50대 60대 이상

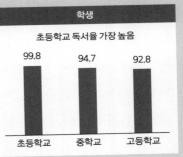

학생
초등학교 독서율 가장 높음

99.8 94.7 92.8

초등학교 중학교 고등학교

연령 및 학교급별 종합 독서율 추이

(2019, 2021, 2023/단위: %)

	성인					학생		
	20대	30대	40대	50대	60대이상	초등학교	중학교	고등학교
'19년	77.8	75.3	60.9	44.9	32.4	96.1	92.2	88.5
'21년	78.1	68.8	49.9	35.7	23.8	95.9	91.9	86.5
'23년	74.5	68.0	47.9	36.9	15.7	99.8	94.7	92.8
Gap('23-'21)	▼3.6	▼0.8	▼2.0	▲1.2	▼8.1	▲3.9	▲2.8	▲6.2

출처: 〈2023 국민 독서실태 조사〉(2023. 12, 문화체육관광부)

마폰 대중화 때문에 독서율이 떨어졌다고? 어느 정도는 맞는 말이다. 그런데 스마트폰이나 OTT, 유튜브 탓하기에는 한국 성인의 독서 기피 현상이 너무 심하다. 이러니 성인의 문해력, 이해력이 계속 떨어지고, 비이성적인 행태가 자꾸 늘어나는지도 모르겠다. 그나마 다행인 것은 학생의 독서율은 아직 건재하다는 점이다. 학생 독서율은 95.8퍼센트다. 성인 독서율이 10년 전보다 크게 줄어든 반면, 학생 독서율은 10년전(96.8퍼센트)과 비슷하고, 30년 전과도 비슷하다. 2013~2021년 사이 계속 줄어들어 2021년 91.4퍼센트까지 내려갔지만 오히려 2023년에 반등했다. 여기서 말하는 독서에 교과서, 참고서, 수험서는 제외된다. 분명 스마트폰이나 유튜브, 틱톡 등에 영향을 안 받는 것이 아닌데도 성인과 달리 핵생은 계속 책을 접한다. 적어도 책을 가까이 하는 태도는 유지하고 있다. 하지만 성인이 되어서는 책 자체를 멀리하는 경향이 두드러진다. 책을 안 읽는다는 것은 새로운 것을 공부하거나 변화를 받아들이려는 태도를 거부하고, 어떤 것에 대해 깊이 생각하고 이치를 따지는 사색의 시간도 갖지 않는다는 의미이기도 하다. 참고로 미국 성인 독서율은 최근 10여 년간 계속 70퍼센트대를 유지하고 있다. 선진국일수록 독서율이 높고, 책 구매에 적극적이며, 도서관 이용도 많이 한다. OECD가 2017년 발표한 국가별 성인 1인당 월간 독서량에서도 우리는 세계 최하위권에 가깝다. 주요 선진국과 비교하면 부끄러울 정도로 독서량이 적다. 유엔무역개발회의UNCTAD는 2021년 7월 제68차 무역개발이사회에서 우리나라를 개발도상국에서 선진국 그룹으로 57년 만에 지위를 변경했다. 유엔무역개발회의에서 개발도상국이 선진국 그룹으로 옮겨간 것은 우리나라가 최초다. 사실 한국은 2000년대부터 다수의 국제기구에서 선진국으로 분류되기 시작했고, 2005년 GDP 순위 10위를 기록한 후 잠시 밀렸지만, 2018년 다시 10위, 2020~2021년에도 10위를 유지했다. 2022년 13위, 2023년에 14위로 하락하긴 했으나 그럼에도 경제력에서는 명백한 선진국이다.

이런 선진국에 사는 기성세대가 책과 계속 거리를 두고 있다는 사실은 우려스럽고 한탄스러운 일이다.

성인 독서율은 연령이 높을수록 크게 낮아진다. 전체 성인 독서율이 43.0퍼센트인데 반해, 20대 독서율은 74.5퍼센트다. 고등학생 독서율은 92.8퍼센트다. 2019~2023년 독서율 추이에서도 20대는 74.5~78.1퍼센트다. 이 기간 중 405060세대 독서율이 크게 하락한 것과 달리 20대는 다소 하락하긴 했어도 높은 수준에서 유지되었다. 심지어 중학생, 고등학생 독서율은 오히려 상승했다. 60대 이상의 독서율이 15.7퍼센트라는 것은 정말 안타까운 일이다. 단순하고 과격하고 극단적인 사람들일수록 책과 거리가 멀 것이다.

물론 도서전이 흥행에 성공했다고 해서 도서전이 핫플레이스가 되고, 이벤트 참여와 굿즈 구매가 활발했다고 해서 책 자체에 대한 진지한 관심이 커졌다고 말하기는 쉽지 않다. 다만 도서전이 도서 애호가나 출판계의 잔치 같은 행사에서 2030세대 여성이 중심인 행사로 변모했다는 점은 분명하다. 책 구매층에서도 2030세대 여성은 중요한 비중을 차지한다. 이들은 치열한 경쟁과 불안한 미래 속에서 자신의 앞날을 고민하고 개척해가며 책을 매개로 위안도 받고 길도 찾는다. 에세이, 자기계발, 소설 분야에서는 지난 수년간 2030세대 여성과 교감하는 주제의 책이 많았다. 이들이 독서 모임을 통해 비슷한 정서와 고민을 가진 이들과 교류하며 연결되어왔던 것도 독서 모임 확대, 도서전 흥행이라는 결과와 무관하지 않다.

독서는 가장 조용한 활동이다. 혼자서도 할 수 있지만 독서 모임처럼 함께 할 수도 있다. 독서 모임은 여러 사람이 어울리지만 요란하지 않다. 어쩌면 가장 조용한 단체 활동이 아닐까? 책을 매개로 하는 활동이 늘어가는 것은 생각은 적고 말만 앞서는 사회가 아니라, 충분히 생각하고 서로의 이야기를 경청하고 논리적으로 의견을 주고받는 사회로 나아가는 데 있어 필수적이다. 책은 활자를 읽는 행위에 그치는 것이 아니라, 생각을 깊게 하고 논리적·이성적으로 타인의 글과 말을 이해하고 판단하는 능력을 기르는 데 근간이 되는 행위다. 한국에서 기성세대가 초래한 책의 위기 시대에, 과연 2030세대의 책에 대한 태도는 어떻게 전개될지 지켜볼 일이다.

2장

텍스트힙과
모형책의
묘한 관계

독서 열풍을 주도하는 Z세대,
그리고 책의 변신

Life_Trend_2025

#텍스트힙 #독서 열풍 #Z세대 #지적 탐닉 #독서 챌린지 #공항 책 #모형책 #책
가도 #책 굿즈 #책 인테리어

"독서는 너무 섹시하다." 이 표현으로 대표되는 '텍스트힙'이 Z세대를 중심으로 새로운 트렌드, 욕망이 되고 있다. 이들은 책을 지적 탐구의 수단이 아니라 힙하고 멋진 차별화의 수단으로 여긴다. 책의 위기, 독서의 위기, 출판의 위기 시대에 '텍스트힙' 독서 열풍은 과연 어떤 기회와 돌파구를 가져다줄까?

한국은 성인 독서율, 독서량에서 세계 최하위권인데, 아이러니하게도 책이 멋진 과시의 도구가 되고 있다! '텍스트힙'이라는 멋진 신조어가 대중에게 보편적으로 받아들여지고 있다! 놀랄 일이다. 기성세대가 책에서 멀어지다보니, 한국인이 책 대신 스마트폰만 쥐고 있다보니 오히려 디지털 네이티브인 Z세대에게는 남들과 다른 차별화의 도구로 책이 부각되었다. 보여주기식 독서든 인스타그래머블한 과시든 상관없다. 한국 사회에서 2030세대가 책을 멋진 도구로 여기며 탐하게 된 것이 도대체 얼마 만인가?

왜 텍스트힙이 등장했을까?

▼

'텍스트힙'은 글자를 뜻하는 텍스트Text에 힙Hip을 붙여, 책 읽는 것이 멋있다는 의미로 쓴다. 영상이 기본이자 주류가 되는 시대에 텍스트는 비주류다. 나고 자라면서 텍스트 중심으로 살았던 기성세대조차 책을 멀리하고 스마트폰과 유튜브에 빠져 자신들이 가졌던 텍스트 세대라는 정체성을 지워버리고 있다. 그런데 오히려 영상과 디지털 시대에 나고 자란 Z세대가 텍스트를 비주류에서 주류로 끌어올리려 한다. 역시 사람들은 자신이 가진 가지지 않은 것을 욕망하고, 흔한 것보단 희소한 것에 꽂힌다. Z세대에게는 종이책이 아주 오래된 과거의 도구가 아니라, 그동안 누려보지 못한 새로운 도구다. 그리고 영상과 숏폼에 시선과 시간을 다 빼앗기는 일상, 너무 시끄러운 일상, 도파민중독 같은 일상에 피로감도 커졌다. 그래서 디지털 디스플레이가 주는 눈의 피로감 대신 종이책을 선택한다. 다들 스마트폰을 쥐고 있는 시대이다보니 종이책을 든 것이 희소하고, 차별화되는 멋진 포인트라 여겨질 수 있다. 취향과 경험을 중요하게 생각하는 지금 시대에 Z세대가 책을 선택하는 것은 지극히 합리적이다.

텍스트힙은 국적 불명의 말이다. 아니 엄밀히 따지자면 한국에서 만들어 우리끼리만 쓰는 말이다. 2024년에 등장한 아주 따끈한 신생어다. 2024년 2월부터 쓰이기 시작하더니, 2024년 4~6월에는 언론에서도 적극적으로 노출되며 등장 이후 단기간에 신조어로 자리 잡았다. 원래 'Hip'은 엉덩이를 일컫는 단어인데, 20세기 초반부터 최신 유행이나 세상 물정에 밝은, 트렌디하다는 의미로도 쓴다. 여기서 나온 'Hipster'(힙스터)라는 말은 1990년대 등장했는데, 하위 문화 중심의 소비 코드를 지향하고, 주류 문화와 다른 독립적인 스타일을 가진 사람을 의미했다. 사실 힙스터는 너드나 히피에 가깝기도 하다. 힙스터는 유행을 따라가는 것이 아니라 오히려 남들이 만든 유행을 거부한다. 유

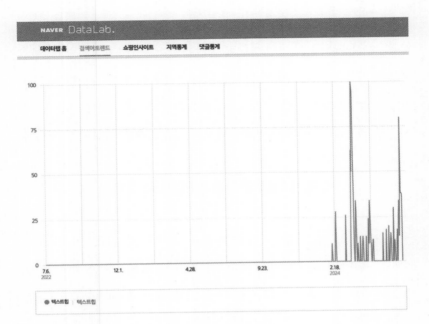

행을 따라 하는 것이 멋지지 않다고 여긴다. 그런데 그러려면 유행을 잘 알긴 해야 한다. 알아야 겹치지 않을 테니까. 힙스터는 최신 유행을 따르는 세련된 멋쟁이가 아니라, 자기만의 기준으로 제멋에 사는 사람들인데, 자기 취향과 경험, 개성이 중요해진 시대가 되면서 이들이 유행을 선도하는 포지션에 올라선 것이다. 2010년대 중반 이후 한국에서 힙스터라는 말이 확산되었고, 홍대나 성수의 이미지처럼 여겨졌다. 이렇게 한국에서 '힙하다'는 말은 멋지고, 세련되고, 개성 있다는 의미로 통하게 되었다. 뭐든 멋지고 좋으면 힙하다고 이야기해버린다.

　텍스트힙의 중심 세력은 20대 여성이다. 세대로 보면 Z세대다. 좀 넓게 봐도 2030세대 여성이고, 이들에게 영향받는 2030세대 남성으로까지 확장된다. 2030세대 여성은 가장 왕성한 문화 소비 세력이다. 미술관, 전시관에 가도, 공연장에 가도 관객의 70~80퍼센트는 2030세대 여성이다. 갑자기 그런 것이 아니라 21세기 들어 계속 그랬다. 이들이 최근 수년 새 미술 시장에서도 존재감을 드러내며 미술 시장이 커지는 데 일조했다. 그런데 이제 이들에게 책도 새로운 소비 대상이 된 것이다.

틱톡은 책을 좋아한다! 인스타그램도

▼

2024년 7월 기준, 틱톡에서 #booktok 해시태그가 붙은 영상(게시물)이 3460만 개다. #cartok 해시태그 붙은 것이 400만 개, #gametok 290만 개, #movietok이 81만 개, #moneytok이 270만 개인 것과 비교하면 확실히 많다. 틱톡의 주 사용자인 Z세대에게는 자동차, 게임, 영화, 돈 이야기보다 책 이야기를 하는 게시물이 압도적으로 많은 것이다. 물론 #car 해시태그가 붙은 영상이 1980만 개, #cars 1760만 개, #game 3390만 개, #gaming 4500만 개, #movie 2010만 개, #movies 490만 개, #money 1600만 개로, #book 570만 개, #books 1000만 개에 비해 많긴 하다. 중요한 것은 틱톡에서 책은 더 이상 비주류가 아니라는 점이다. 적어도 틱톡 안에서만큼은 책이 자동차, 게임, 영화, 돈에 크게 밀리지 않는다. 반면에 현실에서는 비교할 수 없을 만큼 밀린다. 즉 기성세대까지 포함해 전체 인구가 속한 현실 사회와 달리 1020세대가 중심인 틱톡 사회에서는 책이 꽤나 매력적인 도구인 셈이다. 이런 이유로 책의 미래를 밝게 보는 이들도 있다.

1020세대는 틱톡에서 #booktok 해시태그를 달고, 물건을 사서 언박싱하듯 책을 언박싱하는 영상을 찍고, 책 내용을 소개하며 추천하는 영상도 찍고, 종이책이 꽂힌 자신의 책장을 보여주는 영상도 찍고, 영화나 음악을 리뷰하는 영상을 찍듯 책 리뷰 영상도 찍고, 휴가 때나 출퇴근(통학)길에 갖고 다니는 책을 보여주는 영상도 찍는다.

《뉴욕타임스》《파이낸셜타임스》《가디언》등에서 틱톡이 책 판매에 기여한다는 주제를 기사로 다루었는데, 2021년에만 #booktok 해시태그 효과로 2000만 권의 책이 더 팔렸다는 내용이 나온다. 틱톡에서 발굴해 역주행시키거나 입소문을 내어 직접 판매로 이어지게 만들다보니 출판계도 틱톡을 새로운

홍보 경로로 적극 활용한다. 흥미로운 것은 틱톡에서는 종이책이 중심이라는 것이다. 전자책도 오디오북도 아닌 종이책이다. 디지털 네이티브인 Z세대가 아날로그 매체인 종이책을 선택한 것이다. 책 내용 자체는 전자책이나 오디오북이나 종이책과 다르지 않다. 하지만 책 읽기라는 행위 자체의 분위기나 책의 물성이 다르다. Z세대가 종이책을 선호하는 것은 '책 내용'보다 '책의 물성'과 '아날로그의 분위기', 디지털 디

바이스로부터 벗어나는 '디지털 디톡스' 때문이다. 디지털 네이티브가 주도하는 종이책 열풍은 단지 책에 국한되지 않을 가능성이 크다. 문화 전반에서, 라이프스타일과 삶의 태도 전반에서 '아날로그'와 '느리게' '조용하게'를 지향하며 과거에는 살아 있었으나 지금은 퇴조해버린 것들의 새로운 부활, 새로운 기회를 창조해낼 수도 있다.

틱톡뿐 아니라 인스타그램도 책을 좋아한다. 해시태그 #book이 붙은 게시물이 7177만 개, #books는 7458만 개다. #book이 들어간 키워드 중 게시물이 1000만 개 이상인 것도 많고, 수백만 개는 흔하다. 특히 #bookcommunity는 806만 개, #bookclub은 597만 개나 된다. 틱톡에서는 #bookclub 해시태그가 붙은 영상이 240만 개다. 혼자서 책 읽기는 쉽다. 그런데 책을 함께 읽는 북커뮤니티, 북클럽은 좀 더

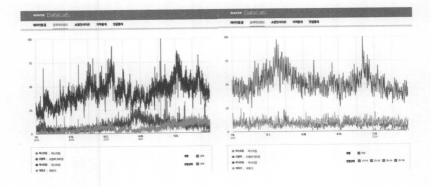

적극적인 독서 행태다.

　네이버 검색어 트렌드에서도 독서 모임에 대한 검색량(관심도)이 전체 연령에서 높다. 그런데 특히 2030세대 여성에게서 아주 높다는 점을 주목할 필요가 있다. 이들이 텍스트힙의 주도 세력이고, 왕성한 문화 소비 세력으로 전시, 공연, 행사를 적극 누리는 소비자이며, 트레바리를 비롯한 독서 모임에서도 주도적인 참여자다. 책의 위기, 출판의 위기는 어쩌면 출판계가 과거 관성에 머물러 있어서일 수도 있다. 독자가 바뀌고, 사회와 욕망이 바뀌면 출판과 콘텐츠 산업은 그에 따라 변화해야 한다. 인터넷과 스마트폰 때문에 출판의 위기가 왔다며 외부에서 원인을 찾기보다 출판계 내부부터 변신이 필요하다.

Reading is so sexy!
전 세계로 번진 Z세대 독서 열풍

▼

　2024년 2월 영국 일간지 《가디언》에서 〈'독서는 너무 섹시하다':

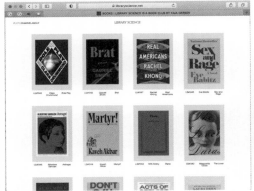

Z세대가 종이책과 도서관을 찾는다〈Reading is so sexy': gen Z turns to physical books and libraries〉라는 제목으로 실제 책과 도서관을 찾는 Z세대를 다루었다. 기사에 따르면 2023년 영국에서 판매된 종이책은 6억 6900만 권으로 역대 최고치였다. 특히 Z세대는 책 구매에서 종이책 비중이 약 80퍼센트로 전자책을 압도했다. 디지털 네이티브가 전자책을 더 많이 볼 것이라는 통념은 큰 오판이었던 셈이다. 그리고 영국에서는 도서관을 이용하는 Z세대가 늘어나 71퍼센트 증가했다고 한다.

이 기사의 제목에 사용된 "Reading is so sexy"라는 표현은 모델 카이아 거버Kaia Gerber가 인터뷰에서 한 말이다. 2001년생인 카이아 거버는 Z세대를 대표하는 모델로 인스타그램 팔로워가 1000만 명이 넘는다. 한때 세계 최고의 모델로 꼽혔던 신디 크로퍼드가 그녀의 어머니다. 모녀가 모두 세계 최고의 모델이라는 사실보다 더 흥미로운 것은 카이아 거버가 '라이브러리 사이언스Library Science'라는 북클럽 사이트를 개설해 운영하고 있다는 점이다. 북클럽 사이트 론칭 이전인

2020년부터 매주 인스타그램 라이브로 독서 모임을 했는데 젠더, 퀴어, 상실, 모성, 인종, 중독, 기후 변화, 교차성 등 다양한 주제의 책을 다루었다. 이 사이트에서는 새로운 목소리를 담은 책, 주목할 작가들의 책과 함께 간과되거나 잘 알려지지 않은 책을 주로 소개하는데, 베스트셀러 목록에 없는 책들을 지속적으로 큐레이션한다. 고전 작품도 소개한다. 10대 후반부터 북클럽을 만들어 팬들, 독자들과 온라인에서 매주 책을 읽고 토론한 것이다. 일회성 이벤트가 아니다. 멋져 보이려고 책을 도구 삼아 인스타그래머블한 쇼를 한 것이 아니다. 이러니 《가디언》이 Z세대 독서 열풍을 다루며 그녀를 비중 있게 다룰 수밖에. 아마 북클럽 중 가장 유명한 것은 오프라 윈프리의 Oprah's Book Club일 것이다. 토크쇼 〈오프라 윈프리 쇼〉(1984~2011)의 한 코너로 시작한 이 북클럽은 1996년부터 매달 1권씩 책을 소개했다. 〈오프라 윈프리 쇼〉 종영 이후에는 2019년 애플TV로 다시 시작하기도 했다. 유명인과 방송의 영향력이 베스트셀러를 만드는 결정적 경로임을 증명한 사례이기도 하다. 그 외 미국의 영화배우이자 영화제작자 리즈 위더스푼이 2017년 시작한 Reese's Book Club을 비롯해 수많은 유명인이 크고 작은 북클럽을 만들어 운영하고 있다. 그런데 Z세대가 만든 북클럽 중에서는 단연 카이아 거버의 북클럽이 가장 유명하고 지속적이다. 애초에 애서가이자 독서광인 유명인이 책 좋아하는 사람들과 커뮤니티를 만들어 교류하려고 북클럽을 만든 것이다. 이런 사람이 "책은 항상 내 인생의 큰 사랑이었고, 독서는 너무 섹시하다"라고 말하니 얼마나 진정성 있게 다가오는가.

공항 패션보다 공항 책
: 한국의 Z세대에게는 책이 욕망의 도구가 될까?

▼

유명 연예인이나 셀럽이 어떤 책을 읽는지는 책 판매에 직접 영향을 준다. 요즘만 그런 것이 아니라 아주 오래전부터 그랬다. 그러므로 지금 주목할 것은 셀럽의 책 추천이 아니라, Z세대 유명인, 셀럽이 책을 대하는 태도다. 이는 영국, 미국 등에서 불고 있는 Z세대 발 독서 열풍이 한국에서도 이어질 수 있을지를 가늠하는 바로미터다. 독서 열풍이 번지려면 책이 욕망의 도구가 되어야 한다. 실용적 지식, 정보 이전에 자신을 드러낼 패션 스타일, 굿즈가 될 수 있어야 한다. 독서의 목적이 꼭 지식 축적, 지적 탐닉일 필요는 없다. 스마트폰과 인터넷이 기본인 시대에 나고 자라 책과 글보다는 영상이 훨씬 익숙하고 자연스러운 디지털 네이티브, 유튜브 세대에게 아주 오래된 과거의 독서 문화를 강요하는 것은 시대착오일 수 있기 때문이다. 책을 읽든, 책을 갖고 놀든, 책을 요리해 먹든 그건 독자의 몫이다.

걸그룹 르세라핌의 멤버 허윤진도 책 읽는 아이돌의 대표로 꼽힌다. 연예인 관찰 예능인 MBC 〈전지적 참견시점〉에 출연했을 때 공연 활동 중 대기실에서 틈틈이 책 읽고 필사하는 모습이 방송으로 나왔다. 해외 공연을 위해 출국하러 공항에 갈 때도 책을 들고 가는 모습이 노출되어 '공항 패션'이 아니라 '공항 책'이 주목받았다. 아이돌에게 공항 패션은 필수인데, 이제 공항 책을 드러내는 이들도 늘어나고 있다. 본인이 직접 선택했든, 소속사가 이미지를 위해 들려주었든 핵심은 '책'이 중요한 도구가 되었다는 점이다. 확실히 아이돌이나 또래의 셀럽이

Z세대의 독서 열풍에 영향을 미치고 있다. 공항 패션, 공항 책은 비단 아이돌이나 연예인의 전유물이 아니다. 이제는 패션도 책도 욕망의 범주가 되었고, 비연예인도 자신의 모습을 SNS를 통해 공유하는 것이 문화가 되었기 때문이다.

교보문고 도서 판매 분석에 따르면, 2024년 상반기 종합 베스트셀러 1위는 《마흔에 읽는 쇼펜하우어》다. 2023년 9월에 나온 이 책은 2023년 11월 전 서점 종합 베스트셀러 1위를 했고, 2024년 봄까지 종합 순위 1위를 이어갔다. 하지만 새로운 책들의 등장과 함께 조금씩 밀려나며 2024년 5월 1주 차 교보문고 주간 종합 베스트셀러 순위는 12위였다. 그런데 5월 7일, 구독자 수 100만 명인 유튜브 채널 'TEO 테오'에 걸그룹 아이브의 멤버 장원영이 출연한 영상이 업로드되면서 해당 도서의 베스트셀러 순위가 급상승했다. 4050세대가 가장 많이 구매하는 책이었는데, 2030세대 책 구매자가 급증한 덕분이었다. 장원영이 사람들은 마흔에 읽지만 자신은 스무 살에 읽는다면서, 스무 살에 알면 좋지 않을까 싶어서라며 이 책을 언급했고, 2주 차에 다시 종합 순위 5위로 올라갔다. 순위가 내려가던 책이 반등한 것은 확실히 장원영 효과다. 일부 출판사가 베스트셀러를 만들기 위해 사재기를 하고 있다는 의혹이 끊이지 않는데, 그런 구시대적 방법을 쓸 것이 아니라 이 사례에서 보듯 Z세대 독자에게 욕망의 도구가 될 책을 만들고, 거기에 걸맞은 마케팅 전략을 짜야 한다. 과거의 관성적 시선으로 볼 때는 책이 과시적 도구, 인스타그래머블 도구가 된 것이 못마땅할 수도 있다. 지적 탐닉이 아닌 지적 허영을 좇는 행태가 씁쓸하고, 진정한 독서가 종말을 맞았다고 부정적으로 볼 수도 있다. 하지만 예전에도 책을 통해 지적인 척 보이려는 이들은 존재했다. 게다가 이제는 시대가 달라졌다. 그냥 있는 그대로 받아들이자. 현재 2030세대가 어떤 이유가 되었건 책을 가까이 두고 있다는 현상 자체만 보자. 수입차나 명품백으로 하는 과시보다 책으로 하는 과시가 그나마 덜 천박하고, 오히려 창의적이기도 하지 않은가. 출판계도 작가도 시대 변화를 받아들여야 한다. 102030세대, 범위를 좁히면 Z세대가 좋아할 책, 그들이 탐내는 책과 콘텐츠를 만드는 데 기성 출판계가 더 깊이 고민할 필요가 있다.

한국서점조합연합회가 발간한 《2024 한국서점편람》에 따르면, 2023년 전국 서점은 2484개로 2021년 2528개에 비해 44개 줄었다. 반면 〈동네서점 트렌드 Bookshopmap Trend 2023〉에 따르면, 2023년 독립서점은 884개로 2022년 815개보다 69개 늘었다. 2010년대 중반부터 불기 시작한 독립서점, 동네서점 열풍이 식은 것이 아니다. 전통적인 서점은 계속 줄어들겠지만, 개성 있고 독특한 독립서점은 늘어간다. 책만 파는 서점이 아니라 책도 파는 서점이라서다. 물론 독립서점 운영이 생각만큼 쉽지 않아 고전하는 곳도 많다. 그럼에도 독립서점, 동네서점을 통한 독서가들의 교류, 독서 모임, 북토크 등 책과 연결된 다양한 확장이 책의 미래를 위해 필요한 것은 분명하다. 독립서점, 동네서점을 위한 출판계 전략도 필요하고, 정부 지원도 더더욱 필요하다. 독립서점의 주 고객층 역시 2030세대가 많다. Z세대 책 열풍이 독립서점에 어떤 영향을 줄지 유심히 지켜볼 필요가 있다.

모형책과 책가도: 책이 굿즈가 되고 인테리어가 되는 것은 오히려 기회다

▼

2017년 5월에 만들어진 코엑스 스타필드에 있는 별마당도서관은 서가 높이 13미터에 책 5만여 권이 꽂혀 있는 850평 규모의 도서관이다. 개장 직후부터 인증샷 명소이자 인스타그래머블한 핫플레이스가 되며 사람들이 몰려들었다. 2024년 1월에 만들어진 수원 스타필드의 별마당도서관은 4~7층을 터서 높이 22미터의 초대형 서가로 만들었고, 책 5만여 권이 꽂혀 있다. 이곳은 개장 한 달 만에 100만 명이 찾았을 정도다. 아주 높고 거대한 서가에 책이 가득한 광경은 시각적으로 무척 매력적인 경험을 만들어주는데, 사실 이곳의 책 상당수는 모형책이다. 사람 손이 닿는 위치에 있는 책은 진짜지만, 그 위쪽 높은 곳에 있는 책은 모형책, 즉 가짜다. 2023년 말에 리모델링한 한국은행 도서관도 높은 서가 가득 꽂힌 책 중 모형책이 많다. 도서관이라고 이름 붙인

곳이지만 진짜 책이 아닌 가짜 책으로 인테리어를 하는 묘한 상황이다. 이러니 도서관이 아닌 카페는 오죽할까? 인천국제공항 면세 구역에 있는 스타벅스가 카페 겸 서점을 표방하며 인테리어를 바꿨는데, 높은 책장 가득 1500권 정도의 책이 있다. 그런데 표지만 책 형태고 내부는 종이 상자나 스티로폼, 플라스틱 상자인 모형책이다. 모형책은 카페 인테리어로 각광받는다. 모형책의 장점은 가격과 무게다. 진짜 책보다 훨씬 싸고, 무게도 가볍다보니 비용과 안전 관리 측면에서 유리하다. 거기다가 책이 가득한 느낌을 주어 인테리어 효과로도 좋다. 중요한 것은 사람들이 책을 인테리어 효과가 있다고 본다는 점이다. 모델하우스나 방송용 소품 정도로만 쓰이던 모형책이 보편적 인테리어용품이 될 정도로 대중화되어, 10년 새 관련 시장 규모가 3~4배 커졌다고 한다. 개인들도 각자의 집 인테리어를 랜선 집들이를 통해 공유하고 과시하는 시대이기에, 모형책 수요는 도서관이나 카페뿐 아니라 집 안으로까지 이어진다. 책 판매와 독서율은 줄어드는데, 모형책 시장만 커진다고 개탄

할 필요는 없다. 책이 멋지다고 여기지 않는다면 굳이 인테리어용 모형책도 살 이유가 없다. 적어도 책이 아직까지 멋진 이미지를 갖고 있다는 점에 우리는 더 주목해야 한다.

모형책은 100년 전 미국에서도 유행했다. 대대로 부자인 올드 머니는 저택의 서가를 다 채우고 남을 만큼 집에 책이 많았다. 그런데 갑자기 부자가 된 뉴 머니(졸부)는 그러지 못했다. 큰 집은 샀는데, 채울 책이 부족해 대안으로 모형책을 인테리어로 활용하기 시작했다. 실제로 부자들의 서가를 채울 책들을 큐레이션하고 책을 구해서 채워주는 컨설팅 사업을 하는 사람도 있다. 자신의 서가에 어떤 책들이 꽂혀 있는지가 그 사람을 말해주기 때문에, 자신을 더 멋지게 과시하고 싶은 사람들의 욕망을 해결해주는 비즈니스인 셈이다. 한국에서도 수백 년 전부터 모형책이 유행했다. 엄밀히 말해 책 형태를 가진 모형책과는 다르지만, 책장과 서책, 문방구가 그려진 그림인 책가도冊架圖가 그것이다. 실제로 책장을 만들어 책을 가득 채우는 대신 책이 꽂힌 서가와 책이 놓인 선반 그림을 벽에 걸거나 병풍처럼 만들어 꾸민 것인데, 당시에는 책이 너무 비싸 책이 있는 그림으로 대신한 것이다. 책가도가 유행한 18~19세기 조선 후기는 상품 경제가 발달하고 소비 문화가 확산되던 시대다. 책가도나 지금의 모형책이나 엄밀히 욕망은 같다. 책의 가치가 굳건하던 시대든 책의 가치가 쇠락한 시대든 책을 인테리어나 굿즈로 여기는 것은 책을 대하는 욕망 자체가 달라지지 않았음을 보여준다.

분명 1970~1980년대까지만 해도 한국에서는 문학소년소녀가 넘쳐났고, 책 읽는 것이 멋진 이미지로 소비되었다. 그때는 작가가 사회적으로 존경받았던 데다가, 베스트셀러 작가는 부와 명예를 누렸다.

누구나 저마다 자신이 좋아하는 작가나 작품을 말할 수 있었고, 어떤 집에든 책장에 책이 있었고, 동네마다 서점이 있었으며, 사람들은 책 사는 것을 당연하게 여겼다. 지하철이나 버스에서 책 읽는 사람이 많았고, 인기 작가의 신간이 나오면 마치 요즘 최신 영화나 인기 드라마 이야기하듯 책에 대해 이야기 나누는 것이 낯설지 않았다. 정말 그때는 텍스트힙의 시대였다. 그러다 1990년대 문학 소비자가 영화로 눈을 돌리고, 인터넷과 스마트폰 대중화 시대를 맞이하면서 책 읽는 사람을 고리타분하고 재미없는 범생이처럼 여기는 풍조가 생겨나면서, 독서가 그리 세련되고 멋진 일이라 여기지 않는 경향이 커졌다. 그렇게 독서의 위기, 출판의 위기, 책의 위기를 21세기 내내 겪었다. 그런데 수년 전부터 미국, 영국을 비롯해 주요 선진국에서 Z세대가 촉발시킨 독서 열풍이 불기 시작했고, 한국에도 그 바람이 불어와 텍스트힙이라는 말을 등장시키고, 서울국제도서전의 흥행으로까지 이어지게 되었다. 책은 사지 않지만 모형책 사는 사람이 많아졌다. 도서관은 가지 않지만 도서관 같은 쇼핑몰을 가는 사람도 많아졌다. 책을 읽지는 않아도 굿즈처럼 사는 사람도 생겨났다. 독서보다 독서 모임을 통해 사람들과 어울리는 것을 좋아하는 사람도 생겨났다. 이런 현상 모두가 사실은 책의 종말이 아니라 책의 새로운 기회일 수도 있다.

3장

Solopreneur, 역사상 가장 강력한 개인의 시대!

당신은 One-preson Unicorn을 목격할 준비가 되었는가?

Life_Trend_2025
#솔로프러너 #1인 유니콘 #1인 기업 #창업 열풍 #증강 인류 #인재 #AI 도구
#AI 비서

　'솔로프러너Solopreneur'는 Solo(솔로)와 Entrepreneur(앙트러프
러너, 기업가)의 합성어다. 우리말로는 1인 기업가다. 솔로프러너는 최
근에 만들어진 말이 아니다. 하지만 최근 들어 이 말의 중요성과 파급
력이 더 커졌다. 결정적 이유는 생성형 AI 열풍이 만들어낸 증강 인류
Augmented Humanity(과학기술의 힘을 활용해 지적·신체적·정서적 능력이 크게 향
상된 인간) 때문이다. 생성형 AI 도구를 잘 활용하는 개인이 가진 역량이
비약적으로 커졌고, 혼자서도 충분히 기업적 가치를 가지며 비즈니스
를 할 수 있는 시대가 되었다. 아주 특별하고 유능한 극소수의 개인은
과거에도 조직보다 강력했다. 하지만 이제 조직보다 강력한 개인이 급
증할 수 있다. 극소수인 그들만의 이야기가 아니라, 바로 당신의 이야
기가 될 수도 있다.

지금이 솔로프러너가 되기 가장 좋은 시기

▼

《포브스》에서 흥미로운 기사를 하나 봤다. 칼럼니스트 아이테킨 탱크Aytekin Tank가 쓴 〈왜 지금이 솔로프러너가 되기 가장 좋은 시기인가Why Now Is The Best Time To Be A Solopreneur〉(2024. 6. 4)다. 소프트웨어 개발자였던 그는 2006년에 서비스형 소프트웨어Software as a Service, SaaS 회사 잣폼Jotform을 창업했는데 1년간 직원 없이 혼자 일했다고 한다. 현재 잣폼은 전 세계 7개 도시에 지사가 있고 직원은 600명이 넘는다. 1인 기업으로 시작해 글로벌 기업이 된 것이다. 2023년 《바쁜 업무를 자동화하라Automate Your Busywork》라는 책을 출간하기도 했는데, 이 책의 부제가 '더 적게 일하고, 더 많이 달성하고, 중요한 일을 위해 두뇌를 절약하라Do Less, Achieve More, and Save Your Brain for the Big Stuff'다. 자동화와 생산성 향상의 예찬론자로 칼럼 기고와 강연 등 다양한 활동도 하는 그는 성공한 솔로프러너라 할 수 있다.

혼자서 할 수 있는 역량이 확장되고, 멀티 플레이어이자 증강 인류가 된다면 직원을 줄이거나 직원 없이도 사업이 가능해진다. 사업에서는 고정 비용과 리스크는 줄이고, 기회는 늘리는 것이 중요하다. 솔로프러너가 보편적 트렌드가 되면 창업하는 사람들이 증가하고, 취업한 사람들도 더 쉽게 사표를 쓰고 창업을 궁리할 수 있다. 창업할 때도 솔로프러너는 선택이 아닌 필수가 된다. 혼자 하기 어려워서 동업을 하고, 직원을 고용하고, 외부 전문가의 도움도 받는 것인데, AI 도구와 업무 생산성 도구로 이런 문제를 해결하고 혼자 일하기 수월한 환경을 구축한다면 어떨까? 당신 스스로에게 이 질문을 던져보아라. 이런 환경이라면 당신도 충분히 솔로프러너가 될 수 있지 않겠는가!

그리고 지금은 구조조정의 시대다. 2022년 4분기부터 본격화된 미국 빅테크 발 구조조정이 2023년을 거쳐 2024년까지 이어졌다. 2025년도 계속될 것이다. 다중 위기, 복합 위기라고 불릴 정도로 지정학적 리스크와 전쟁, 기후 위기와 자연재해, 탄소 감축과 업의 재정의, AI가 촉발한 생산성 혁신과 산업 재편, 여기에 인플레이션과 고금리 등 위기가 중첩되어 있다. 앞으로 위기는 더 가중되면 되었지 해소되지 않을 것이다. 결국 기업으로서는 위기 대응을 위해 산업 재편과 업의 재정의 차원에서 조직 개편, 사업 개편을 하지 않을 수 없고, 이것은 모두 구조조정, 정리해고로 이어진다. 지금은 자의든 타의든 조직에서 나와야 하는 이들이 많아지는 시기고, 따라서 창업에 대한 고민도 커질 시기다.

'Free Agent'보다 'Solo Entrepreneur'가 더 방향성에 맞다

▼

대니얼 핑크Daniel H. Pink는 예일대 로스쿨에서 법학 박사 학위를 받았고,《예일법정책리뷰Yale Law & Policy Review》편집장을 지냈다. 로스쿨 졸업 후 정치와 경제 정책 분야에서 일했는데, 1993~1995년 로버트 라이히Robert Reich 노동부장관의 특별보좌관으로 일했고, 1995~1997년 앨 고어Al Gore 부통령의 수석 연설문 작가를 지냈다. 1997년 그는 직장을 그만두고 혼자 일하기 시작했는데, 그해 12월 경제 월간지《패스트컴퍼니Fast Company》에 쓴〈프리 에이전트 네이션Free

Agent Nation〉이라는 제목의 칼럼이 이슈가 되었다. 그리고 그는 《패스트컴퍼니》 기고가이자 편집위원을 지내며 2년간 홀로 일하는 프리 에이전트, 초소형 사업가, 프리랜서 수백 명을 인터뷰하며 이 주제를 연구해, 2001년 《프리 에이전트 네이션: 자기 사업의 미래Free Agent Nation: The Future of Working for Yourself》라는 책을 출간했다. 이 책은 전 세계적 베스트셀러가 되었고, 그는 《뉴욕타임스》 《가디언》 등 세계적인 언론으로부터 "프리 에이전트의 선구자" "프리 에이전트 라이프스타일의 대명사"라는 평가를 받았다. 그 후 그는 현재까지 프리 에이전트로 활동하고 있으며, 세계적인 미래학자 중 한 명으로 손꼽히고 있다. 그가 예견하고 직접 경험한 '프리 에이전트'가 바로 오늘날 1인 기업가, 솔로프러너다. 사실 '자유롭게' 일하는 것보다 중요한 것이 '기업적 가치'를 만들어내는 일이다. 기업적 가치를 만들어내지 못한다면 1인 기업가라 말할 수 없다.

2001년은 전 세계적인 닷컴버블 붕괴, 구조조정과 다운사이징의 시기였다. 기업에서 타의로 나오는 이들도 많았다. 프리 에이전트는 어쩔 수 없이 나와서 홀로서기 해야 하는 사람들을 위한 위안의 개념이 아니다. 자발적으로 홀로서기 하는 이들을 위한 찬사이자 격려다. 홀로서기라는 외형은 같지만 태도가 다르다. 대니얼 핑크의 책이 당시 세계적 베스트셀러가 되고 한국에서도 베스트셀러가 된 것도 그만큼 회사를 나와 홀로서기를 해야 하는 상황을 겪는 이들이 많았고, 일자리에 대한 불안감, 미래에 대한 불안감이 커졌기 때문이다. 지금도 구조조정과 다운사이징은 계속되고 있다. AI가 촉발한 산업적 지각 변동과 그에 따른 구조조정, 다운사이징이 수년간 활발히 이루어지고 있는 중이다. AI가 불러온 생산성 혁신은 개인에게 새로운 기회가 된다. 강력한 개인이 등장하면서, 이들이 사업적 가치를 발현하는 것도 수월해진다. 물론 모든 개인이 다 해당되는 것은 아니다. 이럴 때일수록 각자 자신에 대한 냉정하고 객관적인 이해가 필요하다. 나만 뒤처진 것 같고, 나만 기회를 놓친 것 같은 불안감이 만들어내는 것이 포모fear of missing out, FOMO(고립 공포감) 신드롬인데, 투자 잘해서 큰돈 버는 이들을 보며 배 아파하는 사람들이 창업 잘해서 성공하는 이들을 보며 배 아파하는 사람들로 이어지곤 한다. 그만큼 솔로프러너가 되려는 이들이 급증하는 것은 맞겠지만, 결국 제대로 될 사람은 정해져 있다.

솔로프러너 자체도 중요한 트렌드가 되지만, 솔로프러너가 직업관, 직장관, 노동관, 창업관, 교육관에 영향을 미치고, 이로 인해 취업 시장, 창업 시장, 교육 시장에서도 비즈니스 변화가 생긴다. 그리고 솔로프러너가 늘어날수록 라이프스타일에 이들의 태도와 행동이 반영되어 의식주에서도 솔로프러너 발 트렌드 변화가 생긴다. 그동안 인류는 함께 모여 조직과 기업을 이루어서 일해야 사업적 가치를 크게 이룰 수 있었는데, 조직 없이 혼자 일하면서 사업적 가치를 크게 만들어낼 수 있다면 이것은 근본적 변혁일 수밖에 없다. 집단주의는 퇴색하고 개인주의가 더 지지받으며, 솔로프러너로 거듭난 사람들이 생산성, 효율성을 더 향상시키면서 생산성 혁신, 성과주의가 기업과 사회 전반으로 더 확산될 수 있다. 새로운 AI 도구와 기술을 활용하는 능력이 솔로프러너의 필수가 되기에, 계속 새로운 기술과 역량을 학습하는 문화가 직장인과 성인 사이에서 보편적으로 자리 잡을 수도 있다. 사교육의 중심이 '입시' 위주에서 '직업 및 직무 능력' 위주로 전환될 가능성도 있다. 한

번 배운 것을 평생 써먹는 시대가 아니라, 계속 새로운 것을 배워야 계속 일하고 비즈니스 할 수 있는 시대가 되었기 때문이다.

솔로프러너에 대한 관심이 높아진다는 것은?

▼

솔로프러너를 옥스퍼드 영어사전에서는 "스스로 비즈니스를 설립하고 운영하는 사람a person who sets up and runs a business on their own"이라 설명하고, 메리엄-웹스터 사전에서는 "동업자의 도움 없이 사업이나 기업의 위험을 조직, 관리, 감수하는 사람one who organizes, manages, and assumes the risks of a business or enterprise without the help of a partner"이라 설명한다. 다른 사전에서도 대개 '스스로' '혼자서'를 강조하며 1인 기업가를 지칭하고 있다. 콜린스 영어사전에서는 이 단어가 새롭게 제안된 단어로 2015년부터 본격으로 쓰이고 있다고도 설명한다.

솔로프러너라는 말이 처음 쓰인 기록으로는 미국의 테리 로니어Terri Lonier 박사가 쓴 《홀로 일하기Working Solo》(1994)를 꼽는데, 테리 로니어 스스로가 자신이 '솔로프러너 운동Solopreneur Movement'를 창시하고 수십 년 전에 예견했다는 것을 강조하고 있기도 하다. 사실 이 말을 누가 만들었냐는 중요치 않다. 중요한 것은 솔로프러너, 즉 1인 기업가가 중요한 트렌드 어젠다가 되었다는 사실이 다. 솔로프러너라는 말과 상관없이 개인이 혼자서 비즈니스를 하며 기업 활동을 한 것은 인류 문명이 만들어진 초기부터였을 것이다. 기술이 발달하고, 협업과 조직을 통해 생산성을 높이면서 점점 거대 기업들이 산업과 경제를 주도했다. 이제 기술 진화로 인류에게 솔로프러너는 다시 보편적 경제 활동 행태

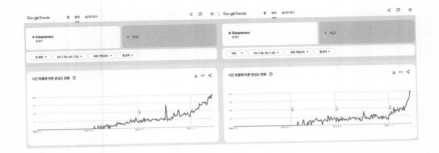

가 되고 있다. 개인이 가진 위상의 변화를 이끈 결정적 배경은 기술이
다. 컴퓨터와 인터넷이 개인이 기업적 가치를 만들어낼 토양을 만들어
주었다면, 생성형 AI는 개인에게 날개를 달아주었다.

 솔로프러너는 트렌드에서는 신조어다. 용어 자체는 30년 전에 나
왔어도 이 말이 실제 가치를 발현하며 대중의 관심을 끌기 시작한 것은
최근이기 때문이다. 과거에도 비슷한 단어는 있었지만 지금처럼 1인
기업이 가진 가치, 1인 기업의 성과에 대한 기대치가 높아진 적은 없었
다. 더 이상 1인 기업이 소규모 사업을 하는 1인 기업, 개인 사업자, 프
리랜서 같은 개념이 아니라, 1인이지만 대규모 조직을 가진 기업과 같
은 성과를 만들어낼 수도 있는 시대가 되었기 때문이다. 혼자서 경제
활동을 하고, 기업적 가치를 만들어내는 1인 기업에 대한 관심은 아주
오래전부터 존재했지만, 기술적 진화가 혁신적 변화를 만들어내고 있
다. 솔로프러너를 가장 적극적으로 받아들이는 나라는 미국이다. 실리
콘밸리 스타트업 신화와 문화를 만들어낸 나라, 빅테크의 나라, 바로
미국에서 1인 기업의 새로운 진화가 가시화되고 있다.

 구글 트렌드에서 20년간(2004. 7~2024. 7) 'Solopreneur'의 검

색량 추이를 보면 2010년 이전까지 거의 검색되지 않다가, 2012년 1월부터 검색량이 본격적으로 드러나기 시작한다. 그전까지는 사람들의 욕망과 관심 속에는 존재하지 않은 키워드였던 셈이다. 하지만 2012~2022년 사이 지속적 증가세를 보여왔고, 2022년 이후로 급상승을 시작해 2024년 상승세는 더 가팔라졌다. 참고로 챗GPT ChatGPT가 서비스된 시점이 2022년 11월이다. 이런 증가세는 전 세계와 미국을 각각 비교해봐도 비슷하며, 특히 미국은 2023~2024년 검색량의 증가 폭이 훨씬 더 크다. 2024년에는 '치솟았다'라는 표현이 어울릴 만큼 검색량이 늘어났다. 검색량과 관심도의 증가는 단지 '솔로프러너'라는 말에 그치지 않고, 1인 기업가로 나서려는 욕망과 태도로도 이어질 수 있다. 전 세계가 챗GPT, 생성형 AI 열풍에 빠진 시기와 솔로프러너에 대한 관심도 급상승 시기가 겹치는 것은 우연이 아니다. 분명 2025년에도 솔로프러너에 대한 관심은 더욱 확대될 것이고, 우리는 증강 인류로 계속해서 진화할 것이다. 역사상 이렇게 강력한 개인의 시대는 처음이다.

음악, 영화 분야에서
솔로프러너가 쏟아질 수밖에 없는 이유

▼

유튜브는 방송 산업, 영상 콘텐츠 산업을 완전히 바꾸어놓았다. 개인이 기존 방송국의 절대 권력을 무너뜨렸다. 유튜버가 방송 콘텐츠의 주류로 떠올랐고, 이제 지상파에도 유튜버가 활발히 활동한다. 자본과 시스템, 인재가 모여 있는 방송국이 주도하던 시장에서 '개인'의 방송,

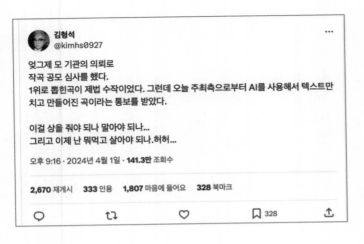

콘텐츠가 비즈니스가 될 수 있었던 것은 전적으로 유튜브 때문이다. 생성형 AI가 영화 산업, 음악 산업에서도 '개인'의 비즈니스와 역할 증대를 이루어낼 수 있을까? 유튜브가 방송 산업을 바꾸고, 콘텐츠 분야의 솔로프러너를 양산한 것처럼, 생성형 AI로 인해 음악, 영화 등의 분야에서 솔로프러너의 양산이 예상된다.

작곡가 김형석은 1990~2000년대를 대표하는 작곡가이자 여전히 왕성하게 활동하고 있는 작곡가다. 저작권협회에 등록된 곡만 1200곡(편곡까지 합치면 1400여 곡)이고, 20편 이상의 OST를 담당했다. 이런 그가 작곡 공모전 심사에서 1위로 뽑은 곡이 생성형 AI로 만들어낸 곡이었다는 게시글을 올린 적 있다. 음악 작곡뿐 아니라 영화 제작에서도 생성형 AI로 놀라운 영상을 만들어내고 있다. 누구나 자본 없이도 생성형 AI를 활용해 전쟁 영화, SF 영화까지 만들어낼 수 있다. 이것은 영화 산업의 위기가 아니라 새로운 기회다. 개인에게 주어진 새로운

기회다. 창작자가 효율성과 생산성을 위해 진화된 도구(AI/로봇)를 활용하는 것은 당연한 일이다. 창작에 대한 우리의 기준과 인식에도 변화가 필요하다.

〈솜 레퀴엠Somme Requiem〉은 미국 LA를 중심으로 활동하는 프로덕션 스튜디오 마일스MYLES가 생성형 AI 전문 회사 런웨이Runway의 영상 제작 프로그램인 젠-2Gen-2로 만든 초벌 영상을, 사람이 시나리오를 쓰고 음악, 영상 편집을 해서 만든 단편 영화다(1914년 1차 세계대전 크리스마스 휴전 당시 눈보라에 갇힌 군인들의 이야기를 다룬다). 마일스의 창업자이자 이 영화를 제작한 조시 칸Josh Kahn은 《MIT테크놀로지리뷰MIT Technology Review》와 가진 인터뷰에서 오히려 새로운 기회를 이야기했다. "독립영화 제작은 죽어가고 있었어요. 영화제작자 대부분이 전쟁물 같은 건 그저 꿈만 꾸었을 뿐이죠. 하지만 AI가 영화의 놀라운 부활을 가져다주리라 기대해봅니다." 전쟁, 액션, SF 등 스케일이 큰 영화는 많은 제작비가 필요하기에 대형 영화제작자만 제작 가능했고, 독립

영화에서는 시도 자체가 불가능했다. 하지만 생성형 AI가 이 문제를 어느 정도 해결해 독립영화 제작자를 비롯해 영화를 만들고자 하는 이들에게 새로운 기회의 장을 열어주고 있다. 유튜브가 부상하며 TV 방송국에 변화가 찾아왔듯, 생성형 AI의 진화는 전통적 영화 산업에 변화를 가져올 것이다.

세계적 특종을 보도한 1인 매체
: 저널리스트가 솔로프러너로 거듭난다면?

▼

1인 매체라는 개념도 인터넷이 아니었다면 불가능했다. 누구나 개인이 미디어가 되는 시대, 혼자지만 언론사 역할을 충분히 구현하는 곳들이 있다. 2024년 7월, 펜실베이니아주에서 발생한 트럼프 피격 사건이 미국 비밀경호국United States Secret Service, USSS의 경호 실패 때문에 벌어진 사건이라는 특종을 보도한 곳은 놀랍게도 1인 미디어였다. 세계적인 매체들을 제치고, 어떻게 존 폴 브라네세비치John Paul Vranesevich 혼자서 운영하는 비버카운티언닷컴BeaverCountian.com이 특종을 올릴 수 있었을까?

인구 16만여 명의 소도시인 펜실페이니아주 비버카운티에서 2011년 시작한 비버카운티언닷컴은 1인 게릴라 미디어를 지향하는 지역 인터넷 매체다. 비버카운티는 1960~1980년대까지 인구 20만 명 정도였으나 이후 계속 줄어들고 있다. 한국으로 치면 군 단위로 인구 감소를 걱정하는 소도시다. 이런 곳에서 영세하게 개인이 운영하는 지역 인터넷 매체의 취재력이 메이저 언론보다 탁월한 것은 물론 아니었

Tuesday, July 30, 2024 ☁ 72.7 ° Beaver

BeaverCountian.com

NEWS   LOG IN   SUBSCRIBE   911 LOGS   ABOUT   CONTACT

Exclusive: County Officer Warned Of Seeing Man With Rangefinder Before Trump Was Shot

By John Paul | Jul 15, 2024

Latest News

John Paul · Jul 24, 2024
Officers Dispute Senator Hawley's Cop On A Hot Tin Roof Memo

Officers Interviewed — U.S. Senate Contacts County About Trump Shooting
John Paul · Jul 20, 2024

다. 그를 신뢰한 지역 경찰들이 메이저 언론사 대신 그에게 제보했기 때문이다. 작은 지역에서 큰 사건이 터진 것이니, 메이저 언론이라면 그 지역 공동체에 대해 신경 쓰지 않고, 자극적이고 선정적인 보도를 내고는 무책임하게 떠나버릴 가능성이 있다. 지역 경찰로서는 세기의 사건이 자기 지역에서 발생했고, 지역 경찰이 경호 업무에 소홀해서 생긴 일로 오인되는 것을 원치 않았다. 존은 지역 인터넷 매체를 10여 년간 운영하며 지역 사회, 지역 공동체에서 신뢰를 구축해왔고, 지역 경찰과도 오랜 기간 신뢰를 유지해왔기에 중요한 정보를 제보받을 수 있었다. 트럼프의 유세가 시작되고 유세장 근처 건물의 지붕에 소총을 든 남자가 기어 올라간다는 신고가 경찰에 접수되었다고 한다. 경찰은 바로 비밀경호국에 알렸으나 비밀경호국은 이 사실을 알면서도 20분간 대응이 없었고 이후 피격이 발생했다. 만약 즉각 대응했다면 피격은 발생하지 않았을 수 있었다. 명백히 비밀경호국의 잘못이었다. 존 폴 브라네세비치는 제보 내용을 바탕으로 관련 취재를 더해 구체적인 증거와 팩트를 확보했고 이를 보도해 미국의 유력 매체와 전 세계의 매체가 모두 그의 특종 보도를 인용하기에 이르렀다.《워싱턴포스트》에서는 어떻게 1인 매체가 전국적 매체를 제치고 트럼프 피격의 특종을 거두었는지 다룬 기사를 보도하기도 했다. 비밀경호국은 미국 국토안보부 산하 기관으로 전현직 대통령과 가족, 대선 후보의 경호를 담당한다. 비버카운티언닷컴의 특종 이후 결국 비밀경호국 국장이 책임을 지고 사임했다.

바야흐로 1인 매체, 그것도 지역 소도시 기반의 인터넷 매체가 이런 일을 해낼 수 있는 시대가 도래했다. 로컬은 앞으로도 중요할 것이고, 오프라인은 결코 사라지지 않을 것이며, 1인 매체도 얼마든지 자신의 가치를 드러낼 수 있는 시대다. 모든 1인 매체가 파워풀하지는 않겠지만, 솔로프러너인 1인 매체라면 놀라운 힘을 가질 수 있다. 1인 매체에서 '1인'이 핵심이 아니라 '매체'가 핵심이듯, 솔로프러너도 '솔로'가 아니라 '기업'이 핵심이다. 이제 혼자서도 언론 매체로서, 기업으로서 역할을 하기 위해서는 '전문성'을 갖추는 것만큼이나 기술 도구를 효과적으로 활용해 '멀티플레이어'가 되는 것이 필수다.

One-person Unicorn이 가능할까?
왜 샘 올트먼은 가능하다고 여길까?

▼

"10명 미만의 직원으로 10억 달러 규모의 유니콘이 탄생할 날이 멀지 않았다고 확신한다." 2024년 2월, 레딧Reddit의 공동 창업자 알렉시스 오해니언Alexis Ohanian이 오픈AIOpenAI의 CEO 샘 올트먼Sam Altman과 인터뷰했을 때 샘 올트먼이 한 이야기다. 심지어 샘 올트먼은 테크기업 CEO 친구들이 모인 채팅방에서 직원 고용 없이 10억 달러 규모 기업이 언제쯤 나올지 정기적으로 추측하는데, 사업 시작 첫해에 바로 10억 달러 가치를 가진 1인 기업이 등장할 것에 내기를 걸고 있다고 했다. 샘 올트먼은 '1인 유니콘one-person unicorn'은 당연히 가능하다고 여기며, 다만 언제 처음 등장할지가 관건이라고 말한다.

유니콘 기업은 10억 달러의 기업 가치를 가지는 비상장 기업을 뜻한다. 스타트업이 창업해서 10억 달러 가치가 되는 것은 상상 속 동물 유니콘을 보는 것만큼이나 대단히 어려운 일이라는 의미로 만들어진 말이다. 페이스북, 우버, 에어비앤비 같은 회사가 대표적인 유니콘이었고, 지금은 세계적 기업이 되었다. 과연 혼자서 운영하는 1인 기업이 1조 원대 가치를 가지는 것이 가능할까? 혼자가 아니라 수많은 인재가 모여도 1조 원대는커녕 100억 원대 가치 기업을 일구기 어려운 법이다. 예전이었다면 이런 질문 자체가 무의미했을 것이다. 아무도 관심 없고, 가능성 자체도 제로였기 때문이다. 하지만 이제는 이런 질문이 의미가 있어졌다. 의미만 있어진 것이 아니라, 1인 기업으로 1조 원대 가치를 만들어내는 것이 충분히 가능하다고 믿는 사람이 아주 많

아졌다. 그동안은 기업을 창업해 성장시켜 기업 가치를 1조 원대로 만들려면 더 많은 인재를 고용해야 한다는 것이 상식이자 통념이었다. 2010년 케빈 시스트롬Kevin Systrom과 마이크 크리거Mike Krieger가 공동 창업해서 개발한 모바일 앱이 인스타그램이다. 그해 10월에 iOS 버전으로 시작했는데 2달 만에 100만 명, 1년 만에 1000만 명의 이용자를 확보했다. 그리고 2012년 4월 페이스북에 10억 달러로 매각되었는데 당시 직원 수가 13명이었다. 1인 유니콘은 아니지만 13인 유니콘이 이미 10여 년 전에 현실이 되었다. 1인당 1억 달러 가치를 만들어내는 것은 오래전 실현되었고, 이제 1인당 2~3억 달러 가치를 만들어내는 사례를 어쩌면 2025년에 보게 될지 모른다. 그리고 1인당 10억 달러 가치를 만들어내는 사례도 우리는 조만간 목격하며 놀랄 것이다. IT 테크, 클린 테크, 바이오 테크 등 테크 스타트업이 첫 번째 1인 유니콘을 언제 만들어낼지 지켜보자.

솔로프러너로 시작해 대기업이 된 경우는 없을까?

▼

미국의 에릭 바론Eric Barone은 1987년생으로 2016년 게임 〈스타듀 밸리Stardew Valley〉를 출시했다. 그가 25살이던 2012년부터 4년간 디자이너, 프로그래머, 애니메이터, 작곡가, 스토리 작가 등 게임에 필요한 모든 역할을 혼자 하면서 만든 게임이다. 4년간 하루 10시간씩 주 7일 작업을 했다고 한다. 게임 개발을 맡으면서 생계를 위해 영화관에서 아르바이트를 하기도 했다. 출시 첫해 170만 카피가 팔렸고, 매출액은 총 2200만 달러였다. 혼자서 만든 게임으로 유명 게임상을 대거 수상하고, 상업적 성공도 거두었다. 2024년 2월까지 총 3000만 카피 이상이 팔렸고, 누적 매출은 1억 5000만 달러를 넘어섰다.

실시간 방송 및 화상 회의를 위한 브라우저 기반 라이브 스트리밍 솔루션 스트림야드Streamyard는 댄 브릭스Dan Briggs와 게이지 밴던톱 Geige Vandentop이 2018년 공동 창업해 함께 개발했다. 이들은 대학 공학 프로그램에서 만난 사이로 취미로는 함께 하키도 하는 친구 사이다. 친구끼리 의기투합해 직원 없이 B2B 서비스형 소프트웨어SaaS 기업을 만든 것인데, 그들이 공동 창업자이자 곧 개발자였다. 두 사람은 함께 개발한 솔루션으로 3년 만인 2021년 2억 5000만 달러를 받고 회사를 매각했다. 이들이 만든 라이브 스트리밍 솔루션은 코로나19 팬데믹으로 화상 회의, 스트리밍 플랫폼 시장이 급성장하면서 단기간에 3000만 달러 매출을 넘겼고, 기업 가치가 폭등하며 동종 분야의 유니콘 기업에 인수되었다. 2명이니 1인 기업이라고 할 수는 없다는 사람도 있지만 직원 없이 창업자들끼리 1인당 1억 달러 이상의 가치를 만들어낸 것은 분명하다.

워그래프스Wargraphs는 개발자 장-니콜라스 마스탱Jean-Nicolas Mastin이 창업한 프랑스 파리에 있는 1인 기업이다. 이 기업은 〈리그 오브 레전드League of Legends, LoL〉 사용자를 위한 게임 분석 앱 '포로페서Porofessor'를 만들었는데, 프로 게이머들이 사용하는 전략 분석 서비스로 입소문 나면서 1000만 다운로드, 1일 활성 사용자DAU 125만 명을 넘어섰으며, 2022년 매출 1230만 유로를 달성했다. 2023년 스웨덴의 모바 네트워크스MOBA Networks가 워그래프스를 최대 5000만 유로에 인수했다. 개발자 혼자서 모든 것을 만든 1인 기업이 창업 10년 만에 700억 원대 가치를 달성한 것이다.

〈조 로건 익스피리언스The Joe Rogan Experience〉는 코미디언이자 UFC 해설자인 조 로건이 2009년부터 진행하는 가장 유명하고 높은 조회 수를 자랑하는 팟캐스트 중 하나다. 정치, 코미디, 철학, 대중 문화 등 다양한 주제로 1~3시간 자유로운 토론을 펼친다. 2020년 5월에는 스포티파이Spotify와 1억 달러 규모의 독점계약을 체결했는데, 이는 팟캐스트 사상 최대 규모다. 수익 구조에서 광고 비중이 가장 큰데, 회당 (현재까지 누적 2130회 이상) 100만 달러까지 광고비가 책정되며 자체 브랜딩 상품, 공연 티켓 등 수익 구조도 다각화하고 있다. 2024년 2월에는 스포티파이와 2억 5000만 달러의 새로운 계약을 체결했으며, 이번에는 독점이 아니라 애플 팟캐스트를 비롯한 다른 플랫폼에서도 제공된다. 〈조 로건 익스피리언스〉는 유튜브 채널도 운영하는데, 구독자가

1680만 명, 누적 조회 수가 36억 회다. 조 로건이라는 개인 크리에이터, 즉 독보적 콘텐츠를 가진 1인 기업이 얼마나 강력한 가치를 가지는지 단적으로 보여주는 사례다.

앞선 네 사례 중 셋은 개발자 사례, 다른 하나는 독보적 콘텐츠 사례다. 다른 역량도 중요하지만 결정적으로 개발자가 유리함을 알 수 있다. 그런데 오늘날 솔로프러너가 증가하는 근본적 배경은 생성형 AI 기술 혁신이다. 개발자가 아니어도 개발 능력 부족을 생성형 AI 기술을 활용해서 채워나갈 수 있고, 사업에 필요한 다양한 역할과 역량을 생성형 AI 도구를 활용해서 대신할 수도 있다. 결국 개발 능력을 뒷받침해주는 AI 도구 활용 능력은 이제 선택이 아닌 필수가 된 것이다. 이것은 창업뿐 아니라 취업을 해서도 마찬가지다. 일하는 방식을 바꾸면 생산성, 효율성이 바뀌고, 결국 인재로서 가치도 더 높아진다.

결국 사람이 전부다: 인재의 가치는 더 높아진다

▼

한 사람이 기술을 이용해 10억 달러 이상의 가치를 가진 회사를 만드는 것은 실리콘밸리 스타트업 신화의 정점이 되는 일이다. 윌리엄 휴렛William Hewlett과 데이비드 패커드David Packard는 1934년 스탠퍼드대를 졸업한 후, 1939년 1월 팰로앨토의 차고에서 휴렛-패커드 Hewlett-Packard Company, HP를 창업했다. 당시는 미국 대공황기였다. 회사이름을 동전 던지기로 정했는데, 50퍼센트의 확률로 패커드-휴렛이될 수도 있었다. 실리콘밸리를 탄생시킨 원조가 바로 휴렛-패커드다. 차고에서 대학 동창(20대 또래)이 공동 창업하고, 벤처캐피탈의 투자를받으며 사업을 성장시키는 실리콘밸리 스타트업의 전형적 방식이 바로 휴렛-패커드에서 나왔다. 이들의 성공 이후 미국뿐 아니라 전 세계에서 스타트업 신화를 꿈꾸는 이들이 실리콘밸리로 몰려들었고, 덕분에 새로운 혁신이 계속 생겨남에 따라 유니콘 기업이 쏟아졌다. 전 세계 시가 총액 최상위권을 다투는 빅테크 기업들 거의 대부분이 실리콘밸리에서 시작됐다. 샌프란시스코만을 둘러싼 베이에이리어Bay Area에있는 새너제이, 샌타클래라, 쿠퍼티노, 먼로파크, 마운틴뷰, 서니베일, 팰로앨토 등 도시를 포함한 실리콘밸리의 가장 큰 경쟁력은 인재다. 이곳에 위치한 스탠퍼드대 졸업생 중 테크 창업자가 유독 많다. UC버클리, UCLA, 캘리포니아공대Caltech 등 캘리포니아 소재 대학 출신을 비롯해 전 세계에서 테크 인재들이 몰려들기에 스타트업에서 일할 인재확보에 매우 유리하다. 벤처캐피탈의 투자금이 가장 많고, 캘리포니아주 정부의 세제 혜택도 있다. 고용 계약서에 비경쟁 조항(퇴사 후 최소

1년간 다른 곳에서 일하지 못하도록 하는 조항)이 있어서 기술 경쟁력 보호에도 유리하다. 아울러 날씨까지 쾌적하고 좋다. 아마 이 중에서 가장 큰 장점은 인재 확보에 유리하다는 점일 것이다. 사업의 성패는 인재가 결정한다. 아무리 좋은 아이디어와 기술이 있고, 투자를 잘 받아도 실패하는 기업은 많다.

미래학자의 대명사 격인 앨빈 토플러Alvin Toffler는 1980년에 출간한 세계적 베스트셀러 《제3의 물결》에서 지식 정보 시대 도래와 재택근무, 전자 정보화 개념을 제시한 바 있다. 앨빈 토플러가 그려낸 미래는 스티브 잡스와 빌 게이츠가 당시 실제로 이루어나가고 있던 현실의 연장선상이었다. 스티브 잡스는 1976년 스티브 워즈니악과 창고에서 퍼스널 컴퓨터를 만들며 애플(처음 회사 이름은 Apple Computer Company)을 창업했고, 빌 게이츠는 1975년 폴 앨런과 컴퓨터용 소프트웨어를 개발하는 마이크로소프트를 창업했다. 두 사람 다 무려 50년 전에 솔로프러너로 사업을 시작한 셈이다. 그들은 결국 자신의 인생도 바꾸고, 세상도 바꾸었다. 사업은 사람이 전부다. 아이디어는 누구나 생각해낼 수 있지만, 아이디어를 실현하는 기술력과 비즈니스로 만들고 키워내는 영업력과 실행력은 사람의 몫이다. 스타트업은 창업자가 일당백의 역할을 한다. 최소한의 인력, 최소한의 비용으로 가능성과 성과를 만들어내야 하기에 멀티플레이가 필수다. 거대한 글로벌 기업도 시작은 아주 미미했다. 페이스북의 마크 저커버그, 구글의 세르게이 브린과 래리 페이지는 사업 경험도 취업 경험도 없던 학생이자 아마추어였지만, 결국 페이스북과 구글은 탁월한 창업자의 역량 덕분에 고속 성장해갔다. 이들 역시 솔로프러너였다.

비즈니스는 결국 인재 전쟁이다. 이제는 탁월한 인재들이 솔로프러너가 되고, 그들이 혼자서도 탁월한 성과를 내며 큰 기업으로 성장해 나가는 것을 볼 기회가 더욱더 많아질 것이다. 누구나 솔로프러너가 될 수 있다고 여긴다면, 하기 싫은 일을 하며 버티기보다 하고 싶은 일을 하기 위해 결단할 수 있다. 창업 문턱이 크게 낮아지고, 혼자 창업을 해도 막대한 성과를 낼 수 있다보니 솔로프러너 창업은 확산될 수밖에 없다. 기업에서는 인재 관리에 빨간불이 켜지는 셈이다. 창업은 갓 대학을 졸업한 이들보다 직장 생활을 어느 정도 하면서 경험과 실력을 쌓은 이들이 하는 것이 훨씬 유리하다. 취직 못 해서 창업하는 사람보다 취직 잘하는 인재가 창업하는 편이 훨씬 성공률이 높다. 창업 비용을 최소화할 수 있는 솔로프러너는 투자가 적으니 상대적으로 리스크도 적어 창업에 대한 부담감 또한 크게 줄어들 수밖에 없다. 투자든 창업이든 큰 성공을 거두기 위해서는 리스크를 감수해야 한다. 하지만 솔로프러너는 이 문제에서 상당히 유리한 입장 있다. 자본의 힘, 조직의 힘이 아니라 개인이 자신만의 독보적인 역량과 전문성만으로 성공을 위해 나아갈 수 있기 때문이다. 그러므로 오늘날 역사상 가장 강력한 개인의 시대를 사는 우리는 솔로프러너로 거듭나는 이들을 더욱 주목해야 한다. 이들이 만드는 기업 가치, 시장 가치는 갈수록 커질 것이다.

4장

자발적 고립주의자들의 시대

외로움이 두렵지 않다!
타인은 결국 소음이다!

Life_Trend_2025

#자발적 고립주의자 #외로움 #소음 #쇼펜하우어 #철학 열풍 #행복지수 #타인과의 비교 #자연인 #은둔형 외톨이 #느슨한 연대

최근 들어 자발적 고립주의자들의 대표 격인 쇼펜하우어 열풍이 우리 사회에 거세게 몰아쳤다. 1인 가구와 비혼주의자의 증가, 극단적 개인주의의 만연은 더욱더 강력한 흐름으로 자리 잡아가고 있다. 2025년 외로움과 고립에 대한 더 진전된 욕망, 더 진화한 사회상은 우리에게 어떤 변화와 기회를 가져다줄까.

《라이프 트렌드》 시리즈에서 지속적으로 주목하고 관찰하는 트렌드 이슈 중 하나가 바로 '외로움과 고립'을 둘러싼 욕망의 변화다. 국내외 모두 1인 가구와 비혼주의자가 갈수록 증가하고 있고, 개인주의가 주류인 시대가 되었다. 더 이상 우리는 함께 어울려 일하고, 가족을 이루며 살아가는 것을 당연시하지 않는다. 자신을 바라보는 방식과 타인을 대하는 태도가 과거와 크게 달라졌고, 이는 의식주를 비롯한 라이프 스타일 전반의 변화와 더불어 가치관과 인생관, 가족관과 세계관에 대한 변화를 가져왔다. 이러한 변화가 새로운 소비와 경제를 만들어내고 있다. 《라이프 트렌드 2020: 느슨한 연대》에서 첫 번째 이슈로 '느슨한 연대: 끈끈하지 않아도 충분한'을 다루며, 결혼과 가족을 원치 않는 사람들, 직장에서도 끈끈한 연대를 거부하는 사람들, 학연과 지연, 혈연을 거부하는 사람들 등 타인에 대한 연결과 관계에 대한 트렌드 변화를 이야기했다. 또 마지막 이슈로 '외로움 예찬과 동반자 산업'을 다루며,

외로움을 둘러싼 비즈니스와 경제, 그리고 외로움에 대한 예찬과 외롭지 않을 권리 등 외로움을 둘러싼 트렌드 변화를 이야기했다.《라이프 트렌드 2021: Fight of Flight》에서는 '극단적 개인주의: 믿을 것은 나뿐이다'를 다루며, 개인주의가 팬데믹을 기점으로 극단적 개인주의로 진화해가는 트렌드 변화에 대해 이야기했다. 2025년에는 '자발적 고립주의자들'을 이슈로 다루며, 외로움에 대한 더 진전된 욕망, 더 진화한 사회상을 살펴보고자 한다.

대표적 자발적 고립주의자인 '쇼펜하우어' 열풍, 이유는 무엇이었을까?

▼

쇼펜하우어가 쓴 박사 학위 논문《충족이유율의 네 겹의 뿌리에 관하여Ueber die vierfache Wurzel des Satzes vom zureichenden Grunde》(1813)는 철학(인식론)의 걸작이다. 그가 20대 때 쓰고 30세에 출간한《의지와 표상으로서의 세계Die Welt als Wille und Vorstellung》(1818)는 서양 근대 철학의 진수로 평가받는 고전이 되었다. 하지만 그 시대 교수들 중에서는 이 책을 인정하지 않고 무시하는 이들도 있었다. 이런 교수들의 악의적 태도를 중오했던 쇼펜하우어는 이후 대학에서 강의하다가 교수들의 파벌을 겪은 후 대학을 나와서 평생 아무런 단체에 속하지 않은 채 독자적인 연구 활동을 이어갔다. 대학을 장악한 당시 교수들에게 환멸을 느낀 쇼펜하우어는 결국 대학에서 철학을 가르치는 것은 부적합하다고 스스로 결론 내리고 평생 고독한 철학자로 살아갔다. 쇼펜하우어는 내향적인 사람, 자발적 고립주의자였다. 만약 그가 사교적이고, 외향적이었

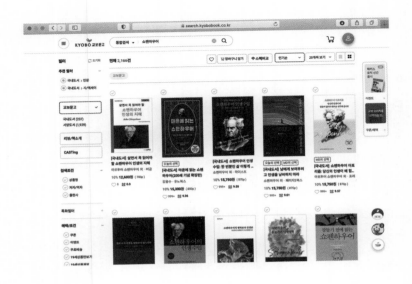

다면 그의 삶의 행보도, 철학적 메시지도 달랐을지 모른다. 그는 고립된 채 자기만의 길을 걸었고, 19세기 세계에서 가장 영향력 있는 사상가 중 한 사람으로서 철학, 문학, 예술, 과학 등 여러 분야에 걸쳐 지대한 영향을 미쳤다. 헤르만 헤세, 프란츠 카프카, 앙드레 지드, 톨스토이, 안톤 체호프, 모파상, 리하르트 바그너, 헨리 데이비드 소로, 랠프 월도 에머슨, 찰스 다윈, 토머스 칼라일, 카를 융, 에두아르트 폰 하르트만, 카를 마르크스, 조지 버나드 쇼, 비트겐슈타인 등 셀 수 없이 많은 작가, 사상가, 음악가들이 쇼펜하우어를 탐구하고, 그에게 영향을 받았음을 고백했다. 심지어 프리드리히 니체는 쇼펜하우어 때문에 자신이 철학자가 되었다고 말하기까지 했다. 앞서 '조용한 사람들의 시대' 트렌드 이슈에서 도 쇼펜하우어를 언급했는데, '자발적 고립주의자들의 시대'와 '조용한 사람들의 시대'는 서로 연결된다.

2023~2024년 한국 사회는 쇼펜하우어에게 열광했다. 엄밀히 말하면 독일의 철학자 아르투어 쇼펜하우어의 사상과 원저에 열광한 것이 아니라, 그의 글과 말에서 찾은 처세술, 자기계발 메시지에 열광했다. 2023년 9월에 나온《마흔에 읽는 쇼펜하우어》는 출간 7개월 만에 30만 부를 넘겼다. 2023년 겨울과 2024년 봄까지 종합 베스트셀러 순위 1위를 이어갔고, 출간 1년이 된 시점에도 종합 베스트셀러 순위 30위권에 있다.《마흔에 읽는 쇼펜하우어》가 일으킨 열풍 덕분에 2023~2024년 쇼펜하우어 관련 책들이 쏟아졌고, 상당수는 베스트셀러가 되었다. 책 한 권으로 일약 유명인이자 스타 철학자가 되었다고 오해하는 이들도 있지만, 사실《마흔에 읽는 쇼펜하우어》의 저자 강용수 박사는 서양 철학을 전공했고, 20여 년 전 독일에서 박사 학위를 받았으며, 현재 고려대학교 철학연구소 연구원이자 교수다. 그가 학창 시절에 읽은 쇼펜하우어의 책《삶과 죽음의 번뇌》는 그가 철학을 계속 공부하게 된 계기 중 하나라고 하는데, 결과적으로 쇼펜하우어 덕분에 그의 연구자로서 가치, 저자로서 가치도 아주 커진 셈이다. 사실 그는 쇼펜하우어에 관한 책을 이미 여러 권 냈다. 2006년 어린이용 철학 교양서인《쇼펜하우어가 들려주는 의지 이야기》, 2014년 행복과 욕망의 관계로 진정한 행복에 다다르는 방법을 소개한《쇼펜하우어의 행복론》, 2015년 쇼펜하우어의 철학 상담과 니체의 철학 상담을 소개한《실존주의 철학과 철학 상담》 등인데, 당시에는 대중적으로 흥행이 되지는 않았다. 같은 쇼펜하우어 관련 저작이지만 시대와 상황에 따라 사회적 열풍이 되느냐 되지 않느냐가 결정되는 것을 볼 수 있다.

한동안 위로와 위안을 주는 책들이 넘쳐났고, 그런 주제를 담은 에

세이와 심리 분야 책도 잘 팔렸다. 하지만 우리의 상처나 스트레스는 여전히 사라지지 않았고, 오히려 더 커졌다. SNS를 통한 남과의 비교, 자기 과시가 더 일상화되고, 이에 따라 상대적 박탈감, 상대적 열등감, 상대적 우월감이 증폭되면서 우리는 더 괴로워졌다. 가짜 위로나 달콤한 말로는 풀리지 않는 숙제였다. 사람과의 관계를 기피하며 자발적 고립에 빠져드는 이들이 늘어갔고, 메신저로는 대화하지만 전화 통화는 기피하는 콜포비아도 확산되었으며, 현실에서 도피해 쇼츠나 유튜브 영상중독에 빠지는 이들도 늘었다. 본캐와 부캐를 나누어 평소 하지 못하던 일탈을 하는 이들도 늘었다. 이 모든 일련의 일들이 우리가 살아가는 현실에 대한 불만이나 불안, 걱정과 무관하지 않으며, 그 배경에는 타인과의 비교가 가장 크게 자리하고 있다. 우리 사회는 갈수록 남과의 비교에 집착하는 사람들을 더 많이 만들어내고 있다. 이런 타인과의 비교를 멈추지 않는다면, 그 어떤 위안과 위로도 가짜 위안, 가짜 위로가 될 수밖에 없다.

쇼펜하우어는 '인생은 고통'이라는 입장이다. 그는 위안과 위로를 하지 않는다. 대신에 "당신의 인생이 왜 힘들지 않아야 한다고 생각하는가" "인생은 혼자다. 혼자서도 단단해질 줄 알아야 한다"라거나, "남에게 보여주려고 인생을 낭비하지 마라"라고 직설적으로 말한다. 위안과 위로를 전하는 에세이, 심리학 책에 익숙해진 이들에게 새로운 자극이자 통쾌한 카타르시스를 준다. 두루뭉술한 좋은 이야기가 아닌 명확한 독설을 한다. 그동안 자기계발서에서 이런 식의 메시지가 없었던 것은 아니다. 늘 있었다. 하지만 위대한 철학자의 메시지라 더 설득력 있게 다가온다. 어떤 메시지냐보다, 누가 말했느냐가 더 중요할 때가 많은 법이다.

사실 베스트셀러가 된 책들은 쇼펜하우어의 원저를 그대로 번역, 소개하는 책들이 아니다. 쇼펜하우어의 글(말)을 발췌해, 이 시대 대중이 읽기 쉽고 공감하기 쉽게 편집한 책들이다. 쇼펜하우어 원저라면 철학서겠지만 쇼펜하우어를 가공한 책들은 엄밀히 말해 자기계발서다. 개인이 사회를 바꾸기는 어렵다. 아니 불가능에 가깝다. 사회 구조가 문제의 원인이면 해결이 불가능한 문제로 다가와 더 막막하다. 자기가 해결할 수 있는 것이 원인이어야 막막함이나 답답함도 줄어든다. 열풍을 일으킨 베스트셀러 철학서들은 문제의 원인을 사회 구조나 외부가 아닌, 자기 내부에서 찾고 이를 해결하기 위해 자기 스스로가 변화하는 내용을 주로 담고 있다. 이것은 처세술, 자기계발서의 기본 속성이다.

그동안 우리 사회에 불었던 철학 열풍의 의미

▼

철학 열풍이 분 것은 이번이 처음은 아니다. 2010년 출간된 정치철학자이자 하버드대 교수인 마이클 센델의 《정의란 무엇인가》는 1년여 만에 130만 부(이후 누적 최종 200만 부 이상)를 넘겼는데, 당시 영미권 판매량이 10만 부 정도였으니 한국에서 유독 많이 팔렸다. 마이클 센델도 한국에서 유독 많이 팔린 기현상에 대해 놀라워하면서, 한국 사회가 정의에 대한 폭넓은 논의를 원하는 갈증을 더 느끼는 것 같다고 말했다. 당시 한국 사회는 경제와 정치 모두에서 위기였다. 2008년 금융위기 여파로 2010~2012년은 한국 부동산 시장의 암흑기라고 불리던 시기다. 2006~2007년이 부동산 폭등기였다. 폭등기와 침체기 모두 부자는 돈을 더 벌고, 서민은 그 반대였다. 이명박 정부 초기인 2008년 촛불집회 시위가 거셌고, 노무현 대통령 서거(2009. 5)도 있었다. 이런 일련의 일들을 겪은 한국 사회에서 '공정'과 '정의'에 대해 열광한 것은 어쩌면 당연하다. 사실《정의란 무엇인가》는 이례적이고 일시적인 현상이었다. 책이 그토록 많이 팔리고, 이 책을 모르는 정치인이 거의 없었지만 여전히 우리 사회는 그다지 정의롭지 않았다. 또한 책을 산 사람은 많아도 다 읽은 사람은 아주 적은 책이었다. 가장 정의롭지 않고, 가장 공정하지 않은 사회에 사는 사람들이 '정의'를 다룬 책을 (다 읽지도 않으면서) 마치 부적 또는 장식품처럼 샀다는 것은 어떤 의미일까? 책이 굿즈가 된 것은 요즘 일이 아니라 오래된 일이다. 그리고 앞으로 갈수록 더 그러할 것이다.

공교롭게도《정의란 무엇인가》의 홍행 시기 한국 사회에서 인문학 열풍이 함께 불었다. 2013~2015년 베스트셀러 상위권에 인문학 책들이 포진했고, 대기업에서는 인문학 특강을 확대했다. 사실 기업에서 인문학 열풍에 동참한 것은 스티브 잡스가 말한 인문학을 오해한 결과이기도 하다. 잡스는 기술과 예술이 융합되는 시대에 인간을 위한 과학에 대한 이해를 높여야 한다는 의미로 한 말이 한국에서는 철학과 역사를 알자는 의미로 곡해되어 인문학 열풍, 역사학 열풍, 철학 열풍이 불고 스타 철학자, 스타 역사학자가 등장했다. 아이러니하게도 한쪽에서는 인문학의 위기를 겪으며 수많은 대학에서 인문학 관련 학과를 통폐합하고, 인문학 전공자들은 "문송하다"(문과라서 죄송하다)라는 자조적인 말을 쓰는 반면에, 다른 한편 출판계, 강연계, 방송계에서는 인문학 열풍이라며 콘텐츠를 쏟아내고, 누군가는 돈을 크게 벌었다.

2014~2016년 최고의 베스트셀러《미움받을 용기》는 개인심리학을 창시한 심리학자이자, 프로이트나 니체 같은 철학자로부터 영향받은 알프레드 아들러를 내세운 인문서 같은 자기계발서다. 국내에서 200만 부 이상 팔리며 아들러 열풍을 일으켰다. 2021~2022년에는 《오십에 읽는 논어》《오십에 읽는 장자》등 동양 철학에 대한 열풍이 재현되었고, 2023년《오십에 읽는 주역》으로 이어졌다(2011년《마흔, 논어를 읽어야 할 시간》이 퇴직과 새로운 도전 등을 앞둔 4050세대 들의 지지를 받으며 20만 부 이상 팔렸고, 동양 철학에서 삶의 방향을 찾으려는 이들이 늘어났다. 그리고 정확히 10년 후 '마흔'이 '오십'으로 바뀌어 다시 시장을 공략했고, 결과적으로 통했다). 여기에 2023~2024년 쇼펜하우어 열풍, 니체 열풍까지 불었다. 사실 쇼펜하우어를 다룬 책들도 타깃은 4050세대였는데, 20대까지 동참하며 쇼펜하우어 열풍을 만들어냈다. 2024년 자기계발서와 경제경영서는 상대적으로 퇴조하고 철학서, 인문서는 성장했다. 하지만 지금 우리 사회가 소비하는 철학, 인문학은 엄밀히 말해 자기계발서나 처세서 같은 철학서, 인문서다. 즉 철학을 읽든, 경영학을 읽든, 심리학을 읽든 '지식'에 대한 탐닉보다 '자신'에 대한 적용이 훨씬 우위에 놓이는 식이다. 노골적인 자기계발서, 두루뭉술한 에세이가 아니라 구체적이고 직설적이되 지적 허영이 녹아 있어야 한다. 이는 자기계발서와 경제경영서, 에세이에 요구되는 진화의 방향성이기도 하다. 어쩌면 오늘날은 장르가 통합된 퓨전 도서, 가볍고 쉽되 적당히 멋있는 책이 더 많아질 수밖에 없는 시대일지 모른다. 우리는 어느때보다 더 외롭고, 더 고립되고, 더 개인주의적이다. 이는 자발적 고립주의자들의 입맛에 맞는 책에 대한 수요는 출판계가 아무리 불황이어도 줄어들지 않을

것이라는 의미가 된다. 집단주의 문화가 남아 있는 4050세대 이상도 이런 변화를 받아들이고 있으니, 2030세대는 오죽할까? 결국 이것은 20~50대를 아우르는 공통 관심사로, 가장 대중적 수요가 큰 트렌드 중 하나가 될 수밖에 없다.

타인은 지옥이 아니라 소음일 뿐이다

▼

"지옥은 바로 타인들이야" 프랑스의 실존주의 철학자 장 폴 사르트르가 쓴 희곡《닫힌 방Huis clos》에 나오는 대사다. 이 대사만 보면 타인과의 관계가 지옥을 만드는 것처럼 보이지만, 사르트르는 1965년 강연에서 이 부분을 바로잡았다. "우리는 타인들이 우리를 판단하는 잣대로 우리 자신을 판단한다. … 세상에는 수많은 사람이 지옥에 살고 있는데, 그것은 그들이 타인들의 판단과 평가에 지나치게 의존하기 때문이다."

결국 타인이 문제가 아니라 자신이 문제인 것이다. 타인의 시선으로 자신을 본다는 것은 타인과 비교하며 자신을 본다는 의미이기도 하다. 어쩌면 전 세계에서 가장 타인과 비교하며 자신을 괴롭히는 사람들은 한국인일지 모른다. 경제력에 있어서는 분명 세계에서 상위권일 정도로 풍요롭게 살지만, OECD 국가 중 자살률은 최상위권이고 행복지수는 최하위권이다. 이런 현실이 "돈이 다 무슨 소용인가"를 의미하는 것은 아니다. 오히려 "돈이 너무나 중요하다"라는 의미로 통한다. 돈으로 비교하며 상대적 빈곤과 박탈감에 시달리고, 그래서 스스로 불행하다고 여기는 것이다. 장 폴 사르트르가 현재 한국 사회를 봤다면 어떻

게 말할까? 어쩌면 쇼펜하우어 열풍에 이어, 장 폴 사르트르 열풍이 불
수도 있을 것이다. 이름값으로는 쇼펜하우어에 뒤지지 않는다. 인생의
스토리도 파란만장하고, 특히나 실존주의라는 개념을 처음 사용한 인
물이다.

　실존주의는 개인의 자유, 책임, 주관성을 중요하게 여기는 사상이
다. 니체로부터 영향받은 사상으로, 하이데거를 최초의 실존주의 철학
자라 보기도 한다. 하지만 사르트르는 자신의 철학을 실존주의라고 명
명한 최초의 철학자이며, 1945년 그가 한 강연 〈실존주의는 휴머니즘
이다〉는 실존주의 철학의 선언문으로 여겨진다. 철학자로서도 작가로
서도 세계적 명성(노벨문학상 수상자로 선정되나 수상을 거부했다)을 가진,
20세기를 대표하는 지식인이다. 기존 결혼 제도를 부정하며 1929년
계약결혼을 하는 등 정치, 사상, 문학, 영화를 비롯한 다양한 분야에서
큰 영향을 끼친 사람이다. 어쩌면《2030을 위한 장 폴 사르트르》《마흔

에 읽는 장 폴 사르트르》《인생은 장 폴 사르트르처럼》같은 제목의 책이 나올 것 같은 예감도 든다.

타인 자체가 지옥이 아니라, 타인을 대하는 자신의 태도가 지옥을 만든다. 그러니 "타인은 소음이다"라고 생각하는 것이 더 바람직하다. 소음은 한 귀로 듣고 한 귀로 흘려도 되고, 무시해도 그만이다. 노이즈 캔슬링 기술로 아예 들리지 않게 막아도 된다. 타인이 하는 부정적인 말에 흔들릴 필요는 전혀 없다. 그 어떤 타인도 당신 자신보다 당신을 잘 알지도 못하고, 당신보다 당신을 더 애정하고 아끼지도 못한다. 그러니 타인의 긍정적인 말은 그냥 기분좋게 들으면 되고, 부정적인 말은 소음이라 여기고 무시하면 된다. 계속해서 부정적인 말을 하는 타인은 끊어내면 그만이다. 부정적인 말과 진심 어린 조언은 다르다. 내가 조언을 요청했을 때가 아니면 상대의 말은 다 쓸데없는 오지랖이나 오만한 참견과 잔소리에 불과하다. 타인이 필요없는 것이 아니다. 백색소음이 필요할 때가 있듯, 타인의 적당한 소음은 유용하다. 어떻게 타인의 소음을 통제할 것인가? 어떻게 나의 소리를 나에게 잘 전달할 것인가? 어떻게 자신의 중심을 잘 잡을 것인가? 이런 질문에 대한 답을 원하는 이들이 늘어나고 있다. 한국에서도 마음챙김, 명상이 트렌드가 되었고, 자신의 중심을 잡고 자신의 소리를 듣고자 하는 이들이 늘었다. 타인의 소음에 휩쓸리지 않아야, 자신에게 더 집중할 수 있다는 데 공감한 이들이 늘어가고 있는 상황도 누군가에게는 새로운 기회로 보일 수 있다. 철학 열풍은 계속 이어질 가능성이 크고, 다음에 주목받을 철학자가 누굴지도 잘 지켜보자.

왜 한국인은 행복하지 않을까?
타인과의 비교 때문일까?

▼

글로벌 조사 기관 입소스Ipsos에서 발표하는 보고서 《세계 행복 2024Global Happiness 2024》에 따르면, 조사 대상 30개국 중 한국은 공동 최하위다. 30개국의 평균은 '행복하다 71퍼센트 vs 불행하다 29퍼센트'인데, 우리는 '행복하다 48퍼센트 vs 불행하다 52퍼센트'인 나라다. 사실 행복지수를 조사하는 여러 기관에서 공통적으로 한국의 행복지수가 낮기에 입소스 조사에서 꼴찌라는 것은 전혀 놀랍지 않다. 그런데 추세를 보면 좀 놀랍다. 2011년 12월 조사에서는 행복하다는 답변이 71퍼센트였는데, 2024년 1월 조사에서는 48퍼센트로 12년 새 -23퍼센트다. 결과 수치만 보면 최근 12년간 한국인의 행복이 크게 줄어든 셈이다. 2021년 12월 조사(57퍼센트)와 비교해도 최근 2년여간 -9퍼센트다. 다른 나라들도 과거보다 행복지수가 줄어든 경우는 많다. 그런데 줄어들었어도 그들의 행복지수는 60~70퍼센트 정도를 웃돈다. 한국처럼 50퍼센트 이하로 줄어들지는 않는다. 한국과 공동 최하위를 기록한 나라가 헝가리인데, 헝가리는 2011년 12월 조사에서 43퍼센트였고, 지난 13년간 거의 40퍼센트 중후반에서 50퍼센트 초반을 오가며 비슷한 추이를 유지했다. 같은 꼴찌라도 한국처럼 급락한 것이 아니다. 과연 한국 사회는 지난 10여 년간 어떤 일을 겪었길래 이처럼 행복지수가 크게 떨어진 것일까? 순위권에서 한국 바로 앞에 있는 국가는 일본이다. '행복하다 57퍼센트 vs 불행하다 43퍼센트'로 우리보다는 행복지수가 꽤 높지만, 30개국 중 28위다. 한국과 일본은 늘 최하위권이다.《세계 행복 2023》에서는 조사 대상 32개국 중 한국이 30위, 일본이 32위였다. 두 나라는 경쟁이 치열하고, 타인의 시선을 많이 의식하며, 히키코모리(은둔형 외톨이)가 사회 문제라는 공통점이 있다. 또 생애 미혼율이 계속 높아지고, 출산율은 OECD 최하위권이고, 고령화가 가파르게 진행 중이며, 수직적 위계 구조인 연공 서열 문화가 존재한다는 점도 같다. 아울러 집단주의 문화를 가진 기성세대와 개인주의 문화를 가진 젊은 세대의 간극이 좁혀지지 않아 세대 갈등 이슈가 계속 제기된다는 공통점도 있다.

유엔 산하 지속가능발전해법네트워크Sustainable Development Solutions Network, SDSN가 갤럽 조사를 토대로 발표하는《세계 행복 보고서 2024World Happiness Report 2024》에 따르면, 한국의 행복지수는 조사 대상 143개국 중 52위, OECD 38개국 중에서는 33위다. 2023년 보고서에서는 137개국 중 57위, OECD 38개국 중에서는 35위였다. 지속가능발전해법네트워크는 2012년부터 세계 행복의 날을 맞아《세계 행복 보고서》를 발표하는데, GDP와 기대수명, 사회적 지지, 자유, 부정부패, 관용 등 6개 항목에서 직전 3년간의 자료를 토대로 행복지수를 산출한다. 한국은 2012년 첫 보고서 때 56위로 시작했고, 2013~2015년 잠시 40위권에 진입하기도 했지만, 그 후로 계속 50~60위권에 머물고 있고, OECD 국가들 중에서는 늘 최하위권이다.

한국이 분명 GDP에서는 세계 10위권 초반이지만 행복지수에서는 유독 낮은 순위라는 것은 경제력 외 나머지 요소에서 훨씬 열악하다는 의미다. 행복에서 돈은 중요하다. 그런데 가진 돈에 비해 우리는 너무 불행하다고 여기며 살아가는 셈이다. 동아시아에서는 한국이 52위,

일본이 51위, 중국이 60위다. 분명 GDP에서는 세계에서 손꼽히는 아시아의 빅3지만 행복지수에서는 열등하다. 특히 중국의 영향력 아래서 국가보안법이 강화된 홍콩은 86위다. 중국 문화권이기는 하지만 탈중국 색채가 강한 대만은 31위다. 동아시아 국가들이 집단주의, 유교 문화권 등의 요인 때문에 미국을 포함한 서방의 기준과 관점으로 집계하는 행복지수 지표에서 다소 불리하다고 볼 수도 있다. 그러나 엄밀히 말해 불리하다기보다는 과거의 관성으로부터 변화가 더디다는 것이 진실에 가깝다고 볼 수 있다. 실제로 한국, 일본, 중국이 공통으로 겪고 있는 심각한 문제가 2030세대와 4050세대 간 세대 갈등이다. 밀레니얼세대가 취업하기 시작한 시점부터 본격화되고, 이후 Z세대가 직장인이 되기 시작하면서 정점을 맞았는데, 밀레니얼세대와 Z세대 간 세대 갈등도 부각되고 있다. 분명한 것은 나이 서열 문화, 집단주의가 과거 세대에 비해서 옅어졌다고는 해도 밀레니얼세대, Z세대에서도 여전히 잔재가 남아 있다는 점이다. 집단주의 문화에서 비롯된 타인과의 비교, 상대적 우위 또는 박탈감에 따른 스트레스와 불행감을 Z세대도 느끼고 있다는 이야기다. 과거 세대에 비해서는 집단주의에서 개인주의로 훨씬 많이 넘어왔지만, 사회 전반에 깊이 뿌리내렸던 문화가 쉽게 사라질 리는 없다. 개인주의가 보편적이면서 1인당 GDP가 높고, 자유와 복지 시스템이 잘 갖추어진 국가일수록 행복지수는 높다. 핀란드 1위, 덴마크 2위, 아이슬란드 3위, 스웨덴 4위다. 북유럽이 압도적으로 행복지수 최상위권을 독식하는 건 거의 매년 그렇다. 북유럽 국가 외에 스위스, 네덜란드, 이스라엘 등이 최상위권에 근접해 있다. GDP 세계 1위인 미국은 행복지수에서 10위권 중반을 계속 유지하다가 2024년

보고서에서는 처음으로 20위권(23위)으로 밀려났다. 물론 우리가 미국 걱정할 때는 아니지만 말이다.

　우리가 행복하지 않은 이유는 고립 때문일까? 아니면 집단주의와 타인에 대한 시선 때문일까? 둘 중 어떤 답이 더 맞을까? 후자가 가능성은 더 높아 보인다. 한국은 OECD 국가 평균치보다 자살률은 2배 이상 높다. 2022년 기준 한국의 자살률(인구 10만 명당 자살자 수)은 25.2다. 과거보다 줄어들고 있기는 하지만 여전히 무척 높다. 자살률이 가장 높았던 때는 2011년(31.7명)이고, 2009~2011년 3년간은 매년 자살률 31 이상에 자살자 수 1만 5000명 이상을 기록한 가장 암울한 시기였다. 2008년 글로벌 금융위기 이후 한국은 부동산 침체기(2009~2011년)가 닥쳐, 하우스푸어가 사회적 문제가 되었다. 이 시기 유독 자살률이 높았다는 것은 경제 상황과 자살의 상관관계를 추정케 한다. IMF 사태를 겪으며 대량 해고가 확산된 1998년 자살률이 1997년보다 40퍼센트 이상 증가한 점, 신용카드 대란이 벌어진 2003년 자살률이 급등한 점을 보면, 확실히 돈이 문제다. 그런데 고도성장기, 압축성장기라고 불리던 1970~1990년대에도 우리의 자살률은 높았다. 우리는 후진국일 때도, 개발도상국일 때도, 선진국일 때도 자살률은 늘 높았다. 이쯤 되면 돈도 문제지만, 그 근본 배경에 다른 큰 요인이 존재함을 짐작케 한다. 바로 타인과의 비교다. 우리 사회는 이웃사촌이라 할 정도로 공동체가 굳건하고, 집단주의가 학교와 직장에서 당연시됐었다. 그나마 희소식인 건 2010년대 이후 자살률은 계속 하락세를 기록하기 있다는 것이다. 이것이 경제력이 높아진 결과인지, 아니면 개인주의가 팽배해지고 집단주의가 퇴조한 결과인지는 생각해볼 일이다.

자연인 또는 은둔형 외톨이
: 이유가 무엇이든 계속 확산될 욕망

▼

최소 6개월 이상 집에서 고립된 생활을 하는 사람을 은둔형 외톨이, 일본어로는 히키코모리라고 한다. 2023년 12월, 보건복지부(조사한국보건사회연구원) 발표에 따르면, 은둔형 외톨이 청년(19~34세)은 최대 54만 명이라고 한다. 조사에 따라 숫자는 조금씩 다른데, 국무조정실 '2022년 청년 삶 실태조사'에서는 19~34세 청년 중 2.4퍼센트, 30~40만 명으로 추산했다. 서울시가 2023년에 조사한 결과에 따르면, 서울 거주 19~39세 청년 중 4.5퍼센트인 13만 명가량이 은둔형 외톨이다. 숫자보다 더 주목할 것이 있다. 한국에서 청년 은둔형 외톨이가 가장 많은 지역은 서울이다. 1인 가구 비율이 가장 높은 곳도 서울이다.

2023년 일본 정부 조사에서 밝힌 15~39세 사이 히키코모리는 67만 명이다. 우리보다 훨씬 먼저 이 문제를 겪고 있고 인구도 2.5배 많은 일본과 비교하면 우리나라의 은둔형 외톨이 청년이 너무 많아 보인다. 일본 정부 추산 히키코모리는 약 146만 명이다. 그중 40대가 40퍼센트, 60세 이상이 25퍼센트다. 일본에서 히키코모리가 사회 문제로 떠오른 것은 1990년대 후반부터다. 당시 히키코모리 청년들이 그동안 나이를 먹고 히키코모리 중장년이 된 것이다. 젊을 때 잠깐 그러고 마는 것이 아니라, 중장년 히키코모리가 훨씬 더 많다. 일본에서는 히키코모리 문제를 청소년부에서 담당하다가 복지부로 이전시켰다. 한국에서도 겪을 가능성이 높은 일이다.

은둔형 외톨이는 일본과 한국에서 유독 심각한 문제다. 경쟁에 대한 압박감도 크고, 학벌주의, 타인과의 비교도 심하다. 성적 부진과 학업 스트레스, 진학과 취업 실패 등 문제로 1020세대에 시작된 은둔형 외톨이가 3040세대를 지나, 5060세대까지 이어진다. 7080세대가 된다고 갑자기 은둔형 외톨이를 벗어날 가능성도 적다. 평생 사회적 관계를 하지 않고, 자발적 고립을 선택한 이들이기 때문이다. 물론 은둔형 외톨이가 마냥 늘어나지는 않을 것이다. 우리 사회가 타인과 비교를 버리고, 남이 아닌 자신에게 집중하는 문화를 받아들일수록 세상을 피해 고립을 선택하는 이들은 줄어들 수 있기 때문이다. 분명한 것은 은둔형 외톨이가 된 사람을 구제하는 것은 임시방편이라는 점이다. 은둔형 외톨이는 자발적 고립처럼 보여도, 엄밀히 말하면 사회의 구조적 문제 때문에 도태되고 고립된 것이다. 스스로 고립 상태를 언제든지 벗어날 수 있는 것이 아니라면 자발적이라 할 수 없다. 필요시 고립되었다가, 또 다른 필요시 다시 사회로 나가 사람들과 관계를 맺고 일을 할 수 있어야 진정한 '자발적' 고립일 수 있다.

〈나는 자연인이다〉라는 프로그램에 여전히 사람들이 관심을 갖는 것도 타인의 소음에서 벗어나고자 하는 욕망 때문 아닐까? 처음에는 그들이 세상에서 도피한 사람들처럼 보였지만, 점점 속세를 버리고 자신의 세계를 만드는 사람들로 보이기도 한다. 세상에서 퇴출된 사람들, 세상에서 부적응하거나 실패한 사람들이 아니라, 자발적으로 속세를 버린 사람들, 나만의 월든을 찾아서 자연으로 떠난 사람들로 보이는 경우가 자꾸 늘어난다. 평생을 혈연, 지연, 학연에 얽매인 채 생활하고, 가장으로서 삶의 무게감에 짓눌리고, 타인과의 관계에 스트레스를 받으며 살아온 한국의 중장년 남성들이 가진 결핍과 욕망을 간접적으로 해

소해주는 콘텐츠인 셈이다.

〈나는 자연인이다〉는 MBN에서 2012년 8월부터 방송을 시작해 12년 넘게(620회 이상) 장수하고 있는 프로그램이다. 중장년층 남성들의 선호도가 높은데, 여전히 시청률(종편)이 2~3퍼센트 나오는 MBN의 간판 프로그램 중 하나로, 개국(2011. 12) 이후 가장 롱런하고 있는 프로그램이다. 출연자의 환경 오염이나 법적 문제, 방송 내용 조작 등 논란이 여러 번 있었음에도 12년 이상 롱런할 수 있었던 것은 시청률이 나와서다. 〈나는 자연인이다〉 유튜브 채널(@Jayeonin_MBN)은 구독자 58만 명 이상, 누적 조회 수 4억 5400만 회에 달한다. 이 프로그램을 보고 자연인의 삶을 꿈꾸거나, 실제 행동으로 옮긴 이들도 꽤 있을 것이다. 바쁜 현대인에게 세상의 온갖 스트레스에서 벗어나 자연에서 살아가는 사람들의 이야기는 대리 만족을 주기도 한다. 특히 중장년층 남성들은 출연자가 같은 연령대, 같은 남성이어서 더욱 공감하기 쉽다. 출연자들은 주로 산속 등 자연에서 거주한다. 만약 도심 한복판에서 자발적 고립주의자로 살아가는 사람들을 대상으로 삼아 2030세대를 출연시킨다면 시청자층에 변화가 생길 수도 있다. 자연이든 도심이든 중요한 것은 '자발적으로 고립될 자유'다. 회사생활을 하면서도, 아파트 같은 공동 주거 시설에 살면서도 얼마든지 자발적 고립주의자가 될 수 있다.

MBC〈나 혼자 산다〉는 2013년 3월부터 방송을 시작해 11년 넘게 (560회 이상) 이어오고 있다. 시청률(지상파) 6~8퍼센트대를 유지하고 있는데, 예능 프로그램 중 주간 종합 시청률(지상파, 종편, 케이블 모두 포함)에서 여전히 Top 5에 든다. 203040세대가 주 시청자층인데, 고정 시청자층의 높은 충성도로 금요일 동시간대 1위를 계속 지키고 있다. 특정 출연자 이슈나 비혼(독신) 부추김을 이유로 폐지 요구가 나오기도 했지만, 여전히 높은 시청률을 기록하며 롱런하고 있다.〈나 혼자 산다〉공식 유튜브 채널(@studio9791)의 구독자는 66만 명가량이고, 누적 조회 수는 3억 4000회가량이다.〈나는 자연인이다〉와〈나 혼자 산다〉는 10년 이상 롱런하고 있다. 자발적 고립이 일시적 관심, 반짝 유행이 아니라 하나의 라이프스타일이자 보편적 문화 트렌드가 된 셈이다.

우리는 계속 '느슨한 연대'를 지향하고 있다

▼

"2030년이면 결혼 제도가 사라지고 90퍼센트가 동거로 바뀔 것이다" 세계적 경제 석학이자 미래학자로 꼽히는 자크 아탈리Jacques Attali 의《21세기 사전Dictionaire du XXIe siecle》(1998)에 나오는 말이다. 이미 유럽은 결혼은 비주류가 되고 동거가 결혼을 대체하는 방식으로 자리 잡

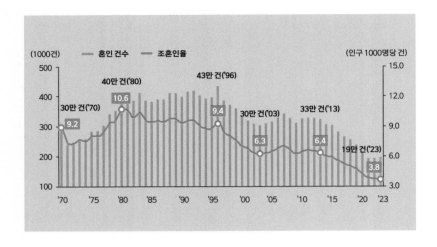

고 있다. 세계적으로도 혼인율은 역대 최저를 매년 경신하고 있고, 우리나라도 마찬가지다. 결혼 제도 대신 동거를 선택하더라도 '형식'이 바뀐 것이지 '가족'을 이루는 것은 같다. 엄밀히 보자면 결혼과 동거는 비슷한 말이다. 반대말은 '독신'이다. 결혼하지 않겠다는 '비혼'이 비주류이자 아웃사이더로 취급받던 시대는 끝났다. 사람 대신 동물과 함께 사는 것도 더 이상 낯설지 않다. 반려자가 반드시 사람일 필요는 없다. 동물, 식물, 로봇 등 반려의 존재는 얼마든지 있다. 다른 사람에게 의존, 의지하는 것이 아니라 자신이 혼자 모든 것을 해결하며 주체적으로 사는 독신주의자가 많아질수록, 자발적 고립과 느슨한 연대도 더 중요한 트렌드 이슈가 된다.

1980년 40만 건이던 혼인 건수가 2023년에는 19만 건으로 반 토막 났다. 사실 1980년 인구수가 약 3800만 명이었으니 현재 5000만 명과 비교하면 4분의 3 정도에 불과한데, 혼인 건수는 2배 이상이다. 즉

		1970	1980	1990	2000	2010	2015	2016	2017	2018	2019	2020	2021	2022	2023
가구 수(1000 가구)		5,576	7,969	11,355	14,312	17,339	19,111	19,368	19,674	19,979	20,343	20,927	21,448	21,774	22,073
가구원 수별 가구 구성 (%)	1인 가구	–	4.8	9.0	15.5	23.9	27.2	27.9	28.6	29.3	30.2	31.7	33.4	34.5	35.5
	2인 가구	9.7	10.5	13.8	19.1	24.3	26.1	26.2	26.7	27.3	27.8	28.0	28.3	28.8	28.8
	3인 가구	13.3	14.5	19.1	20.9	21.3	21.5	21.4	21.2	21.0	20.7	20.1	19.4	19.2	19.0
	4인 가구	15.5	20.3	29.5	31.1	22.5	18.8	18.3	17.7	17.0	16.2	15.6	14.7	13.8	13.3
	5인 가구	17.7	20.0	18.8	10.1	6.2	4.9	4.8	4.5	4.3	3.9	3.6	3.3	3.1	2.9
	6인 이상 가구	43.8	29.8	9.8	3.3	1.8	1.5	1.4	1.3	1.2	1.0	0.9	0.8	0.7	0.6
평균 가구원 수(명)		5.2	4.5	3.7	3.1	2.7	2.5	2.5	2.5	2.4	2.4	2.3	2.3	2.2	2.2

출처: 통계청, 〈인구총조사〉

조혼인율이 3분의 1 토막 난 셈이다. 혼인 건수는 1996년 43만 건으로 역대 최고였는데, 그때 인구는 약 4550만 명이었다. 혼인 건수가 급격히 줄어든 것은 2010년대 중반부터다. 더 이상 줄어들기 어려울 만큼 줄어들어서인지 최근 3년 연속 혼인 건수는 비슷하다.

1980년에는 전체 가구 중 1인 가구는 4.8퍼센트에 불과했지만, 2023년에는 35.5퍼센트였다. 평균 가구원 수가 1970년대에는 5명대, 1980년대는 4명대, 1990년대는 3명대, 2000년대는 2명대로 급격히 줄었고, 2010년대 중반에는 2.5명이 되고, 2020년대 들어 2명대 초반까지 왔으니 머지않아 1명대 진입도 예상된다. 혼자 사는 1인 가구가 1000만 명(행정안전부 기준)을 넘어선 시대다. 1인 가구와 자발적 고립, 느슨한 연대는 긴밀히 연결되는 화두다. 타인으로부터 자신을 지키고, 타인의 소음을 노이즈 캔슬링하려는 이들이 갈수록 늘어나는 시대를 우리는 살고 있다.

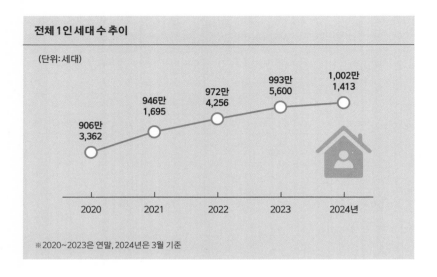

전체 1인 세대 수 추이

(단위: 세대)

906만
3,362

946만
1,695

972만
4,256

993만
5,600

1,002만
1,413

2020   2021   2022   2023   2024년

※ 2020~2023은 연말, 2024년은 3월 기준

　　개인주의의 심화가 더 이기적이고 자기중심적인 사람들을 양산할까? 아니다. 개인주의의 완성은 안정된 사회 구조 내에서 가능하다. 그러니 공공의 이익, 약자 보호와 소외 계층에 대한 배려, 기본 소득에 대한 논의 모두 개인주의와 연결된다. 아이러니하게도 극단적인 개인주의가 사회적 연대를 요구하고, 이념이 아닌 실용적이고 합리적인 정치를 요구한다. 살기 좋은 나라의 대명사처럼 여겨지는 북유럽 국가들은 행복지수나 삶의 질, 복지 등에서만 세계 최고가 아니다. 이 나라들은 투명성에서도 세계 최고다. 국제투명성기구Transparency International는 매년 부패인식지수Corruption Perceptions Index, CPI를 발표하는데, 최상위권에 항상 덴마크, 핀란드, 노르웨이, 스웨덴이 들어간다. 2024년 1월에 발표한 '부패인식지수 2023'에서는 1위 덴마크, 2위 핀란드, 4위 노르웨이, 6위 스웨덴이었다. 어떻게 북유럽 4개국이 부패인식지수 최상위

CORRUPTION PERCEPTIONS INDEX 2023

Score	Country	Rank
90	Denmark	1
87	Finland	2
85	New Zealand	3
84	Norway	4
83	Singapore	5
82	Sweden	6
82	Switzerland	6
79	Netherlands	8
78	Germany	9
78	Luxembourg	9
77	Ireland	11
76	Canada	12
76	Estonia	12
	Australia	14

권에 계속 포함될까? 스웨덴은 1인 가구 비율이 전체 가구의 54퍼센트 정도이고, 덴마크와 노르웨이, 핀란드는 45~47퍼센트 정도다. 1인 가구 비율에서 최상위권인 국가들이, 공교롭게도 부패인식지수에서 최상위권이다. 그러므로 가장 개인주의적인 사회가 가장 투명하다고 해석할 수도 있다. 스웨덴은 1766년 헌법을 개정해 세계 최초로 정보 공개 원칙을 입법화했다. 1949년 제정된 '출판자유법'에 이 원칙이 성문화되었다. 노르웨이, 덴마크, 핀란드에서도 이 원칙이 적용되는데, 모든 것이 공개되니 부정과 비리가 불가능하다. 연봉의 절반 정도를 세금으로 내는 것도 사회가 투명하기 때문이다. 사회 시스템을 믿을 수 있기 때문에 세금을 많이 낼 수 있는 것이다. 복지도 삶의 질도 높으니 혼자 사는 것도 더 수월하다. 혼자 살기 가장 좋은 나라, 개인주의가 가장 심화된 나라, 외로움이 두렵지 않은 나라가 가장 투명한 나라라는 것은

한국 사회가 생각해볼 대목이다.

"뭉치면 살고 흩어지면 죽는다!" 또는 "우리가 남이가?"는 집단주의적 속성을 그대로 반영하는 말이다. 여기에 "피는 물보다 진하다"라는 혈연 중심 집단주의를 드러내는 말도 있다. 한국 사회는 집단주의가 강한 사회였다. 혈연 중심과 가부장적 가족관도 견고하게 유지되었고, 지연과 학연 같은 인맥도 중요했다. 하지만 이제 달라지고 있다. 혈연, 학연, 지연을 거부하는 사람들이 늘어간다. 동창회를 찾는 것은 기성세대 중심이다. 친인척을 따지는 것도 마찬가지다. 대학에서도 선후배끼리 과거처럼 밥 사주고, 같이 술 마시며 끈끈해지지 않는다. 이들에게 자신의 의지와 무관하게 연결된 혈연, 학연, 지연은 부담스럽다. 마음에 드는 사람들과만 연결되는 것이 아니라 누구든 같은 학교를 다녔다는 이유로, 같은 학과 선후배라는 이유로, 같은 지역에 태어났다는 이유로, 같은 성씨의 가문이라는 이유로 처음 보는 낯선 사람과 돈독한 사이처럼 구는 행태가 불편하다는 뜻이다. 한국 사회에서 인맥은 단순히 아는 관계가 아니라 이해관계와 얽히고, 투명성과 공정성을 해치는 요인으로 작용했다. 집단주의가 퇴조하고 개인주의가 부각되면서 인맥의 힘도, 인맥을 활용한 불공정, 불투명도 줄어든다. 집단주의에 대한 태도 변화는 종교, 정치, 노동조합 등에도 변화를 요구한다. 기업 조직에서도 투명한 평가와 보상을 원하는 사람들이 늘어난다. 기성세대가 연공 서열에 따른 보상에 익숙했다면, 2030세대 직장인은 연차와 나이가 아니라 능력과 성과에 따른 보상을 요구하며, 이것이 한국 기업에서 세대 갈등, 조직 문화 이슈의 중요 배경 중 하나가 된다.

사전적으로 '느슨하다'는 잡아맨 끈이나 줄 따위가 늘어져 헐겁다, 마음이 풀어져 긴장됨이 없다 등의 의미다. 이런 '느슨하다'는 말을 '관계' 앞에 붙이면 서로 연결은 되나 아주 긴밀하거나 끈끈하지 않는 관계, 즉 '따로 또 같이'가 더 원활한 관계가 만들어진다. 사람끼리 연결되는 관계가 가지는 장점은 일부 취하되, 그런 연결이 주는 부담스러움이나 복잡함은 덜어내겠다는 태도가 '느슨한 관계'를 만들어냈다. 집단주의 관점에서는 다소 이기적인 태도로 보이지만, 개인주의 관점에서는 합리적이고 효율적인 태도다. 약한 연결, 약한 연대라고도 할 수 있는 느슨한 연대는 기존의 관계에 대한 재해석과 변화를 요구한다. 더 정확히 말하자면 기존의 관계와 연대가 가진 문제에 대한 대안으로 느슨한 연대가 등장한 것이다.

가장 대표적인 것이 결혼을 바라보는 관점의 변화다. 결혼관이 바뀌면 가족관이 바뀌고, 출생과 자녀에 대한 태도도 바뀔 수 있다. 이 변화는 유럽에서 먼저 겪었다. 미국도 겪었고, 어느새 우리도 겪고 있다. 우리는 전통적 결혼관과 가족관을 상대적으로 오래 고수해온 사회다. 그래서 세대 간에 결혼과 가족을 바라보는 관점 차이, 세대 차이가 크기다. 더 엄밀히는 세대 차이라기보다 시대 차이가 맞을 것이다. 과거의 관성을 고수하려는 측과 새로운 변화를 받아들이려는 측의 관점 차이가 빚는 충돌이기 때문이다. 느슨한 연대는 단지 가족과 연애, 사람들 간 관계만이 아니라, 직장, 조직 문화와 주거 환경, 부동산과 도시 등에까지 영향을 미칠 중요한 트렌드 코드다. 느슨한 연대는 결혼과 출산, 직업관과 직장 문화, 주거 문화, 선거와 정치, 소비 트렌드 등 전방위적으로 영향력을 확장하고 있다.《라이프 트렌드 2020: 느슨한 연대》에서 2020년대를 관통할 핵심 트렌드로 다루었던 '느슨한 연대'는 궁극적으로 패러다임을 넘어 문화로 자리 잡은 만큼, 2025년에도 우리는 계속 느슨한 연대가 미칠 영향에 주목해야 한다.

5장

한국에서도 시작될 비만 치료제 열풍의 나비 효과

의식주 트렌드를 가장 극적으로 바꾸는 티핑 포인트

Life_Trend_2025

#비만 치료제 #건강은 새로운 부 #다이어트 #안티에이징 #수명 연장 #불멸 서비스 #바이오 산업 #피부 관리 #스포츠웨어 #건강/운동 데이터 #뷰티 테크 #성형 #당뇨 #건강식품

비만은 만병의 근원이다. 그러나 운동으로도, 식단으로도 다이어트는 쉽지 않다. 금방 요요가 온다. 그런데 수많은 해외 유명인이 성공한 다이어트 비법이 있다. 바로 비만 치료제다. 오늘날 비만 치료제가 전 세계 의약 산업과 패션, 뷰티, 운동, 식품 산업, 나아가 우리의 욕망과 라이프스타일까지 뒤흔들고 있다.

다이어트를 고민해보지 않은 사람이 얼마나 될까? 남녀노소 모두에게 다이어트는 늘 숙제다. 외모를 위해서만이 아니라 건강 때문이라도 다이어트는 보편화된 욕망이다. 하지만 그만큼 성공하기 쉽지 않다. 운동으로 다이어트하기는 매우 어렵고, 식단 조절로도 힘들다. 잠시 다이어트에 성공했어도 언제든 요요를 맞는다. 각종 다이어트 보조제나 약을 먹고, 심지어 지방 제거 수술까지 하는 이들도 있다. 비만은 만병의 근원이다. 당뇨와 성인병 모두 비만이 가장 위험하다. 결국 우리 모두에게 다이어트는 살아 있는 동안 영원한 숙제일 수밖에 없다. 그런데 기적의 신약이라 불리는 비만 치료제가 등장하며 우리의 욕망을 뒤흔들고 있다. 위고비wegovy 주사로 14킬로그램을 뺐다는 일론 머스크, 마릴린 먼로의 옷을 입기 위해 1주일 만에 7킬로그램을 뺐다는 킴 카다시안, 위고비(오젬픽)의 도움으로 40킬로그램을 뺐다는 오프라 윈프리, 젭바운드Zepbound로 28킬로그램을 뺐다는 NBA 스타 찰스 바클리 등 비만 치료제로 단기간에 다이어트에 성공한 유명인의 이야기는 끊이지 않는다. 비만 치료제 신약들이 가장 먼저 팔리는 미국을 비롯해, 비만 치료제 시장이 전 세계 의약품 시장부터 패션과 뷰티, 운동, 식품 관련 산업, 사람들의 욕망까지 모두 흔들고 있다. 과연 한국은 어떻게 될까?

한국에서는 언제부터 일론 머스크나 오프라 윈프리처럼 할 수 있을까?

▼

2024년 7월 말, 미국 제약회사 일라이 릴리Eli Lilly and Company의 비만 치료제 마운자로Mounjaro(성분명 티제파타이드)가 한국 식품의약품안전처로부터 주 1회 투여하는 주사제로 국내 품목 허가를 받았다. 물론 당장 판매가 된다는 보장은 없다. 비만 치료제 시장의 선두주자인 덴마크 제약회사 노보 노디스크Novo Nordisk A/S의 위고비(성분명 세마글루타이드)는 2023년 4월 식품의약품안전처로부터 국내 품목 허가를 받았지만, 글로벌 공급 부족을 이유로 아직 국내 출시는 되지 않고 있다(한국 노보 노디스크가 2024년 10월 중순부터 위고비의 국내 출시를 시작한다고 공식 발표했고, 위고비가 시작하면 마운자로도 국내 출시를 서두를 수밖에 없다. 이 책이 출간된 후에는 국내 출시가 예상된다). 위고비 열풍을 잇는 새로운 게임 체인저로 젭바운드를 꼽을 정도다. 이 덕분에 일라이 릴리는 매출이 고성장하고, 주가는 급등했다. 마운자로는 2023년 6월 식품의약품안전처로부터 국내에 당뇨약으로 허가받았는데, 2023년 11월 미국 식품의약국FDA으로부터 비만약으로도 확대 허가받아 미국에서는 젭바운드라는 이름으로 팔린다. 한국에서는 기존 이름 마운자로를 그대로 유지했

다. 비만 치료제의 빅2라는 2가지 주사제 모두 국내에서 식약처 허가는 받았다. 미국에서는 한 달 처방 가격이 위고비 1350달러, 젭바운드 1060달러고, 중장기로 치료해야 할 수 있어서 환자에 따라 비용은 천차만별이다. 한국에서는 더 비싸질 수도 있겠지만, 가격이 문제가 되지는 않을 것이다. 효과만 확실하다면 비싼 가격도 감당하겠다는 수요층이 많다. 한국은 다이어트, 성형 산업이 발달한 국가다. 성형외과, 피부과 등에서 고가의 시술을 받는 소비자가 꽤 많고, 명품 패션 브랜드들도 중요 시장으로 꼽을 정도로 고가 제품 구매에 주저함이 없는 소비자가 많다. 위고비와 마운자로의 국내 처방이 시작되면, 비만과 다이어트를 내건 병원, 제약회사, 건강식품회사 등은 타격을 받는 동시에 기회도 있을 것이다. 다이어트가 최고의 성형이라는 이야기를 우리는 더 자주 하게 될 것이고, 다이어트에서도 빈익빈 부익부 현상이 더 심화될 수 있다.

물론 위고비와 마운자로 모두 공급이 수요를 따라가지 못하는 상황에서 언제부터 국내 판매가 시작될지는 미지수다. 현재는 미국을 필두로, 유럽 일부 국가, 일본 등에서 판매 중이다. 중국도 승인을 받았고,

전 세계 주요 국가들이 모두 원하고 있다. 분명한 것은 국내 판매 시기가 언제가 되건 2024~2025년 한국에서 위고비와 마운자로에 대한 관심은 계속 뜨거워지리라는 점이다. 이는 다이어트와 비만 치료 전반에 대한 관심 증폭으로 이어지고, 위고비와 마운자로 대기 구매층을 두텁게 쌓을 것이다.

2021년 미국 식품의약국은 위고비를 심혈관 질환이 있거나 비만 또는 과체중인 성인을 대상으로 심혈관 관련 사망과 심장마비, 뇌졸중 위험을 낮추는 데 사용할 수 있도록 새로운 적응증을 승인했다. 미국뿐 아니라 유럽에서도 위고비는 심혈관 질환 예방약으로 적응증 승인이 되었고, 한국에서도 그렇게 될 가능성이 있다. 아울러 미국의 공공 의료보험을 관리하는 메디케어메디케이드서비스센터Centers for Medicare & Medicaid Services, CMS는 의학적 용도로 추가 사용 승인받은 비만 치료제 비용은 메디케어 '파트D'(민간 보험사가 운영하는 메디케어 처방약 방침)로 지원할 예정임을 밝혔다. 메디케이드는 저소득층과 임산부, 장애인을 지원하기 위해 미국 연방 정부와 주 정부가 공동으로 운영하는 의료보험 제도, 메디케어는 65세 이상 노인과 장애인을 위해 연방 정부가 운영하는 의료보험 제도다. 2003년 제정된 미국의 메디케어는 사회보장법에 따라 미용 목적과 거식증, 감기 증상 완화 등의 치료에 사용되는 약물은 보장 대상에서 제외하고 있었다. 비만 치료제는 미용 영역으로 분류되어 그동안 보장 대상에서 제외되었지만, 단순 체중 감량 목적이 아닌 심혈관 질환 치료로 연결되면 보장 대상이 될 수 있다. 미국에서 위고비 처방은 거의 사보험으로 처리되는데, 앞으로는 공공 의료보험에서도 처방되는 비율이 높아질 가능성이 있다. 비만 치료제 시장으로서는 긍정적 변화다. 다만 이런 변화로 메디케어 지출이 늘어, 가입자의 보험료 인상으로 이어질 우려도 있다. 미국의 메디케어 가입자 중 비만 진단을 받은 사람이 1000만 명 정도다. 이 중 10퍼센트만 위고비를 처방받고 비용을 메디케어에서 지출한다면 약 268억 달러(약 36조 원)가 든다고 한다. 성인 비만율 증가, 당뇨병과 심혈관 질환 증가 등으로 비만 치료제에 대한 의료보험 적용이 초래하는 보험료 인상은 불가피하고, 이는 미국뿐 아니라 한국에서도 벌어질 가능성이 높은 일이다. 사회적 논쟁거리가 될 수 있다. 아울러 같은 성분으로 비만과 당뇨를 모두 치료하다보니, 당뇨병 환자에게 공급량을 늘리면 비만 치료제 공급은 상대적으로 줄어들 수 있다. 충분히 공급량이 확보되기 전까지는 이런 갈등이 생길 수밖에 없다. 한쪽에서는 건강(생명)을 위해 필요로 하고, 한쪽에서는 미용을 위해 필요로 한다. 이를 두고 비만 불평등 시대라고 말하는 이들도 있다.

비만은 질병이다: 비만을 잡으면 수명이 늘어난다

▼

GLP-1Gloucagon-like peptide-1은 음식을 먹으면 위나 소장에서 분비되는 호르몬으로, 식사 후 포만감에 중요한 역할을 하고, 췌장에서는 인슐린 분비를 자극해 혈당을 낮춘다. 하지만 GLP-1은 체내에서 분비 후 1~2분 만에 분해돼버린다. 노보 노디스크와 일라니 릴리는 GLP-1과 비슷하지만 오래 가는 성분을 개발해 2형 당뇨병 치료제로 사용했다. 목적은 당뇨병 치료제였으나, 연구 과정에서 환자들이 포만감을 느끼고 체중이 감소하는 부수적 효과를 발견했고, 제약회사는 이것을 비

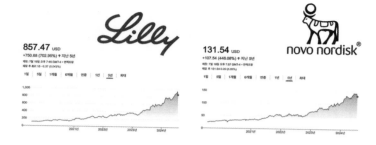

만 치료제로 승인받았다. 폐동맥 고혈압 치료제를 연구하다가 발견한 부수적 효과를 상품화시킨 비아그라처럼 의도치 않게 히트 상품을 발견해낸 것이다. 인류가 가진 대표적 욕망과 결핍을 해소하면 놀라운 히트 상품이 되는데, 비아그라와 위고비, 젭바운드가 바로 그런 상품이다.

당뇨와 비만은 질병으로만 연결되는 것이 아니라 치료제로도 연결된다. 당뇨병 시장의 선두 기업이 곧 비만 치료체(다이어트 신약) 시장의 선두 기업이기도 하다. 글로벌 당뇨병 시장에서 점유율 1위는 노보 노디스크, 2위는 일라이 릴리다. 주사제에서 GLP-1 계열의 치료제는 노보 노디스크와 일라이 릴리가 양분하는데, 전체의 98퍼센트를 차지한다. 인슐린 시장에서는 노보 노디스크, 일라이 릴리, 사노피Sanofi S.A.가 빅 3다. 이 세 회사가 전 세계 인슐린의 95퍼센트 이상을 공급한다. 노보 노디스크는 삭센다Saxenda(성분명 리라글루티드)를 당뇨병 치료 목적으로 개발했으나, 부작용으로 나타나는 식욕 부진과 체중 감소 효과 덕분에 다이어트약으로 부상했다. 이후 위고비로 비만 치료제 시장을 주도해갔다. 일라이 릴리의 젭바운드가 2023년 미국 식품의약국 승인을 받고 12월부터 판매를 시작하면서, 비만 치료제(다이어트 신약) 시장의 주도권 다툼이 치열해졌고, 시장 전체가 폭발적으로 성장하고 있다. 2023년 노보 노디스크는 연 매출이 전년 대비 31퍼센트, 일라이 릴리는 20퍼센트 증가했다. 글로벌 20대 대형 제약사 중 매출 증가율이 두 자릿수를 기록한 것은 단 두 회사뿐이고, 둘다 공교롭게도 비만 치료제 시장의 주도 기업이다. 실적, 주가, 미래 가치가 고공행진을 한 것은 당연하다. 노보 노디스크가 2024년 1월 말 발표한 전년도 실적에 따르면, 2023년 위고비 글로벌 연 매출이 전년 대비 407퍼센트 성장한 313억 4300만 크로네(약 6조 원)였다. 삭센다는 102억 8900만 크로네(약 2조 원)로 전년 대비 -4퍼센트였다. 삭센다의 후속작 위고비가 비만 치료제 시장을 주도 하고 있는 셈이다. 노보 노디스크는 세마글루타이드 성분의 당뇨병 치료제 오젬픽으로 연 매출 957억 1800만 크로네(약 18조 5000억 원)을 올리며 전년 대비 60퍼센트 성장했고, 같은 성분의 경구용 당뇨병 치료제 리벨서스로도 연 매출 187억 5000만 크로네(약 3조 6000억 원)를 올려 전년 대비 66퍼센트 성장했다. 노보 노디스크는 세마글루타이드 성분만으로 당뇨, 비만 시장에서 총 28조 원가량의 매출을 올린 셈이다.

일라이 일리의 젭바운드는 출시 첫 분기부터 좋은 출발을 보였다. 2024년 1분기 젭바운드의 매출은 5억 1700만 달러였고, 당뇨병 치료제 마운자로는 18억 달러의 분기 매출을 기록했다. 2024년 1분기 노보 노디스크의 위고비는 13억 달러, 오젬픽은 43억 달러였다. 2022년 글로벌 비만약 시장 규모는 약 3조 5000억~4조 원이었는데, 2023년 10~11조 원으로 3배 이상 커졌고, 앞으로 훨씬 더 커질 것이다. 글로벌 제약 산업 분석업체인 이벨류에이트파마EvaluatePharma는 GLP-1 유사체 계열 비만 치료제 시장이 연평균 30퍼센트 성장하며 2030년까지 100조 원 규모로 커질 것이라 전망했다. 연평균 50퍼센트 성장한다면 2030년까지 1000억 달러(약 135조 원) 규모가 되는데, 글로벌 투자은행 제프리스Jeffries는 2030년까지 1500억 달러(약 205조 원) 규모에 이를 것으로 전망했다. 비만 치료제 하나 잘 만들어 연간 100조 원대 시장을 주도할 수 있다면 황금알을 낳는 거위나 다름없다. 현재 위고비와 젭바운드 모두 비싼 가격에도 불구하고, 없어서 못 팔 정도다. 전 세계적 관심과 인기로 인해 수요 대비 공급이 부족해 제조 시설 확장에 두 회사 모두 사활을 걸고 대규모 투자를 하고 있다. 로슈, 암젠 등 다른 제약회사들도 GLP-1 유사체 계열 비만 치료제 개발을 하고 있다. 후발 주자들이 추격하고 있기에 선두 1, 2위 회사가 지위를 계속 유지하려면 공급을 늘려 시장을 장악하는 것이 시급하지만, 생산량을 급속도로 늘리기에는 한계가 있다. 물론 1, 2위 회사가 주사제 외에 알약(제조와 유통에서 훨씬 유리하다) 개발도 하고 있기에, 후발 주자들에게 기회와 시간이 많지는 않다. 분명한 것은 이미 비만과 당뇨는 가장 강력한 시장이며, 전 세계 의약품 시장에서 비만 치료제 시장의 비중은 점점 커질 것이라는 점이다. 고령화가 심화될수록 사람들은 안티에이징과 다이어트, 건강 관리에 더 많은 돈을 쓰며, 더 멋지고 젊은 중장년, 노년을 보내려 할 것이기 때문이다.

비만 치료제가 비싸도, 그동안 다이어트를 위해 쓴 돈과 시간, 노력에 비하면 충분히 가성비 높다고 여길 사람들도 많다. 결정적으로 비만을 잡으면 수명이 길어진다. 비만을 해결하면 심혈관 질환, 만성 신장 질환까지 해결된다. 당뇨를 잡고, 비만을 잡고, 각종 성인병과 만성 질환까지 잡는다는 것은 가장 강력한 미래 시장의 주도권을 가진다는 의미다. GLP-1 의약품 시장에서 현재로서는 노보 노디스크가 선두다. 하지만 미래는 좀 다를 수 있다. 일라이 일리는 미국 회사다. 미국 정부의 전폭적 지원을 받으며 제조 시설 투자에서 우위를 점할 가능성이 있다. 미국 정부는 반도체 산업, 바이오 산업, 전기차(배터리) 산업 등에서 글로벌 주도권을 가지기 위해 관련 글로벌 기업들이 미국 내 제조 공장 증설을 할 때 전폭적 지원을 해주고 있다. 바이든 정부가 "메이드 인 아메리카"라며 제조업의 부활을 외치기 전부터 트럼프 정부에서도 "아메리카 퍼스트"라며 제조업의 부활을 외쳤기에, 향후 어떤 정부가 집권하든 미국이 미래 첨단 제조 산업인 반도체, 바이오, 전기차(배터리) 등의 주도권을 쥐려는 것은 변함없다. 일라이 일리의 마운자로와 젭바운드가 노보 노디스크의 오젬픽과 위고비를 추월할 가능성도 있다. 참고로 노보 노디스크는 2023년 2월 세계 3대 의약품 위탁개발생산업체인 캐털런트Catalent를 인수했고, 2024년 6월 노스캐롤라이나주 클레이턴에 제조 시설 증설을 발표했다. 150억 달러 이상을 투자해 공장 세 곳을 증설하는데, 투자는 더 늘어날 전망이다. 일라이 릴리는 2024년 4월 주사제 제조업체 넥서스 파머슈티컬스Nexus Pharmaceuticals의 위스콘신주 생산 공장 인수를 비롯해, 본사가 있는 인디애나주에 공장 증설, 노스캐롤라이나주와 독일에도 공장 증설을 진행 중이다. 110억 달러 이상이 투자되어 공장을 증설하는데, 이 또한 더 늘어날 것이다.

비만 치료제에 대한 관심 증가가
라이프 트렌드에 미칠 영향

▼

전 세계에서 비만 치료제 시장의 중심은 미국이다. 가장 부자 나라면서 가장 성인 비만율이 높은 나라다. 미국건강트러스트Trust for America's Health가 발표한 2022년 미국의 성인 비만율은 42퍼센트이고, 미국질병통제예방센터CDC는 비만으로 미국의 의료 시스템이 부담하는 비용이 2022년에 1730억 달러(약 236조 원)라고 밝혔다. 바이오, 의료 제약 분야 전문 컨설팅회사 아이큐비아IQVIA는 2035년까지 미국 성인 비만율이 55퍼센트를 넘어 세계 최고치가 될 것으로 전망했다. 여기서 비만 기준은 체질량지수BMI 30 이상이다. GLP-1 비만 치료제 시장을 독점하다시피하는 일라이 릴리와 노보 노디스크가 가장 먼저 약을 판매한 곳도 미국이고, 이들이 증설하는 생산 공장도 주로 미국에 있다. 현재는 시장 거의 대부분이 미국이라고 해도 과언이 아닌데, 미국 시장 수요가 어느 정도 충족될 만큼 생산량이 늘어나야 다른 나라로도 확대될 것이다. 글로벌 투자은행 제프리스는 2030년까지 GLP-1 비만 치료제 시장의 3분의 2를 미국이 차지할 것으로 내다봤다. 성인 비만율이 높다는 것은 비만 환자가 많다는 뜻이고, 따라서 미국이 감당해야할 의료 시스템의 부담도 커질 수밖에 없다. 결국 미국은 GLP-1 비만 치료제를 의료보험 적용 대상에 포함시킬 것이다.

구글 트렌드에서 최근 5년간 미국의 Wegovy, Saxenda, Zepbound, Ozempic, Mounjaro 검색어에 대한 관심도(검색량) 추이를 살펴봤다. 예상한 대로 2022~2024년 관심도(검색량)가 높아졌

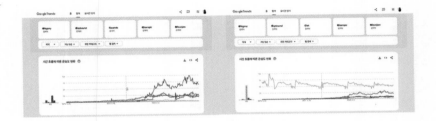

다. 흥미로운 것은 같은 기간 Diet 검색어 관심도(검색량)는 오히려 줄어들었다는 점이다. 이것과 비만 치료 신약들 검색량이 늘어난 것을 연결해 해석해볼 수도 있겠다. 다이어트에 대한 욕망이 해소가 안 되면 계속 검색도 하고 관심도 갖는다. 그런데 그 욕망이 해소되면 어떨까? 살을 빼고 나서도 살쪘을 때만큼 다이어트를 자주 검색할까? 미국에서 다이어트에 대한 검색량이 줄어들고 있다는 것은 비만 치료제 등장과 확산이 가져온 영향일 수도 있다.

이번에는 구글 트렌드에서 최근 5년간 전 세계의 Wegovy, Zepbound, Diet, Running, Fitness 검색어 관심도(검색량) 추이를 살펴봤다. 대표적 비만 치료제인 위고비와 젭바운드에 대한 관심도가 2023년 이후 늘어났다. 5년 전까지만 해도 다이어트가 러닝, 피트니스와 비슷한 수준의 관심도를 보였지만, 최근에는 그 격차가 벌어졌다. 러닝은 5년간 상승세를 이어왔고, 다이어트는 하락세를 이어왔다. 피트니스도 최근 2년간 관심도가 유지 중이다. 어쩌면 다이어트에 대한 관심이 퇴조한 만큼 러닝과 피트니스에 대한 관심이 그 자리를 채우고, 비만 치료제도 이런 흐름에 일조하고 있는지 모른다. 다이어트 관련 내용을 검색할 시간에 그냥 피트니스를 더 하고, 더 달리는 것이 백번 낫

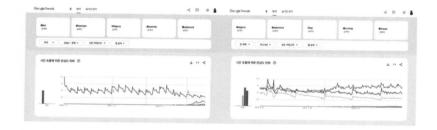

다. 유산소 운동 중 달리기만큼 효과적인 다이어트 방법은 없다. 일상에서 누구나 쉽게 자주 할 수 있고, 칼로리 소모도 크다. 비만이 질병이라는 인식이 갈수록 확산되고 있다. 비만을 개인 문제(과식, 게으름, 운동 기피 등)가 아니라 치료해야 할 문제이자 사회 문제로 인식할수록 비만 치료제는 더욱 각광받을 수밖에 없다. 그런 점에서 비만 치료제의 가격이 더 낮아지고, 공급량이 더 많아진다면 사회 전체에 엄청난 경제적 파급 효과를 불러올 것이다. 의식주와 라이프스타일에서 이것에 영향받지 않을 영역은 별로 없을 것이다.

비만 치료제 사용자가 늘수록 피부 관리 시장도 커진다. 급격한 체중 감량은 근 손실과 함께 피부 탄력 감소를 부른다. 갑자기 살이 많이 빠지면 얼굴이 늙어 보이기도 하는데, 이를 해결하려면 성형, 피부 관리에 돈을 써야 한다. 비만 치료제 시장이 커지는 흐름에 성형 산업, 피부 관리 산업도 올라타는 것이다. 그리고 비만 치료제로 살이 빠지면 외모 관리, 몸매 관리에 더 신경 쓰고, 투자도 더 할 가능성이 있다. 뷰티 산업, 패션 사업, 피트니스 산업 등이 또 다른 수혜자가 된다. 비만 치료제 대중화는 자기계발 열풍으로도 번질 수 있다. 팬데믹을 기점으로 위기의식이 커지면서 자기계발 열풍이 불었다. AI 혁신이 일어나면서도 자기계발 열풍이 불었다. 비만 치료제 열풍도 자기계발 열풍과 연결될 가능성이 크다. 아이러니하게 비만 관련 상품을 내건 기업 중 이른바 다단계 마케팅 기업이 꽤 있고, 그런 기업의 판매자 중에는 자기계발 열풍의 동조자가 많다. 국내에서 위고비, 마운자로(젭바운드) 처방이 시작되어도 공급이 충분치 않을 것이고, 이를 틈타 다단계 기업들이나 건강식품 기업들이 천연 위고비, 천연 마운자 같은 이름을 내세우며 가짜 GLP-1 마케팅을 펼칠 가능성도 있다. 오리지널이 뜨면 짝퉁 시장도 같이 뜨는 것은 이미 비아그라 사례에서도 봤듯이 그동안 숱하게 겪은 일이다. 오리지널의 공급이 충분해지고, 핵심 성분의 라이선스 기간이 만료되어 복제약이 확대되는 시점이 될 때까지는 그럴 것이다.

비만 치료제 시장이 커지면 항공사 연료비도 절감된다. 뱅크오브아메리카는 2030년까지 미국에서만 GLP-1 기반 비만 치료제 복용자가 4800만 명이 될 것으로 전망했다. 이들의 체중이 크게 줄어들 것이므로, 이는 항공 산업에서 연료비 절감의 요인으로 작용할 수 있다. 시장의 3분의 2가 미국이니, 전 세계로 보면 7000만 명가량이 된다. 비싼돈을 들여서라도 다이어트와 자기 관리에 투자하는 이들은 상대적으로 경제력과 소비력이 더 높고, 비행기 타고 여행 갈 기회도 더 잦을 가능성이 높다. 따라서 연료비 절감은 미국 항공사뿐 아니라 전 세계 항공사에서도 일어날 수 있다. 사실 항공사 연료비 절감은 항공 산업 전체로 보면 미미한 수준일 수 있다. 비만 치료제에 가장 전면적으로 영향받을 분야는 패션 산업일 것이다. 비만 치료제로 다이어트에 성공하면 옷부터 바꾸려들 것이기 때문이다. 기존의 옷은 맞지 않아 새로 옷을 다 사야 할 것이다. 또 날씬해진 몸에 걸맞은 더 과감하고 멋진 옷을 적극 구매할 것이다. 반면 플러스 사이즈 패션 시장은 위축될 것이다. 그런데 비만 치료제는 효과가 영구적이지 않다. 치료를 중단하고, 관리를 하지 않으면 다시 살이 찔 수밖에 없다. 살이 쪘다가 빠졌다가 다시 찌기를 반복하는 이들도 꽤 있을 것이고 이는 곧 패션 교체 주기를 짧게 만드는 결과를 낳는다. 그리고 비만 치료 이후 관리를 더 적극적으로 하려는 이들이 많아질 것이기에 애슬레저, 스포츠웨어 시장도 수혜자가 된다. 피트니스 산업, 러닝 산업 등 운동 관련 산업이 커질 것이고, 관련 기업들도 성장세가 커질 것이다. 단백질 보충제, 비타민 보충제, 건강 기능 식품 시장도 수혜자가 될 수 있다. 물론 모든 건강 관련 산업에 기회인 것은 아니다. 다이어트를 도와주는 서비스나 다이어트 식품은 오히려 위기일 수 있다. 또 비만 치료제 때문에 식욕이 줄어 식품 산업, 외식 산업에 손실이 생길 수 있고, 과자나 음료수 등 건강에 안 좋다고 여겨지는 식품류에서는 더욱더 위기가 커질 수 있다.

비만이 해결된다면 당신의 욕망은 어떻게 바뀔 것인가?

▼

모든 시작점은 다이어트다. 당뇨병에 걸리기를 원하는 사람은 없다. 비만이 되는 것을 원하는 사람도 없다. 노화하기를 원하는 사람도 없다. 이 모든 것이 다이어트와 연결된다. 비만이 해결되면 당뇨를 비롯한 각종 질병도 해결되고, 노화도 늦추어진다. 다이어트는 우리의 핵심 욕망 중 하나다. 우리는 식단/건강식, 다이어트 신약/비만 치료제, 피트니스/운동 등으로 이 욕망을 충족하고자 한다. 그 과정에서 패션, 뷰티 시장과 연결되고, 더 날씬해지고 멋지고 건강해질수록 우리

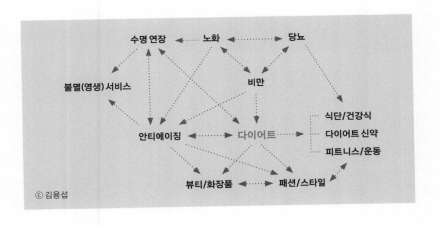

의 소비 욕망은 더 왕성해진다. 《라이프 트렌드 2024: OLD MONEY》에서 '얼리 안티에이징과 안티에이징 테크: 특정 계층이 아니라 모든 연령대가 타깃이 되는 시장' 이슈를 통해, 20대가 안티에이징을 하는 트렌드와 억만장자들과 빅테크가 안티에이징 테크, 불멸(영생) 서비스 Immortality-as-a-service에 투자하는 트렌드를 소개했다. 안티에이징과 불멸 서비스에도 다이어트가 들어간다. 다이어트를 하면 더 젊고 건강해 보이고, 실제 건강도 더 좋아진다. 그런 점에서 비만 치료제는 미용을 위한 체중 감량만이 아니라, 당뇨 예방이자 수명 연장의 역할을 한다. 비만은 기대수명을 10년 이상 단축시킨다. 오래도록 더 건강하게 살면 질병 치료에 들어가는 비용이나 사회적 손실이 줄어들고, 개인의 삶도 더 윤택해진다. 다이어트에 대한 과거의 관성, 통념을 버려야 한다. 이제 다이어트는 미용보다 수명 연장의 수단이다. 열심히 운동하고 술과 담배, 설탕을 끊고, 과식을 안 하는 것은 각자의 취향이나 다양성의 문제가 아니다. 즉 선택이 아니라 필수라는 이야기다. 날씬하고 건강하게 사는 것이 필수가 되면 관련 시장은 가장 중요한 미래 시장이 될 수밖에 없다.

지금까지 이야기를 정리해보자. 욕망은 돈이 된다. 다이어트에 성공하는 사람들이 많아질수록, 패션 사업, 뷰티 산업도 커진다. 다이어트에 성공해 건강만이 아니라 외적인 매력도 얻었으니 그것을 드러내려는 욕망은 자연스럽다. 옷도 더 사고, 화장품도 더 사고, 미용실에도 더 자주 가고, 여행도 더 자주 다닌다. 삶의 만족도가 높아지고, 타인과의 관계도 더 활발해진다. 데이팅앱이나 연애 관련 시장도 커진다. 몸매를 유지하기 위한 건강 관리, 외모 관리는 한 번으로 끝나는 것이 아니라 꾸준히 해야 한다. 피트니스 시장, 퍼스널 트레이닝 시장은 물론이고 골프, 테니스, 요가, 러닝 등 운동 시장, 스포츠웨어와 기능성 운동화 시장, 인바디 등 건강 관리를 위한 측정 및 데이터 시장도 커진다. 이는 더 나아가 안티에이징과도 연결된다. 안티에이징의 시작은 화장품 회사의 피부 관리였지만, 뷰티 테크로 계속 진화해, 궁극에는 수명 연장을 위한 생명공학으로까지 이어졌다. 세포 노화 방지, 신체 부위 재생, 연골 교정, 장기 생성, 치아 재생, 노화 관련 유전자 치료 및 질병 연구 등 건강수명을 연장하고 노화를 막는 불멸(영생) 서비스가 안티에이징의 최종 목적지인 셈이다. 성형, 뷰티, 패션, 식품, 데이팅, 피트니스, 생명공학에 이르기까지 비만 치료제는 의식주 트렌드를 가장 극적으로 바꾸는 티핑 포인트다. 비만 치료제 열풍은 한국에서도 곧 시작될 것이고, 점점 더 커질 전망이다. 이 열풍이 얼마나 더 거세질지 지켜볼 일이다.

6장

과연 2025년에 Military Look이 유행할까?

밀리터리 룩이 뜬다면 ○○에 투자하라!

Life_Trend_2025

#밀리터리 룩 #전쟁 #글로벌 재무장 #신냉전 #군사력 #스트롱맨 #지정학적 위기 #시장 변화 #무역 전쟁 #글로벌 공급망 위기 #브릭스 #Y2K

전쟁은 투자에서 중요한 변수이자 기회, 위기다. 2025년 전쟁에 대한 위기감과 불안감이 더욱 고조되고, 밀리터리 룩이 유행할 가능성은 높아지고 있다. 밀리터리 룩이 유행한다는 것이 어떤 의미인지 우리는 깊이 생각해봐야 하다. 이것은 단지 패션만의 이야기가 아니기 때문이다.

2024년은 역사상 가장 많은 국방비를 쓴 해로 기록될 것이다. 글로벌 군수업체, 방산업체의 매출은 급상승했고, 관련 기업들은 채용을 역대급으로 확대하고 있을 정도로 초호황이다. 과거 미국과 소련을 필두로 한 민주주의 국가 진영과 공산주의 국가 진영 간의 갈등이 첨예화된 냉전 시대가 있었다. 그때는 GDP 대비 군사비 지출이 아주 많았던 시대로 크고 작은 전쟁이 수시로 있었고, 밀리터리 룩Military Look 유행도 주기적으로 불었다. 1991년 12월 소련 붕괴 이후 냉전은 사라지고 전 세계는 '글로벌화' '자본주의화'라는 자유무역 시대를 누렸다. 30년간 글로벌 시대의 수혜를 누리며 한국은 경제력을 끌어올렸다. 그런데 코로나19 팬데믹을 기점으로 글로벌화는 위기를 맞았다. 오랜 기간 이어오던 미국과 중국의 갈등, 중국과 대만의 갈등, 러시아와 우크라이나의 갈등, 이란과 이스라엘의 갈등 등 전 세계의 갈등이 고조되고 무력 충돌이 벌어지면서 '전쟁'은 현실이 되어버렸고, 신냉전 시대라고 할 정도로 국제적 권력 구도가 양분되었다. 이런 상황으로 인해 금값이 오르고, 에너지와 식량에서 글로벌 인플레이션이 심화되었으며, 사람들의 소비와 삶의 태도도 여기에 영향받게 되었다. 전쟁은 투자에서 중요한 변수이자 기회, 위기가 된다. 팬데믹만큼이나 강력한 변화를 만들어내는 것이 바로 전쟁이다. 2025년 전쟁에 대한 위기감과 불안감이 더욱 고조되고, 밀리터리 룩이 유행할 가능성이 높아졌다. 밀리터리 룩이 유행한다는 것이 어떤 의미인지 우리는 생각해봐야 한다. 이것은 단지 패션만의 이야기가 아니기 때문이다.

글로벌 재무장, 전쟁 위험이 높아진 시대

▼

스톡홀름국제평화연구소SIPRI의 〈군사비 데이터베이스Military Expenditure Database〉에 따르면, 2023년 전 세계가 쓴 군사비 총액은 2조 4430억 달러(약 3380조 원)로 2022년 대비 6.8퍼센트가 늘었다. 2009년 이후 세계 군사비 지출은 지속적 상승을 이어가고 있는데, 2023년은 사상 최고치를 기록했다. 군사비 지출이 가장 많은 국가는 미국, 중국, 러시아다. 특히 스톡홀름국제평화연구소가 나눈 전 세계 5개 권역 모두 군사비가 상승했는데 이는 2009년 이후 처음이다. 특히 유럽, 아시아, 오세아니아, 중동 지역은 큰 폭으로 증가했다. 러시아-우크라이나 전쟁과 이스라엘-하마스 전쟁 등 지정학적 갈등 고조에 따른 영향이다. 지정학적 위기와 안보 위기 속에서 각 국가가 군사력 강화와 실제 군사 활동에 나서고, 여기에 다시 서로 맞대응하는 악순환이 계속되면서 전 세계의 평화 수준은 아주 낮아지고, 일부 지역의 전쟁 위험은 매우 높아졌다. 이에 따라 군사비 지출이 전례가 없을 정도로 높아지고 있는 것이다. 영국 국제전략문제연구소IISS가 매년 2월경에 발간하는 세계 군사력 균형 평가 보고서 최신 버전인《밀리터리 밸런스 2024The Military Balance 2024》에서도 2023년 세계 각국의 국방비 총액은 2조 2000억 달러(약 3000조 원)으로 사상 최대로 보고되었다. 그리고 2024년이 지나고 나면 전 세계 군사비(국방비) 지출에서 역대 최고 기록은 2023년에서 2024년으로 분명히 경신될 것이다. 이처럼 우리는 안보 위기, 전쟁 위험을 상시로 겪고 있으며, 2025년에도 이 흐름은 이어질 것이다. 이를 두고 '글로벌 재무장Global Re-Militarization'이라는 말도 쓴다.

최근 들어 냉전 이후 무기 주문이 단기간에 가장 많아졌다고 한다. 이 때문에 전 세계 방산업체는 채용 전쟁을 벌일 정도다. 무기가 엄청나게 잘 팔린다는 것은 그만큼 전쟁 위험이 높아진다는 의미다. 영국 경제 일간지《파이낸셜타임스》가 미국과 유럽의 20개 중대형 방위, 항공우주 기업을 조사했는데, 그중 미국 기업 열 군데에서 2024년에 3만 7000명을 신규 채용할 계획이라고 한다. 유럽 기업도 수천 명씩 신규 채용할 전망이다. 무기 주문이 급증해 일손이 부족한 상황이라는 이야기다.

전쟁을 치르는 국가의 군사비 지출 증가세는 가파를 수밖에 없다. 러시아는 2023년 전년 대비 24퍼센트 증가한 약 1090억 달러의 군사비를 지출했는데, 정부 지출의 16퍼센트, GDP 대비 5.9퍼센트였다. 우크라이나도 2023년 전년 대비 51퍼센트 증가한 648억 달러를 지출했고, 정부 지출의 58퍼센트, GDP 대비 37퍼센트였다. 우크라이나는 미국 254억 달러를 비롯해 350억 달러 이상의 군사 원조를 받았는데, 우크라이나 자체 지출과 군사 원조를 합치면 거의 러시아만큼 썼다. 중동 지역의 2023년 군사비는 전년 대비 9퍼센트 증가한 2000억 달러로 최근 10년 중 가장 증가 폭이 컸다. 사우디아라비아가 가장 많은 군사비를 썼고, 다음으로 이스라엘이 전년 대비 24퍼센트 증가한 275억 달러를 썼다. 이스라엘-하마스 전쟁과 아랍 국가와의 적대 관계가 높은 군사비 지출의 배경이다. 이 문제는 쉽게 해소될 수 없고, 미국과 중국도 이 문제와 연결되어 있다.

전 세계에서 가장 많은 군사비를 쓰는 나라는 미국이다. 전 세계 군사비 중 40퍼센트 이상을 쓰는데, 천조국이라는 별명에 걸맞게 2023년에는 전년 대비 2.3퍼센트 증가한 9160억 달러, 거의 1270조 원을 썼다. 유럽의 나토NATO(북대서양조약기구) 회원국 대부분도 군사비가 늘었다. 미국을 제외한 나토 회원국의 군사비 연간 증가율은 2021년 2.5퍼센트, 2022년 3.7퍼센트, 2023년 9.3퍼센트였으며, 2024년에는 17.9퍼센트로 예상된다. 연간 증가율이 2012~2014년은 마이너스였고, 2016~2020년은 3~5퍼센트였던 것과 비교하면 2023~2024년 급증했다. 나토 회원국이 GDP의 2퍼센트를 군사비로 지출하기로 공식적으로 약속한 지 10년이 지났는데 그동안 잘 지켜지지 않았다. 32개 회원국 중 GDP의 2퍼센트 이상을 지출한 국가가 2014년 7개국에 불과했으나 2023년에는 11개국으로 늘더니, 2024년에는 28개국이 될 것으로 전망된다. 군사비의 최소 20퍼센트를 장비 지출에 사용한다는 목표를 달성한 국가도 2014년 7개국에서 2023년 28개국으로 늘었는데, 2024년에는 더 증가할 전망이다. 러시아-우크

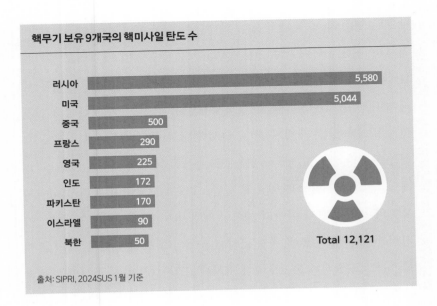

핵무기 보유 9개국의 핵미사일 탄도 수

국가	탄도 수
러시아	5,580
미국	5,044
중국	500
프랑스	290
영국	225
인도	172
파키스탄	170
이스라엘	90
북한	50

Total 12,121

출처: SIPRI, 2024SUS 1월 기준

라이나 전쟁 영향으로 이처럼 군사비 지출과 무기 구매가 늘어나면서 나토의 GDP 2퍼센트 군사비 지출은 목표치가 아닌 기준선이 될 가능성도 커졌다. 나토는 2차 세계대전 이후 소련(러시아와 주변 공산주의 국가의 연방)의 확장을 막으려고 1949년 미국, 영국, 캐나다, 프랑스 등 12개국이 결성한 군사 동맹이다. 소련 붕괴 이후 동유럽 국가들도 대거 가입해 현재는 32개국으로 늘었다. 냉전 시대 나토 회원국의 군사비는 GDP 4퍼센트 수준이었는데, 다시 4퍼센트 수준으로 상향 조정해야 한다는 주장도 계속 제기되고 있다. 그만큼 신냉전 시대를 맞아 안보 위협이 커졌다는 의미인데, 세계 군사력 2, 3위이자 냉전 시대 공산권 핵심 국가였던 러시아와 중국이 이번에도 위협의 핵심 국가들이다.

중국은 2023년 전년 대비 6퍼센트 증가한 2960억 달러를 군사비에 지출했는데, 중국의 군사비 확대는 아시아, 오세아니아 국가들의 군사비 증가로 이어진다. 2023년 대만은 전년 대비 11퍼센트 증가한 166억 달러, 일본은 전년 대비 11퍼센트 증가한 502억 달러를 썼다. 중국의 대만 공격(전쟁이든 대만 해역 봉쇄든)은 러시아-우크라이나 전쟁 이상의 타격을 전 세계에 준다. 세계 경제와 한국 경제가 심각해질 수 있는 문제다. 그리고 중국-대만 무력 충돌은 미국의 개입에 따른 G7의 개입, 인접국인 한국과 일본의 개입, 그리고 중국의 우방인 러시아와 북한의 개입 등으로 이어져 상황이 걷잡을 수 없게 악화될 수 있다. 여기서 언급한 국가 중에 세계 군사력 1~3위가 포진해 있다. 그리고 핵무기를 가진 9개국 중 4개국이 여기에 포함된다. 현재 공식 핵보유국은 미국, 러시아, 영국, 프랑스, 중국 5개국이고, 비공식 핵보유국은 이스라엘, 인도, 파키스탄, 북한 4개국이다. 이 중 G7이 3개국(미국, 영국, 프랑스), 브릭스BRICS가 3개국(러시아, 중국, 인도)이다. 이스라엘은 친미, 북한은 친중/친러다. 핵보유국 숫자나 핵탄두 숫자에서 신냉전의 양대 진영은 박빙이다.

군사력 순위 최상위권 국가에는 장기 집권하는 스트롱맨이 있다

▼

러시아의 블라디미르 푸틴 대통령은 2000년에 처음 대통령이 되었고, 2024년 대선에서 87퍼센트의 득표율로 당선되어 다섯 번째 임기를 시작했다. 2030년까지다. 중국의 시진핑 주석은 2012년 주석이 된 후 5년 임기인 주석을 3연임을 하고 있고, 임기는 2027년까지다. 인도의 나렌드라 모디 총리는 2014년 인도 인민당을 이끌고 총선에서 승리해 총리가 되었고, 2019년, 2024년 총선에서 승리하며 3연임 총리가 되었다. 임기는 2029년까지다. 튀르키예의 레젭 타입 에르도안 대통령도 3연임(2014~2028) 중이고, 이후 5년 임기로 한 번 더 할 수 있게 해놓았기에, 사실상 2033년까지 연임할 전망이다. 세계 군사력 순위 2위, 3위, 4위, 8위 국가의 이야기다. 장기 집권하는 우익 성향의 스트롱맨이 최고 지도자인 이 나라들은 모두 공교롭게도 브릭스다. 이 외에도 브릭스에는 장기 집권하는 지도자가 유독 많다. 여기에 경제력과 군사력 모두 1위인 미국도 대선 결과에 따라 우익 성향 스트롱맨이 재집권할 수 있다.

세계 군사력 평가 단체 글로벌 파이어파워Global Firepower의《2024 군사력 랭킹2024 Military Strength Ranking》에 따르면, 세계 군사력 순위는 1위 미국, 2위 러시아, 3위 중국, 4위 인도, 5위 한국, 6위 영국, 7위 일본, 8위 튀르키예, 9위 파키스탄, 10위 이탈리아, 11위 프랑스, 12위 브라질, 13위 인도네시아, 14위 이란, 15위 이집트, 16위 호주, 17위 이스라엘, 18위 우크라이나 순이다. 현재 전쟁(휴전 포함)을 하고 있거나 지속적으로 인접국과 분쟁하는 국가들이 유독 많이 보인다. 특히 파키스탄은 경제력에 비해 군사력이 탁월하다. 파키스탄은 인도와 앙숙 관계로(인도와 파키스탄은 네 번의 전쟁을 치렀다), 인도를 견제하기 위해 이란, 튀르키예, 사우디아라비아와 긴밀한 관계를 맺고 있다. 인구수 세계 5위인 파키스탄은 세계 최대 이슬람 국가다. 과거 종교적 이유로 공산권 국가(소련)와 적대하고 미국과 친했으나, 지금은 다르다. 파키스탄은 미국, 중국, 러시아, 인도와 다 얽혀 있고, 이란, 사우디아라비아(군사

군사력 순위 Top 10 국가 (2024)					경제력 순위 Top 10 국가 (2024)		
Rank	Nation	Power Index	Total Military Personnel(est)	Military Spending	Rank	Nation	GDP (USD Billion)
1	미국	0.0699	2,127,500	$831.0 billion	1	미국	28.78 thousand
2	러시아	0.0702	3,570,000	$109.0 billion	2	중국	18.53 thousand
3	중국	0.0706	3,170,000	$227.0 billion	3	독일	4.59 thousand
4	인도	0.1023	5,137,550	$74.0 billion	4	일본	4.11 thousand
5	한국	0.1416	3,820,000	$44.7 billion	5	인도	3.94 thousand
6	영국	0.1443	1,108,860	$62.8 billlion	6	영국	3.5 thousand
7	일본	0.1601	328,150	$53.0 billion	7	프랑스	3.13 thousand
8	터키	0.1697	883,900	$40.0 billion	8	브라질	2.33 thousand
9	파키스탄	0.1711	1,704,000	$6.3 billion	9	이탈리아	2.33 thousand
10	이탈리아	0.1863	289,000	$31.6 billion	10	캐나다	2.24 thousand

출처: Global Firepower Military Strength, World Bank

GDP is based on the data referred from the IMF Report and updated on April 2024

력 23위), 튀르키예 등 군사력도 높고 지정학적 리스크도 높은 국가들과도 연결되어 있다. 인도와 파키스탄 둘 다 핵무기를 보유한 것도 두 국가가 앙숙인 이유와 연결된다. 북한도 군사력 순위에서는 36위지만 핵무기 때문에 무시 못 할 존재다. 대만도 군사력 순위 24위다.

브릭스의 핵심 4개국(러시아, 중국, 인도, 브라질)이 군사력에서는 확실히 강력하다. 문제는 브릭스 핵심 4개국이 G7 7개국(미국, 일본, 독일, 영국, 프랑스, 이탈리아, 캐나다)보다 이제 GDP에서 앞선다는 점이다. 군사력도 경제력도 무시 못 할 존재가 된 핵심 4개국 외에 브릭스 가입국은 계속 늘어나는 추세다. 2024년 1월 신규 가입한 이란, 이집트, 에티오피아, 아랍에미리트를 비롯해 가입이 가시화되는 튀르키예, 사우디아라비아도 군사력이 높다. 특히 튀르키예는 GDP에서 18위지만, 군사력에서는 8위다. IMF 집계(2024. 4) GDP 기준으로 세계 경제력 순위를 보면 1위 미국, 2위 중국, 3위 독일, 4위 일본, 5위 인도, 6위 영국, 7위 프랑스, 8위 브라질, 9위 이탈리아, 10위 캐나다 순이다. 독일은 경제력에서는 3위지만 군사력에서는 19위고, 캐나다는 경제력에서는 10위지만 군사력에서는 27위다. 경제력 대비 군사력에서 상대적으로 출중한 국가로 한국, 튀르키예, 파키스탄이 꼽힌다. 지정학적 리스크도 크지만, 전략적 요충지이기도 해서 인접 국가의 무력 충돌에 개입될 여지가 많다. 중국과 대만이 전쟁을 벌이면, 미국은 한국을 중요하게 활용할 수밖에 없고, 이에 따라 한국은 전쟁 개입이 불가피하다.

중국이 대만을 공격하면 전 세계가 위험해진다

▼

중국과 대만 두 나라의 갈등 관계의 핵심은 양안 통일(중국의 재통일)이다. 시진핑은 2012년 주석이 된 후 5년 임기인 주석을 중국 최초로 3연임하고 있고, 임기는 2027년까지다. 시진핑은 헌법을 바꾸어 종신 집권의 길을 열어놓았는데, 이를 위해서라도 '하나의 중국One China'을 구현해야 한다. 티베트, 위구르 등 중국 내 소수 민족의 분리 독립 운동을 철저히 무마하고, 홍콩과 마카오에 이어 대만도 통합하려 한다. 특히 대만은 세계 반도체 산업의 중심 국가다. 파운드리와 후공정(패키징, 테스트)에서는 압도적 점유율로 세계 1위고, 팹리스에서도 2위다.

대만의 반도체 산업은 전체 GDP의 20퍼센트 이상, 전체 수출의 3분의 1 이상을 차지한다. 대만에는 TSMC만 있는 게 아니라, ASE, UMC 등도 있다. 전 세계 반도체의 63퍼센트, 첨단 반도체의 73퍼센트를 공급하는 것이 대만이다. 중국이 대만을 삼키면 반도체 산업까지 손에 넣는다. 반도체에 막대한 돈을 쏟아붓고도 세계적 경쟁력을 확보하지 못한 중국은 미국과의 무역 전쟁, 기술 패권 전쟁에서 열세다. 이처럼 '하나의 중국'에는 정치적 이유뿐 아니라, 경제적 이유까지 포함되어 있다. 하지만 대만은 중국과 통일되기를 원하지 않는다. 2024년 대만 총통 선거에서 친미 반중 성향의 민주진보당 라이칭더가 당선되었다. 임기는 2028년까지로, 재임하면 2032년까지다. 라이칭더는 총통이 되기 전 부총통(2020~2024년)을 지냈고 당시 총통은 차이잉원이었다. 대만에서는 '하나의 중국'을 반대하는 친미 반중 정부가 계속 집권하고 있다. 경제 성장률이 둔화된 중국은 부동산 경기 악화, 실업률 상승, 소비 침체, 미중 무역 갈등 심화 등으로 어려운 경제 상황을 보내고 있다. 시진핑 주석으로서는 임기 내에 경기 부양도 시키고, 양안 통일도 이루어야 주석 4연임이 가능해진다. 이런 상황에서 미국의 대선 결과에 따라 중국의 대만 침공 또는 무력 충돌이나 봉쇄 등의 시기와 범위가 정해질 수 있다. 우리가 2025년을 우려스러운 시선으로 지켜볼 수밖에 없는 이유다.

미국의 블룸버그 이코노믹스Bloomberg Economics는 중국이 대만을 침공하거나 대만을 봉쇄하는 2가지 시나리오에서 경제적 피해 규모를 분석한 보고서를 2024년 1월에 발표했다. 첫 번째 시나리오는 전쟁이다. 중국이 대만을 침공하고 미국이 전쟁에 개입하는 이 시나리

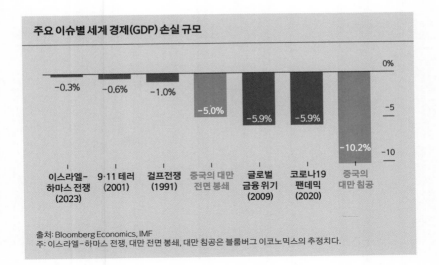

주요 이슈별 세계 경제(GDP) 손실 규모

							0%
-0.3%	-0.6%	-1.0%					
			-5.0%	-5.9%	-5.9%		-5
						-10.2%	-10

이스라엘-하마스 전쟁 (2023) / 9·11 테러 (2001) / 걸프전쟁 (1991) / 중국의 대만 전면 봉쇄 / 글로벌 금융 위기 (2009) / 코로나19 팬데믹 (2020) / 중국의 대만 침공

출처: Bloomberg Economics, IMF
주: 이스라엘-하마스 전쟁, 대만 전면 봉쇄, 대만 침공은 블룸버그 이코노믹스의 추정치다.

오에서는 전 세계 GDP가 10.2퍼센트, 즉 10조 달러 감소할 수 있다. 2009년 글로벌 금융 위기로 인해 감소한 규모(-5.9퍼센트), 2020년 코로나19 팬데믹으로 인해 감소한 규모(-5.9퍼센트)보다 2배 이상 큰 피해 규모다. 1991년 걸프전쟁으로 인해 감소한 규모(-1퍼센트)보다는 무려 10배 이상이다. 만약 중국이 대만의 산업 시설이 밀집된 해안에 폭격을 가하고, TSMC를 비롯한 반도체 산업 시설이 파괴되면 피해는 걷잡을 수 없어진다. 대만이 GDP의 40퍼센트를 피해 보는 것은 물론이고, 반도체가 필요한 전 세계 가전, 컴퓨터, 스마트폰, 자동차 등 수많은 산업이 생산 중단에 빠진다. 이 경우 한국은 반사 이익을 누릴까? 한국은 무역 물동량의 99퍼센트가 선박을 이용하고, 그중 43퍼센트가 대만해협을 통과한다. 일부 기업에는 이익이 될지 몰라도 수출 중심인 한국 경제 전체로는 심각한 손해다. 중국도 세계적 기업들의 공장이자 공급망이기 때문에 전쟁으로 중국 경제 제재가 실시되면 미국을 비롯해 전세계 산업에 타격이 불가피하며, 한국도 여기서 예외가 아니다. 블룸버그 이코노믹스는 중국이 대만을 침공하면 한국의 경제적 피해는 GDP의 23.3퍼센트가 될 것으로 분석했다. 대만에 이어 가장 큰 타격을 받는 나라가 바로 한국이라는 것이다. 전쟁을 일으킨 중국이 볼 경제적 피해는 GDP의 16.7퍼센트, 미국은 6.7퍼센트, 일본은 13.5퍼센트다. 피해가 큰 나라는 멕시코, EU, 인도네시아, 튀르키예, 인도, 러시아, 호주, 캐나다, 영국, 브라질 순이다. 모두 GDP 5~10퍼센트 규모며, 여기서 추정한 피해액은 전쟁이 난 첫해 기준이다. 전쟁이 길어지거나 산업 시설 파괴 상황이 치명적이라면 전 세계 경제의 타격은 계속될 것이다. 그렇기에 중국이 대만을 침공하는 것은 역사상 최악의 결정이 될 것이고, 중국도 결코 섣불리 군사 행동에 나서지 못할 것이다.

두 번째 시나리오는 1년간 전면 봉쇄다. 이 시나리오에서 피해 규모를 보면 대만은 GDP의 12.2퍼센트, 중국은 8.9퍼센트, 세계 경제는 5퍼센트, 미국은 3.3퍼센트다. 분명 전쟁보다는 피해가 적지만, 세계 경제를 뒤흔들기에는 충분하다. 물론 전쟁이나 전면 봉쇄는 극단적인 시나리오다. 하지만 가능성이 제로라고 볼 수는 없다. 글로벌 정치 상황과 자국 내 정치 상황에 따라 중국이 전면 봉쇄 외에 부분 봉쇄나 국지적 무력 충돌 등의 위험한 행동을 할 가능성도 얼마든지 있다.

밀리터리 룩이 패션 트렌드가 되는 적당한 타이밍

▼

전쟁은 인류에게 끔찍한 일이지만 산업과 기술 발전뿐만 아니라

패션에도 영향을 미친다. 우리는 알게 모르게 전쟁과 군대의 유산을 일상에서 소비하고 있다. 트렌치코트Trench Coat, 피코트Pea Coat, 카디건 Cardigan, 치노팬츠Chino Pants, 세일러복Sailor Uniform, 야전상의(필드재킷), 항공점퍼(플라이트 재킷), 방한복(피시테일 파카), 카고팬츠Cargo Pants 등이 모두 군복에서 유래한 밀리터리 룩이다. 대놓고 밀리터리 룩을 표방한 것은 위장을 위한 얼룩무늬인 카무플라주Camouflage다. 카무플라주 패 턴을 가진 원단으로 만들면 미니스커트든 크롭톱Crop Top(배꼽티)이든 어떤 스타일의 옷이라도 밀리터리 룩이 되어버린다. 밀리터리 룩의 시 작은 1, 2차 세계 대전으로부터다. 전쟁 시기 언제 긴박한 상황이 벌어 질지 모르기에, 움직이기 편한 기능성, 활동성이 패션에서 중요했다. 또한 모든 물자가 군수품 우선이 되다보니 패션계는 물자 절약을 위해 의상을 단순하게 만들게 되었다. 이는 기성복 산업이 발전하는 기반이 되었다. 여성복에서 치마가 아닌 바지를 선보이기 시작한 것, 치마 길이를 짧게 만든 것, 여성스러운 장식을 없애고 단순하게 만든 것도 전쟁의 영향이다. 밀리터리 룩은 늘 선택되는 패션이었다. 다만 마니아들의 선택이냐 셀럽들까지 나선 광범위한 선택이냐만 다를 뿐이다. 밀리터리 룩을 남자의 전유물로 여기던 시절이 있었으나 지금은 여성복에서도 활발히 유행이 된다. 야전상의에 미니스커트를 입고 하이힐을 신기도 한다. 그렇다고 군인 느낌을 원하거나 전쟁을 좋아하는 것은 아니다.

1960~1970년대 베트남전 반대 운동이 거세던 시기에 밀리터리 룩이 유행했다. 당시는 반전과 히피가 주류 문화였는데, 반전 메시지를 더 강하게 전달하고자 히피들이 군용 코트나 위장 재킷 등 군복을 입고 반전 활동에 나서면서 2030세대 남녀에게 밀리터리 룩이 패션 유행으로 번졌다. 1990년대 걸프전(1990~1991년) 때도 밀리터리 룩이 유행했다. 전쟁을 지지하든 반대하든, 전쟁이 벌어지고 전쟁에 대한 관심도가 높아지는 시기에 밀리터리 룩에 대한 관심도 커졌다. 이라크전쟁(2003~2011년) 때도 밀리터리 룩 유행이 번졌다. 사실 세계적 이슈가 되는 전쟁이 벌어지면 패션계에서는 유행을 유도하기라도 하듯 밀리터리 룩 신제품을 선보인다. 그동안 전쟁이 나면 밀리터리 룩이 뜬다는 공식이 관성적으로 작용했는데, 꽤 잘 통했다. 물론 전쟁이 아니어도 밀리터리 룩은 유행한다. 2001년 닷컴버블 붕괴와 주가 폭락 등 경기 침체를 겪던 미국에서 밀리터리 룩이 유행했다. 불황으로 위축되고 우울하던 사람들이 '강한' 느낌을 주는 밀리터리 룩에 대한 선호가 커졌다는 것은 우연으로만 보기 어렵다. 한국에서 걸그룹이 밀리터리 룩

을 입고 나온다면 콘셉트는 걸 크러시다. 강한 이미지를 보여주는 데 밀리터리 룩은 효과적이다. 2016년 드라마 〈태양의 후예〉 흥행도 당시 밀리터리 룩 유행과 연결되었다. 최근 Y2K 트렌드가 뜨면서 1990년대 패션이 다시 소비되는데, 그중에 밀리터리 룩도 포함된다. 걸프전의 영향으로 유행했던 밀리터리 룩이 Y2K와 레트로의 이름을 달고 다시 관심받게 된 묘한 상황이다. 걸그룹이 당시 패션을 소화하며 자연스럽게 밀리터리 룩을 입는 경우가 있고, 이는 팬들을 비롯한 패션 소비자에게 영향을 준다. 1980년대 영화 〈탑건〉의 세계적 흥행으로 항공점퍼가 유행한 것처럼, 셀럽이나 유명 연예인이 밀리터리 룩 유행의 촉매제가 되는 경우가 많고, 패션계도 수시로 런웨이에 밀리터리 룩을 선보인다. 밀리터리 룩은 엄밀히 말해 유행이라기보다는 패션 장르다. 전쟁이 아니더라도 수년을 주기로 크고 작은 밀리터리 룩 바람이 불곤 한다.

2024년에도 밀리터리 룩 바람은 불고 있다. 어쩌면 더 거세질 가능성이 있다. 현재 전쟁 진행 중인 곳이 있고, 전쟁 위기감이 고조되는 곳도 있다. 밀리터리 룩이 유행할 조건은 갖추어졌다. 거기다가 미국의 빅테크를 필두로 글로벌 기업들의 구조조정이 2023~2024년 내내 활발히 이루어지고 있다. 국내 대기업의 구조조정도 2024~2025년 계속될 전망이다. 이런 현실 탓에 강한 이미지를 원하는 사람들이 많다는 점에서 밀리터리 룩 유행은 현실화될 가능성이 크다. 패션뿐 아니라 영화, 콘텐츠 산업에서도 밀리터리 콘셉트를 활용하기 좋은 시기다. 전쟁과 구조조정도 누군가에게는 위기가 되고, 누군가에게는 기회가 된다.

7장

여행 욕망의 리셋!
경험, 솔로, 즉흥,
노마드

2025년 여행 지출이
최대가 될 수밖에 없는 이유

Life_Trend_2025
#경험 #소비 #솔로 여행 #즉흥 여행 #노마드 #해외여행 열풍 #해외 한달살기 #
데일리케이션

LIFE TREND 2025

여행객 수와 여행 지출이 팬데믹 이전 수준을 회복했다. 이동, 휴식, 경험을 추구하는 여행은 오늘날 의식주만큼이나 큰 욕망이다. 관광 산업은 호텔, 항공, 외식, 레저, 쇼핑 등 여러 업계에 직접적 영향을 준다는 점에서 중요하다. 2005년에는 과연 어떤 이슈가 여행 트렌드를 이끌지 주목해보자.

여행은 일상에서 잠시 벗어나는 일탈이다. 의식주 만큼이나 중요한 욕망이 바로 여행, 즉 이동의 욕망, 휴식의 욕망, 낯선 여행지에서의 경험의 욕망이다. 이 욕망들은 모두 누군가에게는 비즈니스이자 돈을 낳는 요소다. 관광 산업은 오늘날 그 어떤 산업 못지않게 중요하며 호텔, 항공, 외식, 레저, 쇼핑 등 여러 업계에 직접적 영향을 준다. 2025년 과연 여행 트렌드에서 우리가 주목할 이슈는 무엇일까? 이제 무엇이 여행의 욕망, 여행에서 지출의 중심축이 되고 있을까?

여행 욕망, 이미 팬데믹 이전 수준을 회복했다

▼

글로벌 신용카드 회사 마스터카드의 마스터카드경제연구소Mastercard Economics Institute에서 2024년 3월까지 여행 관련 소비자 지출을 분석한 여행 연례 보고서 《여행 트렌드 2024: 경계 깨뜨리기Travel Trends

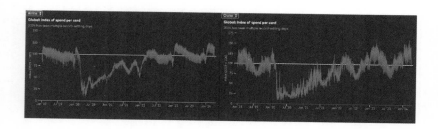

2024: Breaking Boundaries》를 발간했다. 이 보고서에 따르면 최근의 항공 여행, 크루즈 여행에 대한 지출 모두 2019년 수준을 넘어섰다. 확실히 팬데믹이 끝나자 여행에 대한 열망은 급속도로 되살아났다. 아무리 인플레이션이나 환율 변동이 크고, 기후 문제나 지정학적 문제가 심각해도 사람들이 여행을 떠나고자 하는 열망을 막지는 못했다. 특히 2024년 1분기는 여행객 수나 소비자 지출에서 최대치였다. 이런 추세는 2024년 내내 이어지고 있고, 2025년에도 이어질 가능성이 크다.

　2019년까지 전 세계 여행 산업은 지속적 성장세가 이어졌다. 그후 팬데믹으로 잠시 주춤했지만 결과적으로 성장세의 거대한 흐름은 바뀌지 않았다. 2024년에 2019년 수준을 넘어서고, 2025년에는 더 높은 성장세를 보일 가능성이 크다. 2020~2022년이 여행 산업의 침체기, 특히 2020~2021년이 가장 심각한 암흑기였던 것을 감안하면 사람들이 수년간 죽인 채, 감춘 채 살아왔던 여행에 대한 열망이 2023년부터 되살아나기 시작해 2024년 폭발하고 있다. 그런데 전 세계가 여행이 잠시 멈추었던 그 기간에 사람들의 여행에 대한 욕망이 리셋되었다. 팬데믹 이전의 욕망이 그대로 되살아났다기보다 욕망의 재설정이 이루어진 것이다.

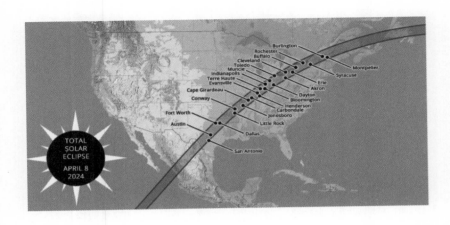

《여행 트렌드 2024: 경계 깨뜨리기》에 따르면 레저 여행에서 체류 기간이 좀 더 길어지고, 스포츠/문화 이벤트 체험을 위한 여행이 트렌드로 대두되고 있다. 이는 한마디로 '경험 소비'라 볼 수 있다. 우리는 남과 다른 경험, 자신의 취향을 강화하기 위한 경험을 추구하는 여행의 비중을 높이고 있다. 좋아하는 스포츠 팀의 경기를 보거나, 좋아하는 가수의 공연 투어를 따라가는 여행은 낯선 일이 아니다. 미국에서 2024년 4월 8일 낮에 일어난 개기일식은 남부 텍사스주 오스틴에서 북동부 메인주에 이르는 대각선 경로에서 볼 수 있었다. 이 경로에 해당하는 지역에서는 크고 작은 행사가 열렸는데, 이 경로의 에어비앤비 숙소 예약률이 치솟고, 호텔 매출은 평상시보다 71퍼센트 증가했다. 개기일식을 보려고 수백만 명이 여행을 했고, 이 덕분에 호텔과 여행사, 식당 등이 호황을 누리면서 경제 유발 효과가 60억 달러(약 8조 원)로 추산되었다. 미국에서 개기일식을 볼 수 있는 다음 기회는 2045년이니, 2024년의 기회를 놓치지 않으려는 이들이 돈과 시간을 써서 개기일식 쇼 경험을 샀다. 미국에 개기일식을 보러 간 한국인도 꽤 있다. 이런 이벤트에 돈과 시간을 쓸 사람은 점점 늘어날 가능성이 크다. 우리는 희소한 것, 남들이 쉽게 가지지 못하는 것을 욕망한다.

체험과 유흥, 스포츠 이벤트를 위해 여행을 간다?

▼

앞선 보고서에 따르면, 2024년 3월 기준 체험과 유흥에 대한 지출이 전체 관광 매출의 12.1퍼센트로 최근 5년 내 최고치였다. 호주는 19퍼센트가 넘고, 영국과 이탈리아가 16퍼센트를 넘었다. 심지어 중국은 2023년 3월에 7퍼센트였는데 1년 만에 9.5퍼센트가 되었다. 여행에서 경험 소비가 중요한 비중으로 성장하고 있는 것이다. 전에는 여행에서 항공권, 숙박, 식비 등 기본 요소에 대한 지출 비중이 크다보니 경험 소비는 상대적으로 적었다. 하지만 이제 뚜렷한 변화를 맞고 있다. 머무는 기간도 늘었다. 2019년 3월부터 2020년 2월, 1년간 레저를 위한 여행객의 평균 체류 기간은 4일이었는데, 2024년 3월 기준으로는 5일로 늘어났다. 체류 기간이 길어진다는 것은 지출 비용도 늘어나는 것이고, 결국 경험 소비도 늘어난다는 의미가 된다. 이에 따라 여행지에 대한 리셋도 일어난다. 전통적으로 또는 관성적으로 인기 있던 곳이 아니라 좀 더 체험과 경험을 하기 좋고, 새로운 즐거움이 있는 곳으로 재설정된다. 또 기후 위기로 극심한 기상이변이 벌어지면서 쾌적한 날씨를 보이는 여행지에 대한 선호가 더 커질 수 있다. 예컨대 이전까지는 너무 춥다고 기피하던 지역이 온도가 올라가면서 새로운 여행지로 떠오르는 경우다. 이런 곳은 남들이 잘 모르는 희소성이 있는 여행지라는 장점이 확실히 부각될 수밖에 없다. 다만 여행 쇼핑은 럭셔리 중심이 여전히 크다. 중저가 쇼핑은 굳이 해외여행 중에 하지 않고 해외 직구나 온라인 쇼핑으로 해도 되고, 환율이나 면세를 고려하면 럭셔리가 우선일 수밖에 없다.

미국의 신용카드 회사 아메리칸 익스프레스의 여행 부문인 아메리칸 익스프레스 트래블AMERICAN EXPRESS TRAVEL에서 발간한《2024 글로벌 여행 트렌드 보고서2024 Global Travel Trends Report》는 2024년 1월 31일부터 2월 8일까지 연 소득 5만 달러 이상이며 1년에 한 번 이상 여행을 하는 미국 성인 2000여 명과 호주, 캐나다, 영국, 일본, 멕시코, 인도 각각 성인 1000여 명을 대상으로 조사한 보고서다. 이 보고서에서 밝힌 특히 눈에 띄는 여행 트렌드의 특징 3가지가 있다. 그중 가장 주목한 것은 스포츠 경기, 스포츠/문화 이벤트 관람 여행이 늘어간다는 점이다. 스포츠 이벤트 여행에 관심 있다는 응답자가 밀레니얼세대와 Z세대에서는 67퍼센트로 전체 응답자의 58퍼센트보다 높았다. 유럽축구연맹UEFA의 빅 이벤트 경기나 프리미어리그, 라리가, 분데스리가, 세리에 A, 리그앙 등 프로축구 유럽 5대 빅리그의 경기, F1 자동차 경기, 윔블던을 비롯한 테니스 그랜드 슬램 대회, 골프 메이저 대회, 미국 메이저리그(프로야구), NFL(프로미식축구), NBA(프로농구) 등의 경기를 보기 위해 여행을 하는 것이다. 한국에도 해외 빅 스포츠 팀 팬들이 많고, 해외 직관 여행 상품도 많이 나와 있다. 특히 2030세대에서는 여행 계획에 스포츠 경기 관람이 필수로 들어갈 정도가 되었다. 여행사의 여행 상품이 아니라도 직접 티켓을 구입해 경기장을 찾는 것은 어렵지 않다. 유튜브나 블로그에서 관련 방법을 알려주는 콘텐츠도 많다.

　경험이 중요해진 시대이므로 새로운 이벤트가 계속 필요하다. 뉴욕 여행을 가더라도 전형적인 관광 포인트를 반복해서 갈 필요는 없다. 하지만 뉴욕에서 열리는 메이저리그, NBA 경기는 매번 새롭다. 링컨 센터에서 열리는 공연, 각 미술관에서 하는 전시도 매번 새로울 수 있다. 자유의 여신상, 엠파이어스테이트 빌딩 전망대 등 전형적인 관광 코스는 처음 한 번은 즐거울 수 있지만 두 번은 아니다. 이것은 한국인이 해외여행 갈 때만 적용되는 것이 아니다. 외국인이 한국에 여행 올 때도 적용된다. 한국 음식, 한국 문화, 한국 여행에 대한 관심이 역대 가장 높아진 현재 관광업계가 반드시 주목해야 할 점이다.

　기성세대의 여행 방식이 전형적인 관광 코스 중심이었다면, 지금 2030세대는 자신만의 취향, 경험을 반영하는 여행이 두드러진다. 남들 다 알 만한 곳이 아니라, 자신이 더 좋아할 곳을 찾는다. 그러니 스포츠 경기나 공연 관람을 포함시켜 여행 코스와 일정을 잡는 것이 보편적 흐름이 된다. 이렇게 해야 인스타그램이나 틱톡에서 자신을 드러내기도 좋다. 경험과 취향의 과시가 이 시대에는 부의 과시만큼 중요한 욕망이다.

나 홀로, 즉흥적으로 여행 가는 사람들, 그리고 노마드

▼

또 다른 여행 트렌드로 혼자 여행하는 것도 중요한 이슈다. 앞선 보고서에 따르면 밀레니얼세대와 Z세대는 혼자 여행할 계획이 있다는 응답자가 76퍼센트로 전체 응답자 69퍼센트보다 높았다. 사실 특정 세대 가릴 것 없이 혼자 하는 여행에 대한 전반적인 관심도가 높다. 구글 트렌드에서 지난 20년간 'Solo Travel'과 'Group Travel'에 대한 검색량 추이를 살펴보면 확실히 단체 여행보다 개인 여행이 강해지는 추세다. 스마트폰과 모바일앱이 혼자 여행하는 것을 너무나 편리하게 만들어주고, 우리 사회가 갈수록 개인주의화되는 것도 여행 형태에 그대로 반영된다. 여행 시장에서 개인 여행에 대한 관심이 높은 2030세대의 비중은 점점 커질 것이고, 이들이 나이를 먹어 4050세대가 되어도

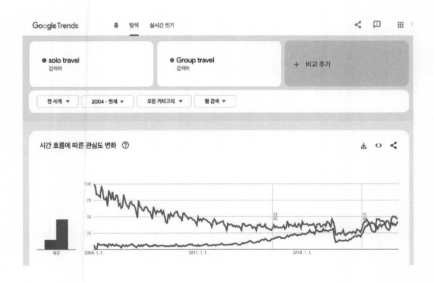

다시 단체 여행으로 관심사가 바뀌지는 않을 것이다.

변덕스러운 여행, 즉흥적인 여행도 중요한 이슈다. 78퍼센트의 응답자가 즉흥적인 여행을 매력적이라고 답했고, 68퍼센트가 여행 중 계획에 없던 시간을 내어 현지 문화 체험이나 활동을 하는 것을 좋아한다고 답했다. 특히 밀레니얼세대와 Z세대는 막판에 여행을 예약한 경험이 있다는 응답자가 77퍼센트나 되었다. 여행에 대해 미리 계획을 더 꼼꼼하게 짜는 기성세대와 다르다. 이것은 여행을 바라보는 문화적 태도의 차이에서 비롯된다. 2030세대는 해외여행을 쉽게, 언제든 마음만 먹으면 즉흥적으로 떠날 수 있다고 여기는 이들이 많다. 기성세대에게 해외여행은 오랫동안 벼르고 벼르다, 만반의 준비를 갖춰 가야 하는 미션 같은 일이었다. 여행을 대하는 태도 차이, 스마트폰과 모바일앱이 만들어내는 환경 차이가 세대 차이로 드러나는 셈이다. 물론 나이가 많아도 경제력이 높고, 자주 여행 가고, 스마트폰 활용도가 높은 사람일수록 즉흥적이고 변덕스러운 여행 태도를 쉽게 가진다. 엄밀히 말하자면 이들이 2030세대의 여행 특성을 따라 하는 것이 아니라, 이들의 여행 특성이 2030세대에게 받아들여지는 것이다. 나이보다 경제력과 경험의 양이 소비 태도에서는 훨씬 중요한 요인이기 때문이다.

'지속가능 여행sustainable travel'에 대한 검색량, 관심도가 계속 높아지는 것도 주목할 일이다. 전 세계적으로 비건이 늘어나고, 환경과 DEI(다양성, 형평성, 포용성)에 대한 관심이 계속 높아지고 있다. 이에 따라 여행에서도 친환경, 윤리성, 로컬(현지와의 조화, 지역 경제 기여)을 중요하게 여기고 숙박업계와 여행업계도 이를 계속 반영해가고 있다. 아울러 '디지털 노마드Digital Nomad'처럼 비즈니스와 여행이 결합된 사람들이 계속 증가하고 있다는 점도 주목할 일이다. 전 세계에서 디지털 노마드의 형태로 일하고 있는 사람을 3500만 명 정도로 추산하며, 그 중 절반인 1700만 명 정도가 미국인이다. 전 세계가 영어를 공용어처럼 쓰다보니 미국인은 어디서든 일하기 수월하고, 미국에 테크 기업을 비롯해 원격 근무를 지원하는 기업이 많다는 것이 이유가 된다. 한국인 중 디지털 노마드는 40만 명 정도로 추산된다. 《2024 디지털 노마드 현황The 2024 State of Digital Nomads》은 세계 최대 규모의 디지털 노마드 커뮤니티인 노마드 리스트Nomad List가 자사의 유료 회원 3만 명을 분석한 보고서다. 이 보고서에 따르면 연령에서는 30대가 59퍼센트로 가장 많고, 성별에서는 남성이 83퍼센트이며, 학력에서는 학사 54퍼센트, 석사 34퍼센트, 박사 3퍼센트로 대졸 이상의 교육을 받은 사람이 91퍼센트였다. 연간 수입은 12만 3344달러(중간값은 8만 5000달러)가 평균이고, 10만~25만 달러 사이가 35퍼센트, 25만~ 100만 달러 사이가 8퍼센트, 100만 달러 이상이 2퍼센트였다. 디지털 노마드의 경제력, 소비력으로 볼 때, 관광 산업에서 이들은 중요한 고객이다. 그래서 각국은 디지털 노마드 비자를 도입해 이들의 자국 체류를 유도하고 있다. 2020년 6월 에스토니아가 처음 디지털 노마드 비자를 발급한 이후, 2022~2023년 스페인, 포르투갈, 그리스 등 유럽에서만 20개 가까운 나라가 발급했고, 동남아시아와 중남미, 아프리카 등 전 세계에서 디지털 노마드 비자 발급 국가가 40여 개국 이상이다. 《라이프 트렌드 2023: 과시적 비소비》에서 '워케이션과 디지털 노마드 비자'라는 주제로 한국에도 디지털 노마드 비자가 결국 도입될 것이고, 워케이션과 디지털 노마드는 여행, 관광 분야에서 중요한 비즈니스 기회가 될 것으로 전망했는데, 실제로 2024년 1월부터 한국에서도 디지털 노마드(워케이션) 비자가 시범 운영 중이다. 해외 기업에 소속된 외국으로 원격 근무가 가능한 사람 중 1년 이상 같은 업종에 근무한 사람과 가족(미성년자)이 발급 대상이다. 소득이 전년도 한국의 1인당 국민총소득GNI의 2배 이상이어야 하니 최소 연봉 8500만 원 이상이어야 하고, 병원 치료와 본국 후송 보장액이 1억 원 이상인 개인 의료보험에 가입해야 한다. 1년이 기본이고 최장 2년까지 연장할 수 있다. 전 세계에서 디지털 노마드가 확산하고 원격 근무가 보편화되는 오늘날, 여행과 비즈니스가 결합된 사람들을 여행 산업에서는 주목할 필요가 있다.

데일리케이션: 일상 경험을 위해 한국을 찾는 외국인 급증

▼

국내 인바운드inbound 관광 플랫폼 크리에이트립에서 2024년 상반기 한국을 방문한 외국인 관광객의 거래 건수와 거래액 데이터를 분석한 내용을 발표했다(2024. 7). 이에 따르면, 전체 거래액이 전년 동기 대비 186퍼센트 성장했는데 그중 거래액 1위는 헤어숍, 2위 뷰티숍, 3위 뷰티의원, 4위 다이닝, 5위 사진관 순이었다. 거래액에서 헤어숍은 전년 동기 대비 382퍼센트 성장, 뷰티숍은 2000퍼센트 증가했다. 이제는 외국인 관광객이 한국에 오면 관광지나 둘러보고 먹고 자고 마시는 것이 전부가 아닌 시대다. 이들은 미용실에 가서 머리를 하고 모발 클리닉도 받는다. 뷰티숍에 가서 퍼스널컬러 진단받으며 피부 톤을 확인하고, 스타일링이나 메이크업도 받는다. 피부과나 뷰티숍에 가서 피부 관리와 시술도 받는다. 이런 변화는 K팝, K드라마 영향이 크다. 한국의 가수나 배우가 세계적 인지도를 쌓고, 한국의 음악과 드라마가 큰 인기를 끌다보니 자연스럽게 한국 연예인이 하는 헤어스타일, 메이크업, 피부 관리나 시술 등에 관심이 높아질 수밖에 없다. 한국은 오래전부터 성형, 피부 관리, 헤어, 메이크업 등에서 시장을 계속 성장시켜왔고, 아시아 지역으로 활발히 진출하고 있었다. 한국을 찾는 외국인 관광객이 헤어, 뷰티, 피부 관리 등에 돈을 쓰는 것은 앞서 이야기한 체험, 경험 여행 트렌드와 일치한다. '일상'과 '휴가'를 결합해 만든 '데일리케이션Daily+Vacation'이라는 말은, 일상에서 벗어나 쉬고 노는 것에 집중했던 과거의 휴가와 구분하기 위해 만들어진 말이다. 일상적으로 하는 행위를 여행 가서 하는 것이 데일리케이션이다. 그만큼 그 여행지가 일상적 행위를 잘하는 곳이어서다. 올림픽 보러 파리 가고, 메이저리그 야구 보러 미국 가듯, 헤어 하고 피부 관리 시술받으러 한국에 오는 것이다.

한국이 뷰티 강국이니, K뷰티가 하나의 소비 대상이 된 것이다. 헤어와 뷰티, 스킨 케어 업계에서는 외국인 관광객을 상대하는 전담 직원을 늘리거나 그들을 위한 맞춤 서비스를 계속 개발하고 있다. 아울러 맛집, 술집, 사진관 등 한국에서 유행하는 곳을 찾는 외국인 관광객이 늘고 있다. 전형적인 관광 코스가 아니라 한국인이 평소 즐기고, 누리고, 좋아하는 것들을 일부러 찾는 것이다. 한국 문화, 한국인의 일상 자체가 체험의 대상이자 여행 목적이 되는 것이다. 외국인이 한국에 일상 경험을 하러 오듯, 한국인도 외국에서 일상 경험을 위해 쓰는 돈과 시간이 늘어난다. 이 시대의 여행 욕망에서는 '경험'이 중요하기 때문이다.

일본 여행 열풍은 계속된다, 그리고 제주 위기도 계속된다

▼

일본정부관광국에 따르면, 2024년 상반기 일본을 찾은 외국인 관광객 수는 1777만 7200명으로 역대 최대치다. 전년 동기 대비해서도 65.9퍼센트나 늘어난 수치이고, 과거 최대치 기록이던 2019년 상반기보다 111만 명이나 더 많다. 일본에 외국인 관광객이 급증한 것은 엔저 때문이다. 일본을 찾는 외국인 관광객 중 가장 많은 것은 한국인이다. 2024년 상반기에만 444만 2100명으로 전년 동기 대비 42퍼센트, 2019년 상반기 대비 15퍼센트 늘었다. 연간으로 치면 거의 900만 명이다. 팬데믹이 끝나면서 여행 수요가 급속도로 회복되고 있지만, 아직 2019년 상반기보다 국제선 항공편 이용자 수가 더 많지는 않다. 국토교통부 항공 통계에 따르면, 2024년 상반기 국제선 항공편 이용자(출발 도착 합산)는 4277만 명으로 2019년 상반기 4556만 명에 근접했지만 조금 적다. 그런데 일본으로 여행한 한국인은 15퍼센트 늘었다. 2024년 하반기에는 더 많은 한국인이 일본으로 갈 것이고, 2025년에도 그 흐름이 이어질 가능성이 크다.

일본 여행을 다녀온 사람이 많아질수록 일본의 디저트나 먹거리가 한국에서 유행할 가능성도 높아진다. 유행은 끌고 가는 사람도 있어야지만 받아주는 사람도 있어야 한다. 엔저 현상과 일본 여행 열풍은 당분간 이어질 수 있기에 2025년 뜨는 먹거리의 범위는 일본으로 좁혀도 좋다. 일본 디저트로는 일본 푸딩(일본어로 푸링ブリン이라고 한다)을 비롯해 와라비모찌, 생야츠하시 같은 화과자, 당고, 일본식 크레이프, 일본식 빙수(가키고리), 수플레 팬케이크 등이 있다. 아울러 일본 여행 확

산은 일본 소도시에 대한 관심으로도 이어진다. 여행 플랫폼 여기어때가 일본 소도시 여행을 주제로 설문 조사를 한 결과, 응답자의 85퍼센트가 1년 이내 일본 소도시 여행 계획이 있다고 했고, 구체적 계획은 없지만 일본 소도시 여행을 가고 싶다는 응답자는 97.6퍼센트였다. 엔저로 일본 여행이 급증하면서 2030세대가 가장 선호하는 여행지는 일본이 되었다. 도쿄, 오사카, 교토 같은 일본 대도시 여행은 많은 사람이 이미 충분히 소개했다. 이들은 소도시 여행을 통해 새롭고 희소한 경험을 하고, 그것을 SNS에 공유하며 경험의 우위를 점하고 싶어 한다. 일본 소도시 여행 계획이 있다는 응답자의 대상 지역 중 마쓰야마(38.4퍼센트), 오이타(30.5퍼센트), 시즈오카(29.5퍼센트)가 가장 많은 선택을 받았다. 여기어때 예약 데이터에 따르면, 2024년 상반기 마쓰야마 지역의 해외 숙소 예약 건수가 전년 동기 대비 약 7배 올랐고, 오이타는 약 5배, 시즈오카도 2배 정도 올랐다. 일본 디저트와 먹거리, 일본 소도시에 이어서 일본에서 누릴 다양한 경험, 체험 관련 수요는 계속 확장될 것이다.

일본 여행 열풍과 달리 제주 여행은 식어간다. 2024년 1분기 제주도를 방문한 내국인 관광객은 10퍼센트 정도 감소했다. 제주 골프장 내장객도 2021년 역대 최대치를 기록한 뒤 가파르게 떨어지고 있다. 팬데믹으로 제주는 특수를 누렸으나, 2024년 1분기, 제주-김포 항공 노선 편수는 2022년보다 16퍼센트가량 감소했다. 같은 기간 국제선 운항 편수가 3.6배가량 증가한 것과 대비된다. 제주 가느니 그 돈으로 일본, 베트남 가겠다는 이야기가 흔하게 나오는 것은 제주 여행 산업으로서는 치명적 악재다. 해외여행이 막히고 팬데믹 특수를 누리는 동안 제주 여행 산업에 대한 한국 소비자의 불만은 계속 쌓였다. 제주 여행 산업이 소탐대실한 결과였고, 이는 제주 경제 전체의 위기로 이어진다. 어떻게 다시 회복할지 모르겠지만, 엔저 일본이 있는 한 당분간은 쉽지 않아 보인다. 동남아시아도 만만치 않다. 베트남은 현재 외국인 관광객이 2019년 수준을 넘어섰다. 베트남을 찾는 외국인 관광객 중에는 한국인이 4명 중 1명 꼴로 가장 많다. 일본을 찾는 외국인 관광객 중에서도 4명 중 1명이 한국인이다. 한국인의 2030세대는 일본을, 5060세대는 베트남을 선호한다. 동남아시아의 다른 나라와 중국 등도 해외 관광객 유치를 위해 활발히 움직이고 있다. 회복된 여행 수요와 욕망을 채우기 위해 다들 적극 나서다보니, 제주의 위기는 더 깊어질 수밖에 없다.

8장

늘어나는 Workoutholic과 Fun Running

왜 싱글일수록 운동에 진심일까?
왜 운동이 핵심 욕망이 되었을까?

Life_Trend_2025
#온동홀릭 #운동중독자 #운동 열풍 #펀러닝 #러닝 열풍 #덤벨 이코노미 #러닝 이코노미 #피트니스 열풍 #경복궁 러닝 챌린지 #운동 챌린지

기성세대에게 익숙하던 전통적 중독은 2030세대에서는 퇴조했다. 대신 운동중독은 늘어간다. 덤벨 이코노미와 러닝 이코노미도 이들이 주도했다. 공교롭게도 현재 2030세대는 그 어느 시대보다 1인 가구 비중이 높고 비혼주의자가 많다. 운동중독과 1인 가구의 관련성은 우연일까, 필연일까?

알코올홀릭, 워커홀릭, 게임홀릭 등 그동안 비중 있게 다루어지던 전통적 중독은 줄어들고 있다. 20대의 술 소비량 감소세는 밀레니얼세대가 20대이던 때도 주류 산업의 위기를 이야기할 정도였는데, Z세대가 20대가 되어서도 여전하다. 술뿐 아니라 담배도 마찬가지다. 워커홀릭은 과거 세대의 유물이 되어버렸다. 누구나 워라밸을 이야기하고, 주 4일 근무제에 대한 관심도 커졌다. 10~20년 전 온라인 게임에 빠진 청소년들의 미래가 걱정된다며 성토하던 기성세대가 있었지만, 그때 그 청소년들은 지금 멀쩡히 다 사회생활 잘하고 있다. 새로운 중독은 앞으로도 계속 나오겠지만, 기성세대에게 익숙하던 전통적 중독은 2030세대에서는 퇴조했다고 볼 수 있다. 대신 2030에게서 운동홀릭은 늘어간다. 덤벨 이코노미Dumb-bell Economy를 주도한 것도 이들이고, 지금 뜨거운 러닝 이코노미Running Economy를 주도하는 것도 이들이다. 공교롭게도 운동홀릭에 빠진 2030세대는 그 어느 시대보다 1인 가구 비중이 높고 비혼주의자가 많다. 운동에 중독되는 것과 1인 가구는 무슨 상관관계가 있는 것일까? 아니면 그냥 우연일까?

당신도 운동중독? 운동홀릭족은 왜 늘어나는가?

▼

1인 가구 증가와 비혼주의자 증가가 덤벨 이코노미를 만든 배경 중 하나다. 가족이나 자녀가 돌봐주는 것이 아니라, 자기 스스로 자신을 돌봐야 한다고 인식하면 건강 관리를 더 적극적으로 하게 된다. 몸매 관리가 중요해진 시대가 된 것도 덤벨 이코노미를 낳았다. 바쁘고 시간 없다는 인기 연예인 중 운동 마니아, 심지어 운동중독자라 불릴 이들이 아주 많다. 가수나 배우 등 대중 앞에 자신을 드러내는 직업일수록, 몸매(체형) 관리, 피부 관리를 비롯해 패션과 뷰티, 성형 등에 더 시간과 돈을 투자하는 것은 당연하다. 몸매 미인이라는 말도 21세기의 산물이다. 이제는 얼굴만 매력적이어서는 안 된다. 얼굴은 성형의 도움을 크게 받을 수 있지만, 몸매는 운동과 자기 관리의 산물이다. 유명 연예인이나 인플루언서, 셀럽 중에서도 운동 마니아에 대한 대중적 호감이 크다. 이들은 리얼리티 프로그램 같은 방송이나 미디어에 출연해 자신의 일상을 보여줄 때, 유독 피트니스센터에서 PT 받는 모습 등 취미가 운동인 광경을 자주 노출한다. 또 레깅스나 스포츠웨어를 일상적으로 입고 건강한 몸매를 강조하는 경우도 많다. 패션의 완성은 이제 얼굴이 아니라 몸매가 되었다. 운동 열심히 하며 자기 관리 잘하는 사람을 건강한 이미지, 모범적 이미지로 추켜세우는 시대다. 이런 시대 변화가 운동 마니아, 운동홀릭족을 확산시킨 결정적 배경이다. 여기에 코로나19 팬데믹이 추가되며 덤벨 이코노미를 가속화시켰고, 엔데믹을 기점으로 러닝 열풍도 가속화시켰다. 건강에 대한 염려와 위기의식이 커진 것도 팬데믹 영향이다. 분명 운동중독도 중독이다. 하지만 우리가 아는 중독 중 가장 반감이 적은 중독이다. 진짜 심각한 수준의 운동중독이 아니라, 운동을 자주 하고 좋아한다면 스스로 운동홀릭족이라고 말하기도 한다. 은근한 과시다. 운동 열심히 하는 것이 과시할 일이 된 것은 운동이 욕망이 되었기 때문이다.

행정안전부의 〈주민등록 인구 통계〉에 따르면, 2024년 3월 기준 1인 가구는 1002만 가구로 전체 2400만 가구 중 41.8퍼센트를 차지했다. 행정안전부 기준은 가구가 분리된(취업, 교육 등 여타 이유로 분리된) 1인 가구도 포함하기 때문에 높다. 통계청 기준 1인 가구는 2022년 전체 가구 중 34.5퍼센트였다. 1980년 4.8퍼센트에 불과했던 1인 가구 비율은 2005년(20퍼센트) 처음 20퍼센트 벽을 넘은 이후 15년 만인 2019년(30.2퍼센트)에는 30퍼센트 벽을 넘었다. 2022년에 기록한 34.5퍼센트도 실은 2025년에 도달할 것으로 예상했던 수치다. 이런 추세면 30퍼센트 후반대에 진입하는 시점도 아주 빨라질 수 있다. 갈수록 결혼은 하지 않고, 이혼은 늘고, 출산이 줄어들고, 수명은 길어지다 보니 혼자 사는 사람의 비율이 치솟을 수밖에 없다. 1인 가구가 늘어가는 것은 기정사실이어서 별로 새로운 이야기가 아니다. 그런데 1인 가구의 행복도가 낮고 사회관계망이 위태롭다는 것은 중요한 점이다. 결국 이들은 자기 스스로 자신을 지켜야 하고, 믿을 것은 자기 자신밖에 없다고 여기다보니 건강 관리, 자기계발에 열중할 수밖에 없다.

통계청의 〈2023년 사회조사〉에 따르면, 몸이 아플 때 집안일을 부

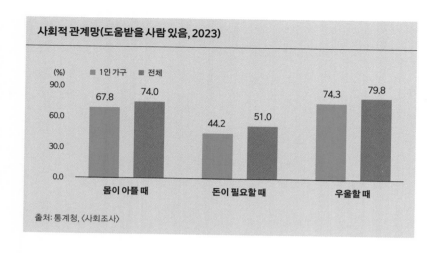

사회적 관계망(도움받을 사람 있음, 2023)

(%)

■ 1인 가구 ■ 전체

	몸이 아플 때	돈이 필요할 때	우울할 때
1인 가구	67.8	44.2	74.3
전체	74.0	51.0	79.8

출처: 통계청, 〈사회조사〉

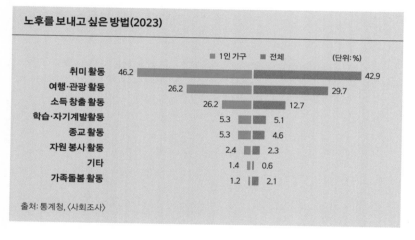

노후를 보내고 싶은 방법(2023)

■ 1인 가구 ■ 전체   (단위: %)

	1인 가구	전체
취미 활동	46.2	42.9
여행·관광 활동	26.2	29.7
소득 창출 활동	26.2	12.7
학습·자기계발활동	5.3	5.1
종교 활동	5.3	4.6
자원 봉사 활동	2.4	2.3
기타	1.4	0.6
가족돌봄 활동	1.2	2.1

출처: 통계청, 〈사회조사〉

탁하고 도움받을 사람이 있다는 19세 이상 1인 가구는 67.8퍼센트였는데, 전체는 74퍼센트였다. 갑자기 큰돈을 빌려야 할 때 도움받을 사람이 있다는 19세 이상 1인 가구는 44.2퍼센트였는데, 전체는 51퍼센트였다. 낙심하거나 우울해서 이야기 상대가 필요할 때 도움받을 사람이 있다는 19세 이상 1인 가구는 74.3퍼센트였는데, 전체는 79.8퍼센트였다. 즉 1인 가구가 전체 가구보다 사회적 관계망에서 좀 더 열악한 것이다. 같은 조사에서 노후를 보내고 싶은 방법을 물었는데, 1인 가구는 46.2퍼센트가 취미 활동을 꼽았다. 누구나 취미 활동으로 노후를 보내고 싶어 하겠지만, 1인 가구가 좀 더 높았다. 이는 취미에 시간과 돈을 쓰겠다는 의미고, 자발적으로 비혼을 선택하는 이들일수록 더더욱 적극적으로 취미에 투자할 것이다. 현재 2030세대 중에는 비혼주의자가 기성세대가 2030세대였던 과거에 비해 많다. 불가피하게 결혼을 못하는 것이 아니라, 자신의 의지로 하지 않은 이들은 미래 계획에서 좀 더 주체적이다.

취미 활동 중 가장 보편적인 것이 바로 운동이다. 특히 혼자 사는 이들에게 운동은 취미이자 건강 관리를 위한 필수 요소다. 현재 2030세대는 피트니스 열풍, 러닝 열풍을 주도했고, 운동을 취미이자 욕망, 습관으로 일찍부터 받아들인 이들은 나이가 들어도 계속 이 태도를 유지할 가능성이 크다. 중장년이 되어서야 운동의 필요성을 느꼈던 기성세대보다 운동 마니아, 운동홀릭족이 많을 수밖에 없다. 1인 가구, 비혼주의자에게 믿을 것은 자기 자신뿐이다. 자기 몸이 건강해야 어떤 위기 상황이나 변수가 생겨도 대응이 가능하다. 그러니 이들은 건강 관리와 운동에 대한 욕망과 의지가 상대적으로 더 높다. 운동홀릭, 하비홀릭 증가는 트렌드다. 아니 트렌드를 넘어 문화가 되어가고 있다.

알코올중독자보다 운동중독자가 더 많아질 Z세대?

▼

구글 트렌드에서 최근 5년간(2019. 8~2024. 8) 한국의 Gym, Fitness, Running, Yoga, Workout 검색어에 대한 관심도 추이를 살펴봤다. 5개 모두 일상적으로 가장 많이 하는 운동이자, 몸매(근육) 관리에 대한 관심이 있는 경우 보편적으로 검색하는 키워드들이다. 팬데믹이 끝나자마자 5개 키워드 모두 검색량이 급증했는데, 팬데믹 기간 중 확장된 운동과 건강에 대한 욕망이 분출된 영향이다.

네이버 검색어 트렌드에서 피트니스(헬스클럽, gym, Fitness 포함)와 홈트레이닝(홈짐 포함), 러닝(Running 포함) 검색량 추이를 최근 8년간(2016. 8~2024. 8) 전체 연령, 전체 성별로 살펴봤다. 코로나19 팬데믹 기간 중 홈트레이닝에 대한 검색량이 크게 늘었다가 엔데믹 이후 크게

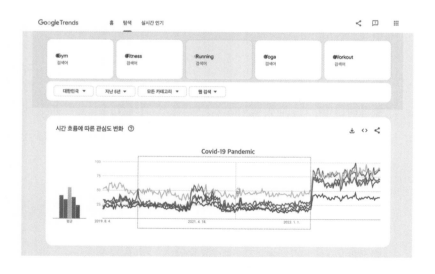

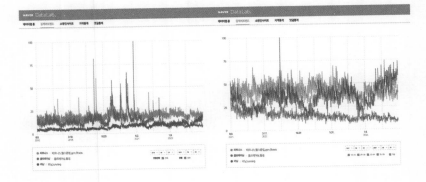

줄고, 대신 러닝에 대한 검색량이 크게 늘었다. 거리두기를 하면서 피트니스센터가 문을 닫거나 제한적으로 운영될 때, 사람들은 홈트레이닝을 통해 대안을 찾았다. 즉 운동에 대한 욕망은 줄어들지 않았고, 엔데믹이 되자 실내에서 벗어나 실외로 나갔으며, 러닝으로 욕망이 이어졌다. 범위를 좁혀 최근 3년간 같은 키워드 검색량 추이를 19~39세 여성으로 한정해서 살펴봤다. 확실히 러닝에 대한 검색량 증가세가 두드러지는데, 피트니스보다 러닝을 더 많이 검색하고 있다. 2030세대 전체가 러닝에 대한 관심이 커졌는데, 그중에서도 여성의 관심이 더 커졌다. 2030세대 여성이 반응하는 트렌드일수록 오래 가고 확장성도 상대적으로 크다. 이들에 의해 팬데믹 기간 중 골프가 욕망이 되었고, 단기간 골프 패션 시장이 급성장했다. 다만 이들이 골프에 대한 욕망이 식고 테니스에 대한 욕망이 커지면서 테니스 관련 패션과 용품 시장이 급성장했다. 향후 러닝화, 러닝웨어 시장의 성장도 지켜봐야 한다. 어떤 운동을 하든, 이제 운동이 취미가 된 것은 필수다. 2030세대에게 취미로 하는 운동은 최소 하나 이상은 있어야 하므로, 새로운 인기 운동이 뜨고 지는 일은 계속될 것이고, 피트니스처럼 러닝도 트렌드를 넘어 문화로 자리 잡을 가능성이 크다. 운동하는 사람들이 많아지고 보편화될수록, 운동 마니아, 운동중독자도 많아질 수밖에 없다.

금주 챌린지에 해당되는 '드라이 재뉴어리Dry January'는 영국에서 시작되어 전 세계로 확산 중이다. 영국, 미국에서는 수백만 명이 새해 결심으로 매년 1월 한 달간 금주를 한다. 밀레니얼세대가 성인이 되면서 술 소비량이 본격적으로 줄어들기 시작했는데, Z세대가 성인이 되면서 술 소비량은 더 줄어들고 있다. 건강에 대한 관심이 커지면서 음주는 기피되고 있다. 적당한 음주도 해롭다는 인식을 가진 미국 성인이 절반을 넘는다. 과거에는 과음이 문제이지 적당한 음주는 건강에 해롭지 않다는 성인이 훨씬 많았다. 하지만 이제는 적당한 음주조차 기피하며 아예 안 마시겠다는 이들이 늘어나고 있다. 시빅사이언스CivicScience 플랫폼이 발표한 연구에 따르면, Z세대는 드라이 재뉴어리에 참여하겠다는 비율이 약 55퍼센였다. 술에 대한 태도는 젊은 층이 가장 부정적이다. 기성세대는 건강에 대한 관심이 상대적으로 크지 않았고, 음주에 대한 경각심도 부족했기에 성인이 되면서 자연스럽게 술을 접했다. 반면 현재의 2030세대는 건강과 운동에 대한 관심이 커진 세대로, 성인이 되어 술을 마시기 시작했어도 빠르게 음주를 줄이고 있으며, 무알코올/저알코올 제품 소비로 전환하고 있다. 미국 갤럽 조사에 따르면, 2001~2003년 18~34세 중 정기적으로 술을 마신다는 비율이 72퍼센트였는데, 2021~2023년 조사에서는 62퍼센트로 줄었다. 35~54세의 음주율은 69퍼센트로 20년 전 67퍼센트보다 조금 늘었고, 55세 이상은 59퍼센트로 20년 전 49퍼센트보다 크게 늘었다. 갑자기 이렇게 된

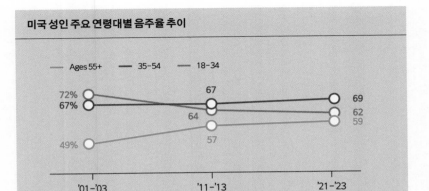

미국 성인 주요 연령대별 음주율 추이

Ages 55+ — 35-54 — 18-34

72%
67%

67

64

69

62

57

59

49%

'01-'03   '11-'13   '21-'23

주: 신뢰할 수 있는 연령대 분석을 위해 데이터는 3년 단위로 분석했다.
출처: Gallup survey conducted July 3-27, 2023.

것이 아니다. 2011~2013년 조사에서도 18~34세는 줄고, 35~54세는 유지되고, 55세 이상은 늘고 있었다. 주류 시장에서도 기성세대(중장년층)가 주 고객층이며, 2030세대는 무알코올, 저알코올 시장의 주 고객층으로 떠오르고 있다.

　한국에서도 고등학생의 음주율과 흡연율 모두 20년 전에 비해 반토막 났다. 정확히는 음주율은 43.4퍼센트에서 19.7퍼센트로, 흡연율은 22.4퍼센트에서 9퍼센트로 반 토막보다 더 떨어졌다. 고등학생의 음주율, 흡연율은 1980년대 중반 이후 급속도로 증가하다가, 1990년대 중반 정점을 찍은 뒤 1990년대 후반부터 감소하기 시작했다. 한국에서 청소년의 음주율, 흡연율 감소 추세는 약 25년 전 시작된 셈인데, 당시 청소년이 밀레니얼세대다. 그 후 Z세대로 이어지며 감소세는 계속되고 있고, 앞으로도 그럴 가능성이 크다. 술과 담배에 대한 관심이

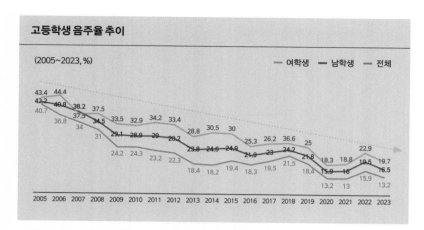

고등학생 음주율 추이

(2005~2023, %)

— 여학생 — 남학생 — 전체

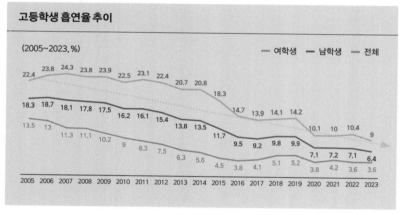

고등학생 흡연율 추이

(2005~2023, %)

— 여학생 — 남학생 — 전체

줄어든 것은 더 이상 청소년에게 음주와 흡연이 멋지게 보이지도 않고, 그런 행위가 어른 흉내 또는 어른과 사회에 대한 반항이라는 이미지에서도 벗어나고 있기 때문이다. 술, 담배가 건강에 해롭다는 것을 과거의 청소년은 몰랐을까? 아니다. 알긴 알았지만, 건강과 운동이 관심의 대상이나 욕망이 되지 않았기에 술, 담배에 대한 저항감이 적었다. 지난 25년간 건강과 운동에 대한 관심 증대라는 변화가 지속적으로 일어났고, 그 결과 피트니스 열풍부터 서핑 열풍, 테니스 열풍, 요가 열풍, 러닝 열풍 등까지 만들어냈다. 이들 열풍 모두 2030세대가 주도 세력이다. 운동에 대한 관심이 높고, 운동을 취미로, 놀이로, 욕망으로 받아들이는 이들이 많아진 것이다. 우리 사회에서 알코올중독자의 연령은 점점 높아질 것이고, 결국 알코올중독은 줄어들 것이다.

운동을 일상적으로 하는 이들은 비만과 당뇨에서 멀어질 가능성이 크다. 이들은 식단관리를 하며 더 건강한 음식을 먹으려 노력할 것이고, 저칼로리 식품에 그치지 않고 단백질 함유량이 높은 식품도 선호한다. 그 결과 닭가슴살 소비량, 연어 소비량은 크게 늘었고, 성장세도 계속되고 있다. 반면 라면 회사들은 걱정이 늘었다. 라면 시장이 해외에서 급성장했지만, 이는 낯선 음식을 놀이처럼, 챌린지처럼 먹는 트렌드의 영향 때문이지, 건강에 좋은 음식을 선호하는 트렌드에는 역행하는 현상이다. 즉 지속적 성장에는 우려가 있을 수밖에 없다. 라면이 오랫동안 익숙하게 자리잡은 국내에서는 이미 라면 소비 감소가 시작되기도 했다. 이는 콜라를 비롯한 탄산음료 시장, 패스트푸드 시장, 가공식품 시장 등이 겪는 위기이며, 우리는 더 건강하고, 더 안전한 먹거리에 대한 욕망이 커질 수 밖에 없다. 먹는 것에 대한 태도 변화는 비건에 대한 관심 증대로도 이어진다.

비건 챌린지에 해당되는 '비거너리Veganuary, Vegan+January'도 영국에서 시작되었고, 전 세계로 확산 중이다. 영국에서는 매년 100만 명 이상이 1월에 비건을 시도하는데, 비건에 대한 관심은 Z세대뿐 아니라 전 세대로 확장되고 있다. 비건은 환경적 소비, 윤리적 소비 태도이

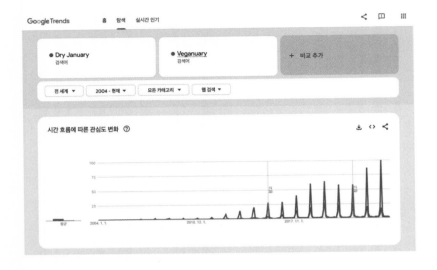

기도 하지만, 건강 식습관이기도 하다. 구글 트렌드에서 최근 20년간 Dry January와 Veganuary 검색량(관심도) 추이를 살펴보면, 2010년 대 중반 이후 관심도가 커지고 있음을 알 수 있다. 매년 1월이면 술뿐 아니라 고기를 끊으려는 이들도 늘어나는 것이다. 이들은 단지 1월 한 달만 챌린지를 하고 끝내는 것이 아니라, 연중 음주과 육식으로부터 거리를 두려 할 가능성이 크다. 중요한 것은 술도, 고기도 다른 어떤 세대보다 Z세대가 더 끊는 데(줄이는 데) 관심이 크다는 사실이다.

Health is the new wealth
: 운동이 욕망이 된다는 의미는?

▼

욕망은 누구나 할 수 있지만, 생각보다 쉽지 않고 해냈을 때 남들이 부러워해야 더 커진다. 운동이 그냥 운동으로만 인식될 때는 과시적 욕망, 사회적 욕망은 아니었다. 하지만 이제는 확실히 욕망이 되었다. 2018년 2월 《파이낸셜타임스》는 〈덤벨 경제: 운동이라는 호황을 누리고 있는 비즈니스 내부에서The dumb-bell economy: inside the booming business of exercise〉라는 제목의 기사를 통해 영국과 미국 대도시에서 고급 부티크 짐(피트니스센터)이 번성하고 있으며, 운동 시설뿐 아니라 운동화, 레깅스, 운동용품, 운동 관련 애플리케이션 등 관련 산업이 호황이라는 내용을 다루었다. 여기서 '덤벨 이코노미'라는 말을 썼다. 우리 말로는 '아령(덤벨) 경제'인 셈인데, 피트니스센터에서 운동하는 이들이 늘어나 관련 산업이 고성장하는 것을 의미한다. 그리고 기사에서는 고급 피트니스센터를 비롯해 요가, 러닝 등까지 피트니스 시장을 주도하는 기업 이쿼녹스Equinox의 회장 하비 스피박Harvey Spevak이 한 "건강은 새로운 부다Health is the new wealth"라는 말도 인용했다. 이 시대는 부자일수록 더 날씬하고, 더 건강하다. 운동과 건강 관리가 부유함의 상징 같아진 시대, 2030세대는 부자가 아니어도 운동을 필수로 여기고 있다. 운동, 건강이 새로운 욕망이 된 것이다. 덤벨 이코노미에서 2030세대의 비중은 점점 커지고 있다. 2010년대가 덤벨 이코노미가 본격화된 시기다. 2010년대 초중반 밀레니얼세대가 2030세대의 중심이었을 때 본격화된 덤벨 이코노미는 코로나19 팬데믹을 거치며 Z세대가 본격 합류해 새로운 전성기로 달려가고 있다.

딜로이트 앤드 유럽액티브Deloitte & EuropeActive의 《유럽 헬스와 피트니스 시장 보고서 2024European Health & Fitness Market Report 2024》에 따르면, 2023년에는 유럽 피트니스 시장은 팬데믹 이전 수준을 확실히 넘어섰다. 2019년까지 유럽 피트니스 시장은 지속적 성장세를 기록했다. 하지만 코로나19 팬데믹으로 피트니스/헬스클럽 폐쇄와 제한 조치가 내려지면서 2020년 시장은 직격탄을 맞았다. 매출과 회원 수가 급락했다. 이때를 기점으로 피트니스 시장에서 디지털화가 가속화되었다. 홈트레이닝 시장이 커지고, 운동을 도와주는 앱 서비스가 확대되었다. 2021년에도 오프라인 기반의 피트니스 시장은 고전했지만, 회원 수는 감소를 멈추고 증가세로 돌아섰다. 백신 덕분에 2022년 유럽 피트니스 시장은 전년 대비 66퍼센트 성장했고, 2019년 시장 수준에 근접할 정도로 회복되었다. 2023년에 유럽 피트니스 시장은 전년 대비 14퍼센트 성장하고, 회원 수도 8퍼센트 성장하며 팬데믹 이전 수준을 넘어섰다. 팬데믹 쇼크를 털어내는 데 3년이 걸린 셈이다. 유럽 시장뿐 아니라 미국 시장, 전 세계 시장에 대한 관련 보고서를 봐도 확실히 피트니스 시장은 2019년 수준을 넘어섰다. 글로벌 시장 조사 컨설팅 기업 퓨처마켓인사이트Futuremarketinsights의 '헬스클럽과 피트니스클럽 시장 전망 2024~2034Health and Fitness Club Market Outlook for 2024 to 2034'에 따르면, 헬스클럽과 피트니스클럽 시장 규모는 2024년 1247억 달러에서 2034년 2030억 달러로 연평균 9.2퍼센트 성장할 것으로 전망하고 있다.

중요한 것은 오프라인 기반의 피트니스 시장이 역대 가장 높았던 2019년 수준을 넘어섰으며, 이와 별개로 온라인 기반의 홈트레이닝도 유효하고, 피트니스센터를 벗어나 실제 길을 달리는 러닝족이 크게 늘어났다는 점이다. 즉 운동과 건강 관리를 하는 2030세대는 역대 최대이고, 전 연령대로도 이 흐름은 이어지고 있으며, 이것이 정점이 아니라 앞으로 더 늘어날 것이다. 우리는 오늘날 역사상 가장 운동을 많이 하는 사람들, 자신이 운동하는 모습을 인스타그램에서 공유하거나, 그것이 멋지다고 인식하는 사람들의 시대를 살고 있다.

덤벨 이코노미가 러닝 이코노미를 만들어내다
: 러닝 열풍은 피트니스 열풍의 산물

▼

'덤벨 이코노미'라는 말이 등장한 것은 '피트니스 열풍' 때문이다. 건강 관리, 자기 관리를 필수라고 인식한 밀레니얼세대가 20대가 되면서 확산된 피트니스 열풍 덕분에, 현재 2030세대는 피트니스센터를 이용하고, PT 받는 것을 보편적 문화로 인식하고 있다. 2030세대 누구나 SNS에 자신의 운동하는 사진을 올리고 '#오운완'(오늘 운동 완료) 태그를 단다. 운동화와 운동복에서 '멋'을 부릴 수밖에 없다. 명품백 사는 것은 시시해졌고(돈이 충분하다면야 명품 소비도 하고 다른 것도 다 하겠지만 선

택을 해야 하는 입장이라면 명품을 포기해버린다), 오히려 비싸고 좋은 운동화와 운동복을 산다. 욕망의 방향이 바뀐 셈인데, 명품이 주는 과시적 효과가 떨어졌기 때문이고, "건강은 새로운 부"라는 개념을 확실히 받아들였기 때문이다.

사실 러닝 열풍은 피트니스 열풍의 산물로 볼 수 있다. 실내 공간에서 운동하는 데 익숙해지고 나니 러닝머신이 아니라 실제 길을 달리고 싶은 욕망이 자라났다. 이런 욕망에 불을 붙인 것이 팬데믹이다. 피트니스센터가 문을 닫고 거리 두기가 확산되다보니 야외에서 달리는 것을 더 욕망하기 시작했고, 러닝은 인스타그래머블한 요소가 되었으며, 러닝화와 러닝웨어 시장도 급성장했다. 이제 피트니스센터에 다시 나가서 PT를 받더라도 야외 러닝은 포기하지 않는다. 러닝머신이 효율성과 편리함이라는 장점을 가진 대신 달리기의 '맛'이 제한된다면, 야외 러닝은 달리는 '맛'이 생생히 살아난다. 강변을 달리고, 도심을 달리고, 숲속을 달리며 러닝의 즐거움이 배가된다. 여기에 함께 달리는 러닝크루와 어울리는 즐거움도 생긴다. 팬데믹 때 2030세대에게 등산 열풍이 불면서 등산크루 활동이 활발했다. 온라인으로 주로 소통하고, 오프라인에서 친구 사귀는 것이 점점 제한되는 시대에 함께 운동하는 크루는 새로운 인간관계 형성의 소중한 경로가 된다.

덤벨 이코노미가 성장하면서 여행을 가도 운동을 멈추지 않으려하기에 호텔 피트니스센터에 대한 수요가 커져 특급 호텔들도 피티니스센터에 대한 투자를 늘려왔다. 그런데 이제 러닝 이코노미가 성장하면서 도심 러닝이 주목받게 되었다. 낯선 도시로 해외여행을 가서도 도심 러닝을 하고 싶어 하는 이들이 많아지면서 아예 해외에서 함께 도심

프라하 러닝 투어
★ 5.0 (7)
59,800원
프라하 · 시내투어

러닝으로 시작하는 뉴욕에서의 하루
★ 5.0 (4)
73,900원
뉴욕 · 투어

프라하 시티 러닝 투어
★ 5.0 (1)
104,900원
프라하 · 시내투어

시드니 하버 러닝 투어 (시드니)
71,000원
시드니 · 투어

시티 하이라이트 가이드 러닝 투어 (바르셀로나)
★ 4.9 (7)
57,900원
바르셀로나 · 시내투어

파리 5대 러닝 크루 Just Do It 러닝클래스
35,000원
파리 · 체험·클래스

러닝을 하는 프로그램이 상품화되고 있다. 사진은 여행 종합 예약 플랫폼인 마이리얼트립에서 검색으로 찾을 수 있는 도심 러닝 프로그램들이다. 뉴욕이든 프라하든 파리든 해외여행 가서도 '러닝'의 즐거움을 현지에서 누려보려는 이들이 고객이다. 여행이 관광지나 유적지 중심의 '구경' 욕망에서 일상에서 평소 하던 행동을 해외의 낯선 곳에서 해보는 '경험' 욕망으로 확장되는 트렌드를 잘 보여준다. 앞서 '여행 욕망의 리셋! 경험, 솔로, 즉흥, 노마드'에서 소개한 여행 트렌드가 여기서도 드러난다. 경험에 대한 욕망, 데일리케이션에서 '운동'은 중요한 요소다. 운동이 일상이 된 시대, 운동이 욕망이 된 시대다. 다이어트를 위한 운동이 아니라, 그 자체로 즐거움이 된 운동, 패션 스타일이 된 운동, 과시적 도구가 된 운동 등 운동 욕망은 더 큰 트렌드가 되어가고 있다. 그런 점에서 러닝 열풍은 오래갈 가능성이 크다. 가성비 높고, 혼자든 함께든 가능하고, 운동 효과도 좋다. 여기에 재미까지 더해진다. 기록이나 순위 경쟁이 아니라 뛰는 것 자체를 즐기는 펀런Fun Run에 대한 관심이 커지고 있다. 인스타그램에는 #Funrun 134만 개, #펀런 5만 3000개 게시물이 있는데, 모두 최근에 만들어진 게시물이다. 예전에는 러닝을 건강, 운동 효과나 기록 경쟁으로만 여겼지, 즐거운 놀이처럼 여기지는 않았다. 그래서 과거에 2030세대는 적극적으로 하지 않았다. 나이키 등 기업이 마라톤 대회나 각종 달리기 행사를 후원하며 러닝 열풍이 간간이 불긴 했어도 요즘처럼 전방위적으로 불지는 않았다. 그런데 이제 Z세대의 놀이처럼 러닝이 확산되고 있다. 러닝 열풍이 불기에 이보다 더 좋을 수는 없다.

경복궁 러닝 챌린지 해봤니?
: 문화가 된 챌린지와 운동 챌린지

▼

지도 속 동선은 내가 직접 경복궁 둘레를 달려서 만든 흔적이고, 달리는 사람들 사진은 경복궁 러닝을 하면서 마주친 이들을 찍은 것이다. 인스타그램에 #경복궁러닝, #궁궐러닝을 단 게시물이 넘쳐나고 #경복궁러닝크루, #궁궐러닝크루와 함께 달릴 사람을 찾거나 찾았다는 게시물도 많다. 사실 나는 집이 근처라서 경복궁 둘레를 달리는 사람을 본 지는 꽤 오래되었다. 예전에는 군인(청와대 경비대를 비롯해 군부대가 주변에 있다)과 외국인(광화문 인근에 거주하는 외국계 기업 임직원이나 대사관 직

원이 꽤 있다)이 아침에 조깅을 하는 것이 대부분이었다. 주로 근처에 사는 사람들의 동네 러닝 코스였던 셈이다. 그런데 러닝 열풍이 불기 시작하면서, 일부러 멀리서 찾아와 달리는 이들이 크게 늘었다. 도심 러닝 프로그램도 늘어나고, 도심 러닝 동호회도 늘어났다. 한강 러닝만큼 궁궐 둘레를 달리는 경험도 매력적이다. 경복궁만이 아니라 광화문 주변에 있는 여러 궁궐을 코스로 묶어서 달리는 이들도 있다. 금요일 밤을 즐기기 위해 도심 러닝을 하는 이들도 생겨났다. 확실히 러닝 패션부터 달라졌다. 동네 러닝 코스일 때보다 크루를 모집해 일부러 찾아와 작정하고 달리는 코스가 되니 러닝화, 러닝웨어에 더 신경 쓴 이들이 눈에 많이 띈다. 러닝화 전문 브랜드인 온, 호카, 아식스 등을 신은 이들이 확 늘어난 듯하다. 사실 트렌드는 거창한 분석이 아니어도, 일상에서 접하는 반복되는 상황에서도 변화를 감지할 수 있다.

인스타그램에서 해시태그 #러닝 게시물은 358만 개다. #런스타그램 121만 개, #러닝스타그램 52만 개, #러닝크루 59만 개, #런닝 68만 개 등이고, 러닝화(런닝화) 관련 게시물도 수십만 개다. 사실 러닝

열풍은 국내뿐 아니라 전 세계적인 트렌드다. 인스타그램에서 #running는 9500만 개, #runner 3081만 개, #runners 1394만 개, #runningmotivation 1131만 개, #runhappy 1069만 개, #runningcommunity 548만 개, #runninggir 535만 개, #runnerslife 380만 개, #runninglife 253만 개 등이고, #marathon 1402만 개, #jogging 541만 개 등이다. 달리기 관련 게시물을 주요 언어별로 다 합치면 아마 수십억 개가 될 것이다. 한국이나 전 세계나 모두 러닝 열풍이다. 덕분에 러닝화 전문 브랜드는 역대급 실적을 기록 중이고, 주가도 고공행진을 하고 있다. 이런 상황에서 러닝 챌린지도 계속 늘어나 새로운 운동 챌린지로 이어진다. 챌린지가 문화가 된 시대에 운동도 챌린지의 주류 소재가 되고 있다는 것은 우리가 운동홀릭을 더 많이 겪을 것이라는 의미도 된다. 피트니스, 테니스, 러닝 등에 이어 새로운 운동이 계속 트렌드로 부상할 것이다. 오늘날 운동은 확실히 실용적이면서도 과시적이고 즐거운 요소가 되었다.

9장

자신의 죽음을 디자인하는 사람들, Well-Dying & Last Dance

어떻게 살 것인가만큼
어떻게 기억될 것인가도 중요하다!

Life_Trend_2025
#죽음 디자인하기 #웰다잉 #라스트 댄스 #장례식 디자인 #하카토모 #무덤 친구
#죽음 #명상 #마음챙김 #종활 산업

이제 자신이 맞을 죽음에 대해 자신이 직접 주도적으로 준비하는 사람들이 늘어가고 있다. '어떻게 살 것인가'만큼 '어떻게 죽을 것인가'도 중요하기 때문이다. 출생에 대한 트렌드만큼 죽음에 대한 트렌드도 변화하고 있다. 2025년 웰다잉 이슈가 우리에게 어떤 변화와 기회를 선사할지 주목해보자.

죽음. 누구나 예외 없이 한 번은 맞는다. 과거에는 죽음을 금기시하며 무겁고 부정적으로만 대했다. 그런데 이제 자신이 맞을 죽음에 대해 자신이 직접 주도적으로 준비하는 사람들이 늘어간다. '어떻게 살 것인가'만큼 '어떻게 기억될 것인가'도 중요하기 때문이다. 한국의 2023년 기준 연간 사망자 수는 35만 명, 출생아 수는 23만 명 정도다. 돌잔치보다 장례식이 1.5배가량 많은 나라다. 아마 이 비율은 점점 높아질 것이다. 장례식은 계속 늘어가고, 돌잔치는 계속 줄어들 것이 확실하기 때문이다. 연간 사망자 수가 2020년 처음으로 30만 명 선을 넘은 이후, 수년간 30만 명 중반대(2022년 37만 명으로 역대 최대)를 이어가고 있는데, 미래로 갈수록 연간 사망자 수에서 최대치 기록은 계속 경신될 것이다. 베이비붐세대가 본격적으로 사망하는 시기가 되면 40만 명대를 넘어설 것이다. 1970년대부터 2019년까지 연간 사망자 수는 20만 명대였다. 30만 명대에 접어든 지 몇 년 안 되었지만 벌써 30만 명 중반대를 쉽게 넘는다. 그만큼 우리 사회에서 죽음, 장례식에 대한 관심, 욕망, 관련 산업도 역대 최고로 커지고 있는 중이다. 《라이프 트렌드 2019: 젠더 뉴트럴》에서 '라이프 트렌드가 죽음을 말하다: 생전 장례식과 웰다잉'을 다루며, 죽음을 둘러싼 트렌드 변화에 대해 이야기했다. 그 연장선상에서 5년 만에 다시 죽음을 트렌드 이슈로 다룬다. 세상에는 늘 탄생과 사망이 이어지지만, 출생에 대한 트렌드만큼 죽음에 대한 트렌드도 변화하고 있다. 특히 일본에서 우리보다 먼저 활발히 전개되고 있는 죽음에 대한 대비, 욕망, 산업의 변화는 우리가 겪을 미래를 먼저 보여주는 좋은 사례다.

자신의 장례식을 디자인하다: 당신도 사카모토 류이치처럼?

▼

자신의 장례식에서 어떤 음악이 나오면 좋을까? 음악 좋아하는 사람이라면 이것을 진지하게 고민할 수 있고, 직업이 음악가라면 더더욱 진지한 일이 될 것이다. 사카모토 류이치(1952~2023)는 《funeral》(장례식)이라고 이름 붙인 음악 플레이리스트를 만들었다. 음악적으로 오래 교류했던 알바 노토의 〈Haloid Xerrox Copy 3 (Paris)〉를 첫 곡으로 시작해, 자신이 좋아한 아티스트인 엔니오 모리코네, 빌 에번스, 로렐 헤일로, 니노 로타, 클로드 드뷔시 등의 작품을 포함한 총 33곡을 담았다. 재생 시간은 다 합쳐 2시간 30분이다. 이 플레이리스트는 그가 세상을 떠나고 공개되었다. 실제로 그의 장례식에서도 사용되었고, 그를 좋아하는 전 세계 수많은 이들이 이 플레이리스트를 들으며 그를 추모했다.

funeral
Ryuichi Sakamoto
(+) Save on Spotify

PREVIEW

1	Haliod Xerrox Copy 3 (Paris) alva noto	11:17
2	Thème de Camille Georges Delerue	02:31
3	Romanzo Ennio Morricone	04:08
4	La chanson d'Eve, Op. 95: No. 10, O mort, poussière d'ét... Gabriel Fauré, Sarah Connolly, Malcolm Martineau	02:38

사카모토 류이치 일본의 작곡가이자 피아니스트로 세계적 인지도를 가진 뮤지션이다. 1983년 영화〈전장의 크리스마스戰場のメリークリスマス, Merry Christmas Mr. Lawrence〉에서 영국 뮤지션 데이비드 보위와 공동 주연과 OST를 맡았다. 아카데미 시상식에서 9개 부문을 수상한 영화〈마지막 황제〉(1987)에서도 비중 있는 역할을 맡았고, OST로 아카데미 음악상을 받았다. 1992년에는 바르셀로나 올림픽 테마곡을 맡기도 했다. 리어나도 디캐프리오 주연의 영화〈레버넌트: 죽음에서 돌아온 자The Revenant〉(2015)를 비롯해 다수의 영화, 드라마의 OST 작업을 했다. 뮤지션이자 배우로 탁월한 성과를 낸 그는 심지어 팝 밴드로까지 영역을 확장했다. 1978~1983년 호소노 하루오미, 다카하시 유키히로와 3인조 J팝 밴드 YMOYellow Magic Orchestra를 만들어 활동하며 일본과

해외에서 인기를 얻었다. 인기는 아이돌 급인데 나이는 조금 있다보니 귀여운 아저씨들로 불렸다고 한다. 이들은 일본 경제 버블 최전성기에 만들어져 전폭적 투자를 받은 일본 최초의 슈퍼스타이자 모두 일본 대중 음악계의 올타임 레전드로 불린다. 이처럼 천재적인 뮤지션인 사카모토 류이치는 한 예술가가 누릴 수 있는 모든 영광을 다 누렸다고 해도 과언이 아니다. 그는 환경과 평화 관련 사회 활동도 오랜 기간 해왔는데, 후쿠시마 원전 사고 이후 반핵 운동에 더 적극 나섰다. 2021년 사카모토는 암 투병 사실을 공개했고, 투병 중에도 음악 활동은 계속되었다. 2023년 3월 세상을 떠나기 전 1월에 마지막 앨범을 발표했고, 자신의 장례식에서 사용될 플레이리스트도 준비했다. 그의 플레이리스트는 평생 음악을 만들고, 음악을 듣고, 음악을 사랑해온 사람이 친구와 가족, 팬들에게 남긴 선물이었다. 과거에는 장례식을 어떻게 치를지는 유족의 몫이지, 당사자는 전혀 개입할 문제가 아니라고 생각했다. 하지만 이제 자신의 장례식을 스스로 디자인하고 기획하는 사례가 미국, 유럽, 일본을 중심으로 늘고 있다. 이것은 소수가 추구하는 그들만의 이벤트이자 현상이 아니라, 보편적 문화로 확산될 가능성이 아주 높다는 뜻이다. 즉 자신의 장례식을 스스로 디자인하는 것이 트렌드가 되는 것이다.

자신의 결혼식을 스스로 디자인하고, 주도하는 것은 당연하다. 근데 지금 결혼식에 쏟았던 사회적 에너지와 돈이 장례식에 쏟을 에너지와 돈으로 전환되고 있다. 고령화 시대는 재산을 자식에게 물려주지 않고 자신의 노후를 대비하는 용도로 활용하는 시대다, 그러니 장례식도 자식이 치러주는 것에서 자신이 설계하고 치르는 것으로 인식이 바뀌는 것은 어쩌면 당연할지 모른다. 그리고 무엇보다 출생이나 돌잔치에는 자신의 의지나 행동이 개입되지 않지만, 장례식은 다르다. 장례식은 자신의 의지로 자신의 취향에 맞추어 준비할 수 있는, 자신이 개입할 수 있는 일이다. 스스로 호스트가 되어 미리 계획해두고 친구나 유족에게 '기억되고 싶은' 모습으로 작별 인사를 하는 것이다. 자신의 장례식에서 어떤 음악을 틀지, 어떤 사진을 걸지, 어떤 음식을 내놓을지, 어떤 꽃을 쓸지, 어떤 당부와 감사의 말을 남길지 등을 스스로 결정하는 것이다. 평소 자신의 소신, 가치관대로 치르는 장례식을 마다할 사람은 없지 않을까.

요즘은 관도 '에코관'을 쓰는 이들이 있다. 친환경 차원에서 종이로 만든 관인데, 겉으로는 나무관처럼 보인다. 화학 접착제나 페인트를 사용하지 않고, 화장할 때 연소 에너지를 반으로 줄일 수 있으며, 목관을 태우는 과정에서 발생하는 이산화탄소도 줄일 수 있다. 종이 재질이지만 고급 소재라 오히려 나무관보다 비싸다. 20여 년 전 처음 선보였는데, 자신의 죽음에 '친환경'을 적용하고 싶은 사람이라면 선택할 수 있다. 화장이 보편화되어 어떤 관이든 결국 태워진다. 관의 용도가 매장이 아니라 화장이 되어버린 시대에 에코관의 수요는 늘어날 여지가 크다. 이처럼 자신의 죽음을 스스로 디자인한다면, 어떤 관에 들어갈지, 어떤 수의를 입을지, 어떤 장례 방식을 선택할지 등 모든 과정에서 자신의 '취향'이나 '가치관'을 반영하게 될 것이다.

함께 묻힐 친구 하카토모
: 일본의 무덤 친구 문화는 왜 생겼고, 한국에서도 가능할까?

▼

일본어 하카토모墓友(묘우)는 무덤 친구를 일컫는다. 이혼했거나 자식이 없는 노인, 평생 미혼으로 지낸 독신 노인 등 고독사, 고립사에 대한 걱정이 많은 사람들이 있다. 이들은 자신이 죽고 나면 누군가 자신의 장례식을 간소하게나마 치러주기를 원한다. 그리고 사후에 무덤을 돌볼 자식이나 가족이 없거나, 누군가에게 폐나 부담을 끼치기를 원치 않는 이들은 합장묘(대부분 납골료, 공양료를 내면 사후 유지비를 따로 받지 않는다)를 선택한다. 비용을 나누어 내니 혼자 묻히는 것보다 상대적으로 저렴하다. 이런 이들이 아니더라도 자식에게 경제적 부담을 주지 않으려는 노인들이 합장묘를 선호하고 있다. 누군지 전혀 모르는 사람과 묻히는 것이 아니라 생전에 합장묘에 함께 묻힐 사람을 정해 미리 친구처럼 지내는 것이 하카토모다. NHK 보도에 따르면, 효고현의 고령자 생활협동조합은 고베시에만 2개의 합장묘 시설을 운영 중인데, 10여 년 전부터 합장묘 선택자들의 요청으로 연 2~3회 정도 서로 만나는 모임을 주선했다고 한다. 처음에는 절반 정도 참석했는데, 지금은 90퍼센트 정도 참석한다고 한다. 합장묘를 선택한 모두가 하카토모와 생전에 친하게 지내려고 애쓰는 것은 아니지만, 적당한 거리를 유지하는 느슨한 연대는 보편적이다. 우리는 어떤 식으로든 사람과 관계를 맺는다. 술 친구, 밥 친구뿐만 아니라 게임 친구, 영화 친구, 책 친구도 있다. 그런 점에서 무덤 친구도 충분히 가능한 친구의 유형이다. 물론 일본처럼 한국에서도 합장묘가 확산될지는 미지수지만, 사후 무덤이나 납골당을 돌봐줄 후손이 없거나, 있어도 부담을 지우기 싫은 이들에게 합리적 선택지가 될 가능성은 충분하다.

화장한 유골을 같은 무덤에 합장하는 것은 모르는 사람과 임의로 이루어지는 것만이 아니다. 원래부터 알던 친한 사람끼리 합장묘를 선택하기도 하고, 일본 도치기현의 고령자용 주택의 경우는 입주자 전용 합장묘가 설치되어 있기도 하다. 초고령자를 위한 실버타운이라면 장례까지 연결된 서비스를 하는 것도 합리적일 수 있다.

일본 총무성에 따르면, 일본의 65세 이상 노인의 수는 3623만 명(2023. 9. 기준)으로 전체 인구 중 29.1퍼센트다. 75세 이상 노인 수는 2005만 명이고, 80세 이상은 1259만 명, 심지어 100세 이상도 9만 2000명이 넘는다. 모두 역대 최대치다. 이 중 80세 이상은 '죽음'이 당면한 현실 문제가 된다. 일본 정부는 2021년 고독, 고립 담당 대책실을 출범시키고, 관련 장관도 임명했다. 전 세계에서 가장 늙은 나라라고 해도 과언이 아닌 일본은 정부, 지자체가 적극 나서서 고독사, 고립사 문제를 풀 수밖에 없고, 합장묘와 하카모토는 현실적 대안 중 하나로 각광받고 있다. 하카토모가 점점 늘어나면서 일본 지자체나 관련 기업들은 하카토모 교류를 활발하게 유도하기도 한다.

2023년 기준 일본의 연간 사망자 수는 157만 9000명으로 역대 가장 많았고, 출생아 수는 72만 9000명으로 역대 가장 적었다. 우리보다 인구가 2.5배 이상 많은데, 연간 사망자 수는 우리보다 4.5배 많다. 일본은 한국보다 사망자 수가 훨씬 많은 사회, 즉 장례와 죽음에 대한 욕망, 소비, 경험치가 훨씬 많은 사회다. 우리나라도 사망자 수는 역대 최대 수준이다. 장례식과 장례 문화가 과거에 비해 간소하게 바뀌고 있고, 합리적·실용적 접근이 장례와 죽음을 바라보는 태도와 욕망에서도 확산되고 있다.

자식에게 부담을 주지 않으려는 노인이 많다. 후손들이 계속 무덤을 관리해줄 것이라는 보장도 없다. 그러다보니 사후 유지, 관리가 별로 필요 없는 방식이 선호될 수 있다. 일본에서 합장묘가 대두된 것도 이런 배경이 작용했다. 일본에서는 벚꽃장도 활발하다. 벚나무를 중심으로 만든 정원 형태의 공동묘지로, 유골을 벚나무 아래 묻는다. 이것도 수목장 형식의 합장묘다. 국내에서 수목장은 확산 추세다. 이제 한국에서도 합장묘, 무덤 친구 문화를 받아들이거나, 실버타운, 고령자용 주택 등에서 합장묘나 장례식 시설을 설치하는 것도 받아들일 여지가 크다. 분명한 것은 살아 있을 때 죽음을 준비하고, 그에 따른 선택을 하는 이들이 늘어간다는 사실이다. 장례는 남아 있는 이들의 몫이 아니라 본인의 몫이라 여기는 사람들이 늘어가는 것이 오늘날의 트렌드다.

Death Meditation, 마음챙김의 새로운 트렌드

▼

'죽음 명상Death Meditation'은 죽음을 상상하는 명상이다. 불교의 수행 방법인 '마라나사티Maranasati'에서 시작한 명상 방식이다. '마라나 marana'는 '죽음死'이고 사티sati는 '마음챙김念'이다. 그래서 '사념死念'이라고도 한다. 죽음을 부정적인 것에서 인생의 자연스러운 과정으로 받아들이는 것이다. 죽음에 대한 두려움을 덜어내고, 삶에 대한 집착도 덜어내는 명상이다. 죽음 명상을 통해 죽음은 누구에게나 찾아오는 일이라는 사실을 자연스럽게 받아들이고, 평안과 고요를 찾는다. 불교에서 죽음은 영원한 이별이 아닌 새로운 출발이다.

'마음챙김' 또는 '마인드풀니스'는 전 세계적으로 널리 유행하는데, 특히 2010년대 들어 실리콘밸리 테크 기업들이 적극 받아들이고 확산시켰다. 테크 기업들은 치열한 경쟁 속에서 성과 스트레스를 받는 경영자나 임직원을 위해 마인드풀니스를 복지 차원에서 도입하고 지원해주었다. 테크 기업의 리더를 비롯해 업계 종사자들 사이에 널리 퍼져나가고, 전 세계 기업들로도 확산되면서 자연스럽게 마인드풀니스는 스트레스 관리법이자 심리 치유법으로 자리 잡았다. 석가모니의 수행 방법이었던 '위파사나Vipassanā'를 영어로 마인드풀니스라 하고, 우리나라에서는 마음챙김(알아차림)이라 번역한다. 불교의 수행 방법에 현대의 심리학, 정신의학을 결합해 마음챙김 명상이 만들어졌고, 이제는 종교를 넘어 보편적 문화가 되었다. 특히 팬데믹을 기점으로 불안해진 사람들에게서 더 확산되었고, '몸챙김'이라는 의미로 '바디풀니스Bodyfulness'도 대두되었다. 그런 점에서 신체 건강과 정신 건강 모두를 의미하는 '웰니스'와도 연결된다. 마인드풀니스나 웰니스 모두 잘 살아가자는 의미로 시작했는데, 이제 죽음을 대하는 태도 또한 살아있는 동안 잘 살아가기 위해 필요하다고 여기는 이들이 늘어나고 있다. 질병이 있거나, 사고를 당하거나, 주변 사람을 떠나보낸 경험이 있는 사람에게는 죽음에 대한 두려움이 커질 수 있는데, 과도한 두려움이 오히려 현재 삶을 방해하기도 한다. 우리는 살아 있는 동안 더 잘 살기 위해서도, 죽음에 직면하는 순간 당황하거나 후회하지 않기 위해서도 죽음에 대한 마음챙김이 필요한 것이다. 외면한다고, 숨긴다고 죽음과 무관한 인생이 되는 것은 아니다. 죽음을 대하는 인식과 태도 전환을 원하는 이들이 늘어나고, 죽음 명상이 확산되어간다는 것은 오늘날 죽음을 대하는 욕망과 태도가 전환되고 있다는 증거다.

일본은 왜 종활이라는 말을 만들고, 종활 산업을 키웠을까?

▼

일본은 2005년 초고령 사회에 진입했다. 80대 이상만 1230만 명정도이고, 매년 사망자만 140만 명이 넘는다. 죽음을 접할 기회가 아주 크게 늘어난 사회가 일본이다. 한국은 2025년 초고령 사회에 진입한다. 우리도 매년 사망자 수는 계속 증가한다. '종활終活'은 2009년 일본《주간아사히週間朝日》가 장례나 장묘, 죽음 준비와 인생 마무리 등을 다룬 연재 기사에서 처음 사용한 말로 이후 자리 잡아서 널리 쓰이고 있다. 종활은 '마지막 활동'이라는 뜻이고, 일본어로는 '슈카쓰'라고 부른다. 특히 일본에서는 2011년 2만 명이 사망한 동일본 대지진을 계기로 종활, 웰다잉 등 죽음에 대한 사회적 관심이 고조되었는데, 관련 단체도 등장하고, 관련 교육도 생겨났다. 종활이 하나의 산업으로 성장하게 된 것이다. 시작은 장례식이나 장묘 등이었지만, 이후 상속, 재산정리, 연명 치료, 간병, 유품 정리 등으로 확장되었고, 2015년부터는 ENDEXEnding Expo(엔딩 산업전)이 열리기 시작했다. 당시 200개 관련 기업이 전시에 참여하고, 2만 명이 방문하는 등 종 활이 가진 비즈니스적 가치, 산업적 가능성이 확인되었다. ENDEX JAPAN은 일본 최대의 장례, 장묘, 추모 관련 전시로 자리 잡았다. 일본 최대 전시장인 도쿄 빅사이트에서 열리며, 전 세계에서 250개 이상의 관련 기업이 참가하고 있다. 2024년 8월에 ENDEX JAPAN 2024가 역대 최대 규모로 열렸다.

일본에서 종활과 엔딩 산업은 매년 역대 최대를 경신하고 있는데, 이것은 결코 남의 나라 이야기가 아니다. 어쩌면 일본의 현재가 한국이 겪을 미래일 수 있다.

또한 일본에서는 생전에 자신의 사후에 필요한 모든 것을 미리 계약해두는 '생전계약'이 독거 노인들에게 확산되기 시작했다. 일본 최대 유통기업 이온AEON은 2016년부터 독거 노인을 대상으로 '이온라이프' 서비스를 시작했는데, 가족 대신 신원 보증인이 되어주고, 긴급 입원 시 절차를 대행해주는 등의 서비스를 제공한다. 미쓰이스미토모신탁은행은 2020년 4월부터 '1인 신탁'이라는 생전계약 신탁 상품을 출시했는데, 돌봐줄 가족이나 친인척이 없고 경제적 여유가 있는 고령 독신자가 주요 고객이다. 이처럼 일본에서는 독거 노인을 위한 다양한 종활 서비스 상품이 계속 만들어지고 있다. 기업들의 서비스 상품뿐 아니라, 지자체도 적극 종활 서비스를 지원하고 있다. 과거에는 일본에서 유행한 트렌드가 한국에서도 통하는 경우가 많았는데 지금은 그 수가 많이 줄어들었다. 그런데 종활, 장례 관련 트렌드는 한국에서도 통할 것이 꽤 많다. 초고령화 사회가 눈앞에 닥친 우리도 관련 서비스 수요는 계속 늘어날 수밖에 없고, 정부와 지자체에서도 적극 대응에 나서야 할 것이다.

10장

본격적
Climateflation 시대
&
소비 대상이 된 heirloom

의식주 트렌드를 바꾸는 이상 기후,
결국 머니 트렌드가 바뀐다

Life_Trend_2025

#기후플레이션 #기후 위기 #기후 인플레이션 #이상 기후 #기후 변화 #에어룸 #
에어룸 베지터블 #고대 작물 #자급자족 #비건

2021년 기후플레이션이라는 신조어가 등장했다. 사실 그 이전에도 기후 인플레이션 개념은 이미 존재했다. 기후 위기가 심화될수록 식량 생산량 감소와 그에 따른 가격 폭등은 불가피한 일이었는데, 2023~2024년을 거치면서 더 심각한 문제로 대두되었다. 2025년, 기후플레이션은 우리의 일상에 더 큰 영향을 줄 것이다.

기후climate와 인플레이션inflation(고물가)의 합성어인 '기후플레이션Climateflation'이라는 신조어는 2021년에 등장해 쓰이기 시작했는데, 2022년 2월 러시아가 우크라이나를 침공하며 전면전을 일으킨 이후 전 세계적으로 에너지 인플레이션 문제가 심화된 상태에서 더 널리 퍼졌다. 2022년 3월 유럽중앙은행ECB의 'The ECB and Its Watchers XXII' 콘퍼런스에서 이사벨 슈나벨 유럽중앙은행 집행이사회 위원의 연설 제목에 쓰이기도 했고, 2023년 7월 BBC 〈뉴스나이트Newsnight〉 프로그램에서 신조어로 소개되기도 했다. 사실 기후플레이션이라는 신조어를 만들어내기 전에도 기후 인플레이션climate inflation은 이미 존재하는 개념이었다. 기후 위기가 초래할 영향 중 인플레이션은 오래전부터 예측했던 부분이었고, 기후 위기가 심화될수록 식량 생산량 감소와 그에 따른 가격 폭등은 불가피한 일이었는데, 2023~2024년을 거치면서 점점 더 심각한 문제로 대두되었다. 그리고 2025년, 이 문제는 우리의 일상에 더 큰 영향을 줄 것이다.

Climateflation은 이제 시작이다
: 초콜릿과 오렌지주스 가격 급등

▼

지금 우리는 역사상 가장 비싼 초콜릿의 시대를 맞이했다. 아래 그래프는 초콜릿 주원료인 코코아콩 선물先物 가격 추이다. 하나는 최근 10년간(2014. 8~2024. 8)의 추이, 다른 하나는 지난 65년간(1959. 7~2024. 8)의 추이다. 그래프에서 점선으로 표시한 기간이 최근 2년(2022. 8~2024. 8)인데 역대 최고치다. 최근 2년간 얼마나 코코아콩 가격이 급등했는지, 그래프가 수직 상승하는 듯하다. 이렇게 된 가장 큰 요인은 이상 기후다. 코코아콩은 서아프리카 지역에서 전 세계 생산량 중 3분의 2가량을 생산한다(코트디부아르 40~42퍼센트, 가나 20~22퍼센트). 2023년 서아프리카 지역 강수량이 지난 30년 평균치보다 2배 이상 많았고, 폭우로 인한 곰팡이로 전염병이 확산되어 수확량이 급감해 수요보다 공급이 부족해졌다. 이상 기후 자체를 해결하기는 매우 어려우므로, 변화한 기후 환경에도 버틸 수 있는 품종 개량이나, 병충해 관리에서 답을 찾는 것이 현실적 과제인데, 이마저도 쉬운 일이 아니다. 이상 기후와 병충해 문제는 단기간 해결이 불가능하기에 향후에도 공급 부족이 계속될 수 있다.

우리는 역사상 가장 비싼 오렌지주스의 시대도 맞고 있다. 아래 그래프는 냉동 농축 오렌지주스의 선물 가격 추이다. 하나는 최근 10년간(2014. 8~2024. 8)의 추이, 다른 하나는 지난 47년간(1977. 7~2024. 8)

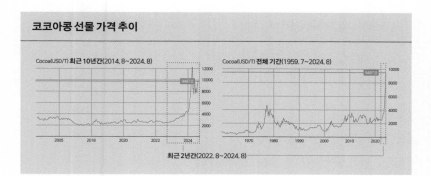

코코아콩 선물 가격 추이

Cocoa(USD/T) 최근 10년간(2014. 8~2024. 8)

Cocoa(USD/T) 전체 기간(1959. 7~2024. 8)

최근 2년간(2022. 8~2024. 8)

의 추이이다. 그래프에서 점선으로 표시한 기간이 최근 2년(2022. 8~2024. 8)으로 역대 최고치다. 긴말 필요 없이 그래프만 보더라도 우리가 얼마나 기후플레이션을 겪고 있는지 실감할 수 있다.

　오렌지주스 가격 급등의 원인도 이상 기후다. 브라질, 미국, 스페인 등 주요 오렌지 생산지 모두 이상 기후를 겪으면서 2022년부터 가격 급등이 본격화되었다. 미국 플로리다주에는 한파가 닥치고, 브라질은 평균 기온이 낮아지고 강우량도 적어지면서 타격을 받았다. 더 심각한 것은 이런 상황 속에서 퇴치가 불가능한 감귤녹화병citrus greening disease(황룡병)이라는 과수병이 확산되고 있다는 사실이다. 한번 발병하면 나무를 제거해야만 해서 생산량 감소가 불가피한데, 이는 일시적으로 해결될 문제가 아니다. 미국에서도 감귤녹화병을 겪었다. 오렌지 생산 세계 1위 브라질, 2위 미국 모두 이상 기후로 인한 타격, 병충해로 인한 타격에 시달리고 있다. 국제과채주스협회IFU에 따르면, 글로벌 오렌지주스의 70퍼센트를 생산하는 브라질의 2024년 오렌지 수확량은 전년 대비 24퍼센트 감소해 32년 만에 최저치가 될 것으로 전망된다.

냉동 농축 오렌지주스 선물 가격 추이

Orange Juice(USD/Lbs) **최근 10년간(2014. 8~2024. 8)**

Orange Juice(USD/Lbs) **전체 기간(1977. 7~2024. 8)**

최근 2년간(2022. 8~2024. 8)

미국 플로리다주는 2023년 오렌지 수확량이 전년 대비 62퍼센트 감소했는데(플로리다주의 오렌지 농장 면적은 1998년 대비 54퍼센트 감소한 상태다), 2024년에도 비슷한 작황을 보일 것으로 전망되고 있다. 스페인도 수확량이 전년 대비 14.4퍼센트 감소할 전망이다. 오렌지주스 공급은 더 줄어들고, 가격은 더 올라갈 가능성이 크다.

이런 일은 오렌지, 초콜릿에 그치지 않고, 커피나 다른 작물로도 계속 번져간다. 이상 기후에 따라 농작물은 타격을 받고, 이 문제를 해결하기 위해 바뀐 기후에 맞는 새로운 품종을 개발하거나 병충해 해결책을 세워야 하지만, 결코 쉽지 않다. 우리는 그동안 즐겨왔던 기호품을 포기하거나, 아니면 아주 비싼 값으로 소비해야 한다. 그나마 기호품이라면 선택이라도 할 수 있지만, 식량 필수 자원에 해당하는 농작물이라면 선택의 여지도 없이 비싼 값을 치러야 한다. 특히 농산물을 수입에 과하게 의존하는 나라일수록 이 문제는 더 심각해진다. 한국에서는 2023년에 겪은 사과 값 폭등의 대안으로 2024년 들어 해외에서 과일 수입이 늘었고, 그동안 수입하지 않던 사과에 대해서도 수입 논의가 진전되었다. 수입으로 문제를 푸는 것은 단기적 대응일 뿐, 식량과 농산물에 대해서는 장기적 대응 차원에서 자급률을 높이는 것이 중요하다. 그런데 한국은 자급률이 아주 낮은 나라다. 따라서 기후플레이션으로 인한 밥상 물가 타격을 더 자주 받을 것이고, 이것은 돈의 문제로만 끝나지 않을 수 있다.

토마토가 사람 잡고, 스리라차 소스가 암거래된다?

▼

인도인의 식생활에서 토마토는 빠질 수 없는 식재료다. 그런데 2023년 3~5월 인도의 토마토 주 생산지에 홍수 피해가 생기면서 토마토 생산에 타격을 받았고, 이로 인해 토마토 품귀 현상이 2023년 내내 벌어졌다. 토마토 가격이 5배나 올라, 인도의 맥도날드에서는 토마토를 빼고 햄버거를 만들기도 했다. 심지어 토마토 도둑이 급증하고 살인 사건까지 발생한다. 토마토를 노린 도둑들이 늘어나자 농부들이 토마토 농장을 밤낮 지키게 된다. 이 과정에서 농부가 살해되는 토마토 강도, 절도 사건이 종종 발생한다. 계절적 요인이면 일시적이고 예측 가능할 수 있겠지만, 이상 기후는 예측이 쉽지 않고, 더 빈번히 발생한다. 기존의 농작물은 달라진 기후 환경에 빠르게 적응하지 못한다. 병충해가 더 늘고 수확량이 줄어드는 것은 언제든 반복될 일이다.

영국도 토마토 품귀 현상을 겪었다. 2023년 2월, 영국 최대 슈퍼마켓 체인에서는 1인당 구매 수량을 3개로 제한했고, 다른 유통업체에서는 1인당 2개로 제한하기도 했다. 수요는 많은데 공급은 적다보니 불가피하게 구매 제한을 한 것인데, 이마저도 금세 다 팔리기 때문에

채소 매대가 비어 있는 경우가 많았다. 토마토뿐 아니라 오이, 양상추 등 채소가 전반적으로 품귀를 겪었다. 겨울에 채소 재배는 온실에서 하는데, 2022년부터 에너지 비용이 크게 상승하면서 농가가 수지타산이 맞지 않아 재배가 어려워졌고, 이에 생산량 감소가 발생한 것이다. 아울러 영국은 겨울에는 신선채소를 수입에 절대적으로 의존하는데, 주로 수입하던 나라들인 스페인은 한파, 모로코는 물난리 등으로 생산량이 급감했다. 영국은 더 이상 EU 회원국이 아니라서 유럽 전체가 겪은 채소 생산량 감소와 그에 따른 수급 문제를 훨씬 더 심하게 겪었다. 신선 채소는 장기 보관이 안 되기에 이상 기후에 따른 가격 폭등과 품귀 현상을 더 쉽게 겪는다. 이상 기후는 그냥 덥고 춥고의 문제로 끝나는 것이 아니다. 그로 인해 기존의 농산물 재배 환경에서 투입되는 비용이 크게 늘어나거나, 병충해가 심하게 발생하거나, 경작지가 가뭄, 홍수 등으로 황폐화되는 등 모두 실질적 손해로 이어지기 때문이다. 바로 돈의 문제로 직결된다.

미국에서 가장 많이 팔리는 소스는 스리라차Sriracha인데, 재료는 할라페뇨 고추다. 2023년 스리라차 소스 가격이 10배 폭등하는 일이 생기고, 일부 품귀 제품은 암거래까지 이루어졌다. 원인은 할라페뇨 고추 주 생산지인 캘리포니아주와 뉴멕시코주에서 이상 기후 때문에 생산량이 급감했기 때문이다. 수년째 가뭄을 계속 겪어왔는데 2023년은 더 심했다. 수요는 계속 늘어가는데, 원재료 확보를 원활히 하지 못해 생산은 오히려 줄어든 것이다. 스리라차 소스가 주도한 매운맛 시장의 확대가 라면을 비롯한 한국의 매운 음식에는 긍정적 작용을 했다고 해도 과언이 아니다. 매운맛에 익숙해지는 소비자가 점점 늘어나고 있기에, 한국의 고추장, 김치 등을 비롯한 매운맛 식품이 미국에서 시장을 확대해가고 있다. 할라페뇨 생산량 감소와 스리라차 소스 공급 부족이 K푸드 시장에 어떤 영향을 줄지 계속 지켜볼 필요가 있다. 스리라차 소스 가격은 2024년에도 고공행진을 이어갔는데, 스리라차 소스 업체 중 1위 업체인 후이퐁 식품에서 할라페뇨 재고가 없어 5월에서 9월 초까지 생산을 중단했기 때문이다. 9월 초 할라페뇨 수확 철이 되어서야 생산을 재개할 수 있었다. 이상 기후는 앞으로도 계속되고, 더 심해질 가능성이 높으므로, 스리라차 소스의 품귀 현상이나 가격 폭등은 언제든 발생할 수 있는 일이다. 비싸면 안 먹으면 되지 않느냐고 할지 모르지만, 적어도 익숙한 식문화를 돈 때문에 바꾸어야 하는 것은 가혹한 일이다. 부자는 이런 일을 겪지는 않을 테니, 결국 기후플레이션은 서민이 가장 먼저, 가장 광범위하게 겪을 문제다.

기후플레이션은 남의 나라 이야기가 아니다. 통계청이 발표(2024. 4)한 〈3월 소비자물가 동향〉에 따르면, 과일의 물가지수는 2023년 3월 대비 40.9퍼센트 상승했다. 이는 2023년 봄에 발생한 냉해, 여름에 발생한 탄저병, 우박, 태풍 등 기상이 미친 영향이 크다. 특히 2023년 8월에 14.3퍼센트 상승했고, 9월부터 2024년 1월까지 20퍼센트대, 2024년 2~3월에 40퍼센트대 상승률을 기록했다. 인플레이션의 주범 중 하나가 기후 위기라고 해도 과언이 아닌 셈인데, 밥상 물가의 변화를 한국인도 몸소 겪고 있다. 기후플레이션에는 국내에서 생산되는 과일, 채소 물가만 해당하는 것이 아니라, 초콜릿과 오렌지주스, 커피 등 해외에서 수입되는 원자재를 가공하는 식품 물가도 해당된다. 결국 물가를 잡기 위해서라도 기후 위기 대응이 중요한데, 농업 정책 변화도 필요하고, 기후플레이션에 가장 큰 타격을 받을 서민을 위해 정부에서는 관련 대응책, 지원책도 마련할 필요가 있다. 그리고 밥상 물가는 밥상에만 국한되는 이야기가 아니다. 밥상 물가 때문에 금리가 오를 수 있고, 이는 부동산 시장에 영향을 미칠 수도 있다. 너무 극단적인 이야기 같겠지만, 그렇지 않다. 인플레이션 발생은 각 국가의 통화 정책에 영향을 준다. 기후 위기로 밥상 물가가 올라가 인플레이션이 심화되면, 이에 대응하기 위해 각국 중앙은행은 통화 정책을 써야 하고, 이 과정에서 과도한 통화 긴축이 발생할 경우 심각한 경기 침체가 유발될 위험도 있다. 실제로 2024년 5월 IMF 연구진이 작성한 보고서인《기후와 통화 정책의 연계성: 중동과 중앙아시아에서 나온 증거The Nexus of Climate and Monetary Policy: Evidence from the Middle East and Central Asia》에 이런 주장이 나온다. IMF는 2013~2022년까지 중동과 중앙아시아 17개국의 소비자물가지수CPI 및 식료품 물가와 금리, 기후의 상관관계를 연구해 이런 주장을 하고 있다. 기후 위기는 단지 '기후' 자체의 문제가 아니라, 우리의 의식주와 경제, 투자, 나아가 우리의 모든 생활 영역에 도미노처럼 연쇄적으로 영향을 미친다.

기후로 인한 인플레이션, 결국 우리는 돈으로 대가를 치러야 한다

▼

2024년 3월 《네이처》에 실린 논문 〈인플레이션 압력을 강화하는 지구 온난화와 극심한 더위Global warming and heat extremes to enhance inflationary pressures〉는 지구 평균 기온 상승과 이상 기후가 전 세계적으로 식품 및 상품 가격 상승에 영향을 미치고 있다는 내용을 다루었다. 1996년부터 2021년까지 선진국과 개발도상국 121개 국가의 월별 가격 지수 관측치 2만 7000개와 고해상도 기상 관측치를 통합 분석했다. 그 결과 향후 10년간 식품 물가가 연평균 1~3퍼센트포인트 상승할 수 있고, 2035년까지 이 추세가 더 심해져 30~50퍼센트가량 인플레이션을 불러올 것이라고 예측했다. 이 논문은 포츠담기후영향연구소Potsdam Institute for Climate Impact Research의 기후학자 막시밀리안 코츠Maximilian Kotz와 유럽중앙은행의 수석 이코노미스트인 엘리자 리스Eliza Lis 등이 공저했다. 기후 인플레이션은 저위도 국가에서 가장 클 것이라고 밝혔는데, 이미 덥고 따뜻한 지역이라 온도가 조금만 올라가도 작물과 노동 생산성에 손실을 끼치는 임계점에 도달하기 때문이다. 저위도에 속한 국가는 아메리카대륙에서는 멕시코, 코스타리카, 파나마, 유럽에서는 스페인, 포르투갈, 아시아에서는 태국, 말레이시아, 베트남, 대만, 싱가포르, UAE, 바레인 등이다. 저위도 국가는 연중 기온 변화가 적고 따뜻하다. 이것이 장점이지만, 기후 위기 시대에는 기후 인플레이션의 타격을 가장 많이 받는다. 특히 저위도 중에서도 적도 인접 지역은 가장 먼저 이상 기후로 농작물 피해를 받고 있다. 그중 대표 작물이 앞서 이야기한 초콜릿 원재료인 카카오콩이다. 고위도 국가는 미국, 영국을 비롯한 대부분의 유럽 국가, 아시아의 한국과 일본 등 경제 선진국이 많다. 그런데 고위도 온대 지역에서도 여름철 폭염이 심각해지면서 기후 인플레이션의 영향이 커졌다. 이상 기후, 기후 변화로 농작물 피해가 생기고, 그로 인해 식량 가격의 인플레이션이 생길 것은 누구나 추정 가능한 일이지만, 이를 이 논문에서는 구체적 수치로 분석하고 현실적으로 보여준 것이다. 저위도와 고위도 모두, 선진국과 개발도상국 모두 기후 인플레이션에서는 예외가 없다. 이는 식품 가격을 필두로 전반적인 소비 시장 가격에 다 영향을 미치고, 지속적으로 인플레이션 문제를 유발한다. 기후 문제는 단지 환경 문제가 아니라, 산업 문제이며 경제 문제이자 누군가의 밥상을 바꾸는 문제다. 지구의 평균 기온은 계속 오르고 있으므로, 기후 인플레이션은 계속 심각해질 수밖에 없다.

세계기상기구WMO가 2024년 1월에 발표한 2023년 연평균 기온은 산업화 이전(1850~1900년) 수준보다 섭씨 1.45±0.12도 높다(이하 온도는 모두 섭씨다). 오차 범위를 적용하면 2023년 최대 1.57도가 된다.

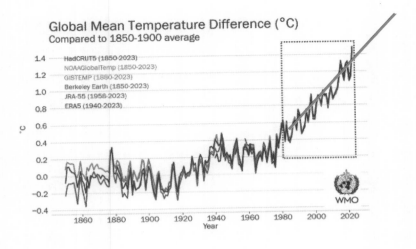

Global Mean Temperature Difference (°C)
Compared to 1850-1900 average

HadCRUT5 (1850-2023)
NOAAGlobalTemp (1850-2023)
GISTEMP (1880-2023)
Berkeley Earth (1850-2023)
JRA-55 (1958-2023)
ERA5 (1940-2023)

2050년까지 1.5도가 넘지 않게 유지하자던 파리 협약(2015년)이 무색할 수치가 현실로 다가온 것이다. 지구 온도 모니터링에 사용되는 6개의 주요 국제 데이터 세트와 세계기상기구의 통합 데이터에 따른 분석인데, 수년 내 오차 범위 적용 없이도 1.5도가 넘는 시점을 우리는 만날 가능성이 높다. 전 세계가 지난 10년간 탄소 감축을 위한 실질적 행동과 투자에 소극적이었고, 우리는 그에 따른 대가를 치르게 된다. 2023년은 6월부터 12월까지 매달 전 세계 평균 기온에서 관측 이후 최대치를 계속 경신했고, 7월과 8월은 기록상 가장 더운 두 달이었다. 그래프에서 점선 박스로 표시한 기간이 40년이다. 최근 40년간 지구의 평균 기온은 산업화 이전 대비 1도가 올랐다. 그렇게 해서 1.5도까지 이른 것인데, 이 추세대로 향후 40년 후까지 1도가 더 오른다면 2.5도가 된다. 참고로 이미 2023년 5월 세계기상기구는 2023~2027년 중 1년 이상 또는 5년 모두 관측 사상 최고 기온이 나올 가능성이 98퍼센트라고 예측했다. 만약 지구 평균 온도 1.5도 이상 상승하면 식물 8퍼센트, 척추동물 4퍼센트, 곤충 6퍼센트, 산호초 70~90퍼센트가 사라진다. 2도 이상 상승하면 산호초 99퍼센트가 소멸하고, 식물 16퍼센트, 곤충 18퍼센트, 척추동물 8퍼센트의 서식지가 사라지고, 북극 해빙은 소멸해 복원 불가능해진다. 북극의 빙하가 다 녹으면 전 세계 해수면은 7미터 정도 상승한다. 이쯤 되면 밥상 물가가 문제가 아니라, 부동산도 심각한 타격을 받는다. 전 세계 주로 대도시는 주로 바닷가나 강을 끼고 있다. 해수면 상승의 영향으로 대도시의 일부가 물이 잠기고 도로를 비롯한 인프라의 일부도 못 쓰게 된다. 이는 고스란히 해당 지역과 인접 지역의 부동산 폭락, 아니 패닉을 몰고 올 수 있다. 물론 아주 먼 미래의 비약이 섞인 가정이다. 이런 일을 우리 대가 겪지는 않겠지만, 우리 다음 대에서는 겪을 가능성이 더 높아진다.

미국 메인대학교의 기후변화연구소Climate Change Institute가 운영하는 기후와 기상 예측 모델 시각화 플랫폼 클라이미트 리애널라이저 Climate Reanalyzer(climatereanalyzer.org)에서 가져온 그래프 3가지를 잠시 살펴보자. 첫 번째는 전 세계 일일 대기 온도Daily Surface Air Temperature 추이를 보여주는 그래프다. 1940년부터 현재까지 전 세계의 대기(지상 2미터) 평균 기온의 연간 추이를 보여주는데, 80여 년간 꽤 많은 그래프가 서로 겹치고 있지만 2023년, 2024년은 확실히 이전의 어느 해와 겹치지 않을 정도로 더 높은 기온을 보여주고 있다. 두 번째 그래프는 2024년 8월 15일 시점의 전 세계 지역별 평균 기온을 직관적으로 보여주고 있다(컬러 이미지로 보면 적도에 가까울수록 빨간색이 더 짙고, 남북극에 가까울수록 파란색이 더 짙다). 세 번째 그래프는 1981년부터 현재까지 전

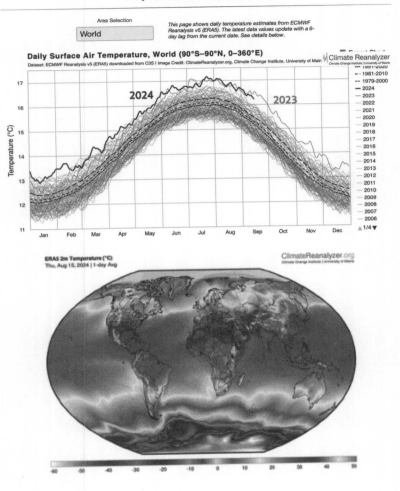

세계 바다 온도Daily Sea Surface Temperature 추이다. 긴 설명 없이 그냥 그래
프만 봐도 확실히 지금이 역대 가장 더운 시기임을 알 수 있다. 그리고
우리는 이런 상황이 앞으로 계속될 가능성이 크다는 것도 알고 있다.

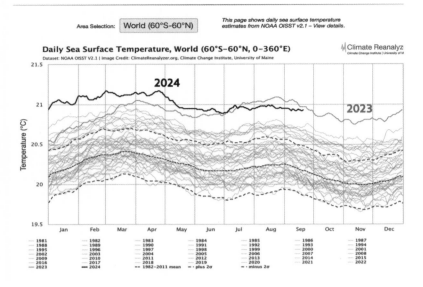

Daily Sea Surface Temperature

Area Selection: World (60°S-60°N)

This page shows daily sea surface temperature estimates from NOAA OISST v2.1 – View details.

클라이미트 리애널라이저 기후 데이터는 계속 업데이트되고 그래프에 반영되니, 종종 들어가 변화 추세를 살펴보는 것도 좋을 것이다. 당신이 어떤 사업을 하고, 어떤 분야에서 일하든 기후 위기가 초래할 인플레이션 이슈를 비롯한 다양한 변화와 전혀 무관할 수는 없다. 직접적이든 간접적이든 우리는 다 그로부터 영향받는다.

극심한 기상 이변은 결국 돈으로 대가를 치러야 한다. 그러니 우리 모두 미리 대비해둘 필요가 있다. 분명 위기이지만, 누군가에게는 새로운 기회의 장이기도 하다.

heirloom vegetable과 고대 작물을 탐하다

▼

'에어룸Heirloom'은 조상(집안) 대대로 물려온 보물, 즉 '가보'를 일 컫는 말이다. 유산(국가, 사회의)을 일컫는 '헤리티지Heritage'와도 닿아 있는 말이다. 특히 먹거리에서는 에어룸 씨앗을 가진 토마토나 농작물을 키우고, 헤리티지가 있는 닭이나 칠면조 같은 축산물을 키우는 일이 점점 더 관심을 받는다. 우리가 먹는 농산물, 축산물 모두 수확량과 생산성을 높이고, 병충해에도 잘 이기도록 품종 개량이나 유전자 조직 등 인간의 손을 거쳐 지금까지 이르렀다. 분명 진화지만, 얻는 것이 있는 대신 잃는 것도 있다. 자기 땅에 오랫동안 적응하며 자란 품종이 설 자리를 없애고, 우리가 가질 취향이나 선택권도 없앤다.

에어룸을 트렌드 키워드로 계속 주목하고 있었는데, 그중에서도 먹거리에서 에어룸, 즉 '에어룸 베지터블Heirloom Vegetable'에 대한 사람들의 관심을 지켜봤다. 수년간 에어룸 베지터블을 사 먹겠다는 이들, 직접 에어룸 베지터블을 텃밭에 키우겠다는 이들이 계속 증가해왔다. 먹는 농장물뿐 아니라, 에어룸 가드닝Heirloom Gardening에 대한 관심도 커졌다. 팬데믹을 기점으로 홈가드닝에 대한 관심이 확실히 커졌는데, 가드닝과 텃밭, 채식 등의 욕망에서 에어룸이 공통적으로 자리 잡아가고 있다. 관심에 그치지 않고 어느 정도 시장도 만들어지는 추세다. 실제로 나도 국내에서 에어룸 토마토를 재배하는 농장 '그래도팜'의 토마토를 주문한 적이 있다. 빨갛고 동그란 토마토만 보던 사람들에게는 낯설고 신기할 수 있다. 생김새만 다양한 것이 아니라, 맛과 질감도 다 다르고, 각기 더 어울리는 요리도 있다. 인류는 계속 농작물을 개량해

왔고, 현대로 오면서 품종 개량과 유전자 조작은 훨씬 더 전방위적으로 이루어졌다. 에어룸 토마토는 품종 개량이나 유전자 조작을 하지 않은 순종 토마토를 일컫는 말이다. 토마토를 비롯한 농작물 전반에서 개량 종이 아닌, 땅 자체에 적응하며 생존해온 순종, 토종에 대한 관심이 더 커지는 것은 더 건강한 먹거리에 대한 욕망에서 출발한다.

토마토는 중남미가 원산지로, 5200만 년 전 화석에서 토마토 씨앗이 발견된 적 있으니 아주 오래된 작물이다. 영어 tomato와 스페인어 tomate 모두 아스텍어 tomatl에서 유래했다. 중남미의 토마토를 스페인이 유럽으로 들였는데, 한국에는 16세기 들어온 것으로 알려졌다. 전 세계적으로 보면 토마토 품종은 2만 5000종이나 된다고 하는데, 나라별 토종, 순종과 이것들을 섞은 교배종 등으로 이루어져 있다. 물론 주로 재배되고 유통되는 품종은 그중 극소수다. 가장 수확량이 많고,

유통 과정에서 손실도 적고, 가공도 용이한 품종만 선택되는 것은 어쩌면 당연한 일이다. 사람들이 자급자족하는 문화가 보편적이었다면 순종, 토종 농작물은 더 보편적으로 소비되었을 것이다. 하지만 농업과 식품이 산업이 되는 순간 생산성과 가성비 등을 따질 수밖에 없다.

기후 위기 시대, 인류는 식량 위기를 더 광범위하게 겪을 수밖에 없고, 따라서 더 많은 품종 개량과 유전자 조작, 대체 식량 개발이 이루어질 수밖에 없다. 기존의 소, 닭, 돼지 등 축산업은 대량의 곡물 사료가 필요하고, 키우는 과정에서 온실가스 발생 등 환경에도 악영향을 크게 미친다. 그래서 이런 문제를 해결할 수 있는 곤충과 뱀을 단백질 공급원, 미래 식량으로 주목하고 있기도 하다. 푸드 테크 영역에서는 곡물을 기반으로 인조고기를 만들어내고, 배양을 통해 고기를 만들어내기도 한다. 기술적 진화가 만들어낸 미래 식량이다. 그렇지만 이런 먹거리를 계속 소비할 때 인간에게 어떤 영향을 줄지, 다음 세대로 이어가면서 어떤 부작용이나 악영향을 끼치지는 않을지에 대한 우려가 없을 수 없다. 상황이 이렇다보니 인류와 지구가 그동안 수백, 수천 년간 검증한 순종, 토종에 대한 관심이 커지는 것은 당연하다.

에어룸에 대한 관심은 고대 작물, 고대 식량에 대한 관심으로도 이어진다. 인류가 개량시키기 전, 아주 척박한 토양에서 지금보다 더 가혹한 기후 환경에서 자란 작물이 오히려 새로운 미래로 주목받고 있다. 고대 곡물이 미래의 식량이 된 셈이다. 인류는 농업 생산성을 높이는 과정에서 고대 식물들을 도태시켰고, 이로 인해 잃어버린 작물들이 꽤 있다. 완전히 사라지지는 않았지만, 농작물로 쓰이지지 않던 고대 곡물을 이 시대에 다시 대중화시키려는 시도가 확산되고 있다.

　가장 대표적인 것이 저탄수화물, 저당, 고단백 식품으로 주목받는
파로Farro 다. 에머Emmer wheat, 아인콘Einkorn wheat, 스펠트Spelt 3가지 밀
종류인 고대 곡물을 통칭하는 말인데, 이탈리아 토스카나 지역에서 주
로 경작된다. 이탈리아를 비롯한 유럽, 미국 등에서 파로에 대한 관심
이 높아졌으며, 세계적인 셰프들이 앞다투어 파로를 활용한 요리를 선
보이고 있다. 우리가 곡물 중에서 쌀을 주로 먹듯, 유럽과 북미에서는
밀을 주로 먹는다. 쌀과 밀도 아주 오래된 고대의 원형으로부터 현재
우리가 먹는 것이 많이 달라졌다. 생산성을 높이기 위해 개량, 교배, 변
형되다보니 병충해에 취약해지고, 그래서 농약 사용 등 재배에서 관리
가 더 필요해졌다. 식물이 스스로 생장하는 것이 아니라, 인간이 개입
해 식물을 생장시키는 셈이다. 반면 고대 작물은 가혹한 환경에서도 스
스로 생존해왔기에, 식물 자체가 가진 생명력은 훨씬 더 높다. 정제, 변
형, 개량된 현대의 곡물은 생산성과 상품성이 좋고, 맛이 풍부해졌을
지는 모르지만, 혈당 스파이크(혈당이 급상승하는 현상), 당뇨 등 각종 성

인병과 만성 질환을 일으키는 요인이 된다. 반면에 파로는 백미보다 20배 이상, 현미보다 6배 이상 높은 저항성 전분으로 인해 소화를 천천히 하게 만들어 혈당 스파이크를 억제하고, 포만감을 유지시켜서 다이어트에도 유리하다. 섬유질도 풍부하고, 다양한 항산화 물질도 들어 있다. 파로 외에도 포니오Fonio, 테프Teff, 핑거밀렛Finger millet, 기장 등의 고대 작물이 관심받고 있다. 오늘날은 너무 잘 먹어서 문제가 되는 시대다. 당뇨, 비만, 다이어트가 거대 산업이 되고, 슈퍼푸드에 대한 관심은 지속적으로 커지고 있다. 슈퍼푸드 중 고대 작물이 유독 많다. 갈수록 더 심각한 식량 위기를 맞이할 인류에게 고대 작물은 영양적 가치와 건강 효과뿐 아니라, 가뭄과 홍수, 태풍 등 기상 이변이 더 잦아지는 기후위기 시대에 생존력 강한 식량 자원으로서의 가치도 더욱 커질 것이다.

기후 변화로 인한 작물 재배지 변화와 자급자족, 그리고 비건

▼

사과 하면 대구, 경북이 가장 먼저 떠오를 것이다. 오래전부터 사과 주 생산지였다. 여전히 재배 면적이 가장 많기는 하다. 하지만 계속 줄어들고 있다. 농촌진흥청에 따르면, 2023년 경북의 사과 재배 면적은 1993년 대비 44.1퍼센트 감소했다. 대구의 사과 재배 면적은 1993년 대비 5분의 1 수준으로 급감했다. 경북 다음으로 재배 면적이 많은 지역은 충청도인데, 이곳 역시 감소세는 마찬가지다. 재배 면적이 줄어드는 결정적 배경이 기후 변화다. 반면 강원도의 사과 재배 면적은 증가세다. 2000년 대비 2023년에 거의 9배 정도 증가했다. 사과를 재배하기 좋은 기후가 계속 북상하고 있기 때문이다. 이러다가는

2030~2040년대를 지나면 사과 주 생산지가 강원도가 될 수 있고, 심지어 2070년대에는 강원도 중에서도 산간 일부에서만 사과 재배가 가능해질 수 있다. 그때가 되면 한국에서 사과를 먹기가 아주 어려울 수 있다. 사과 생산량이 지금과 비교할 수 없을 정도로 적어질 것이고, 어쩌면 그 시대 사람들에게 사과는 국산 과일이 아닌 수입 과일로 인식될지 모른다. 한국인이 가장 많이 먹는 국산 과일이 사과다. 국산 과일 중 3분의 1을 차지할 만큼 사과는 대중적으로 사랑받는 과일이다. 하지만 앞으로도 그러리라는 보장은 없다. 2023년 전국 사과 생산량이 2022년 대비 30퍼센트 정도 줄었고, 가격은 2배가량 올랐다. 더 이상 한국인이 가장 즐겨 먹는 국산 과일이라 부르기 어려워졌다. 사과발 인플레이션을 겪은 정부가 역대 최초로 사과 수입을 허용하려는 시도도 있다.

시기의 문제일 뿐, 기후 변화로 인해 언젠가 사과를 비롯한 국산 과일 상당수는 국내에서 더 이상 재배하기 어려워질 수 있다. 반대로 그동안 수입 과일이기만 했던 바나나, 파인애플 등 열대 과일은 이제 재배 가능 지역이 점점 넓어진다. 우리가 먹는 과일 중 국산 과일, 수입 과일의 품목이 기후 변화로 바뀔 수 있는 것이다. 과일뿐 아니라, 채소도 마찬가지다. 강원도는 고랭지 배추가 유명한데, 미래로 갈수록 고랭지는 점점 더 높이 올라가야 할 것이다. 기후 변화가 작물 재배지를 바꾸면, 당연히 음식 문화에도 변화가 생길 수밖에 없다. 흔하고 익숙하고 구하기 쉬운 식재료를 기반으로 그 나라의 음식 문화가 발달할 텐데, 과거부터 이어온 음식 문화가 아주 먼 미래에는 유지될 수 없을 수도 있다. 유지하기 위해서는 훨씬 더 많은 돈이 들어간다. 부자는 상관없겠지만, 서민의 밥상은 타격을 받는다. 김치 먹는 것이 서민에게 점점 어려워진다면? 국산 사과 먹는 것이 서민에게 점점 사치가 된다면? 과거에는 상상해보지도 않은 일들이 현실로 다가오고 있다. 이것이 기후플레이션이 미칠 영향이다. 이는 한국만이 아니라 전 세계가 다 겪는 일이다.

오늘날 세계적인 밀 수출국인 러시아는 1990년대까지만 해도 밀 수입국이었다. 기후 변화로 인한 밀 재배 지역의 변화에 따른 결과다. 땅은 넓지만 추워서 농사짓기 어려웠던 러시아, 캐나다 등은 기후 변화로 위기가 아니라 기회를 맞는다. 추운 그린란드도 이름처럼 점점 녹색의 땅이 되어가고 있다. 반대로 지구 온난화로 인해 재배 가능 지역에서 재배 불가 지역으로 바뀌는 곳도 많고, 기존에 익숙하게 키웠던 농작물을 더 이상 키우지 못하게 되는 지역도 많아진다. 지구 전체로 보면 추운 지역에서 생산이 늘겠지만, 더운 지역에서 생산이 감소할 것이고, 이를 합치면 증가보다 감소가 더 클 것이다. 2022년 10월 학술지 《네이처 클라이미트 체인지Nature Climate Change》에 〈온난화로 인한 수확 빈도와 수확량 감소가 세계 농업 생산을 감소시킨다〉는 제목의 논문이 실렸다. 이 논문에 2050년까지 전 세계 식량 공급이 4퍼센트 이상 줄어들고, 더운 지역에서 발생한 생산 손실을 만회하기는 쉽지 않다는 연구 결과가 나온다. 그리고 기후 위기와 별개로, 한국은 농업 종사자가 대부분 고령이고, 영세농이다. 이들이 머지않아 농업 생산에서 물러나게 될 것이고, 이는 우리가 우리 땅에서 나고 자란 채소나 곡물, 과일을 값싸고 쉽게 먹을 수 있던 시대가 저물어간다는 의미가 된다.

여기서 그치지 않고, 식문화와 연결되는 다양한 문화에도 변화가 생긴다. 온대 지역과 아열대 지역, 열대 지역에 사는 사람들 사이에는 삶의 태도, 식생활, 노동 관습, 인간관계, 휴식 문화 등 수많은 요소에서 미세한 차이가 드러난다. 기후 변화는 그냥 더 덥고, 더 춥고, 더 비가 많이 오고 하는 문제가 아니라, 의식주와 라이프스타일 전반에 영향을 주는 문제다.

기후플레이션 시대의 대안으로 자급자족과 비건에 대한 관심도 커질 것이다. 자신만의 텃밭을 일구어 건강하고 안전한 먹거리, 탄소 발자국이 적은 먹거리를 스스로 마련하고자 하고, 이런 관심과 시도가 비건으로 이어지기도 할 것이다. 이제 자급자족은 아주 먼 과거의 문화가 아니라, 새로운 미래 문화가 될 것이다. 적어도 자신이 먹을 최소한의 먹거리를 직접 키우고 확보해두는 것은 지극히 합리적이고 실용적인 일이다. 부자 중에는 자신이 먹을 것들을 계약 재배하는 이들이 많다. 직접 농사를 짓지는 않아도, 건강한 먹거리를 확보하기 위해 돈을

쓴다. 세계적 부자 중에는 축산물도 자기가 먹을 것을 직접 키우는 경우도 많다. 부자처럼 하지는 못하더라도, 적어도 스스로 텃밭을 일구어 신선한 채소를 확보하려는 사람이 늘고 있다는 것은 중요하다. 기후 위기로 기후플레이션이 심화될수록 서민이 누리기 어려워지는 먹거리가 신선한 채소이기 때문이다. 자급자족으로 축산물을 확보하기는 훨씬 어렵다. 하지만 채소는 충분히 시도해볼 만하다. 단독 주택이면 텃밭 일구기가 더 쉬울 테고, 그렇지 않다면 주말농장을 하는 것도 방법이 된다. 농촌의 작은 땅을 저비용으로 구입해 자신이 먹을 만큼의 농작물을 다양하게 키우는 것도 좋고, 농촌 빈집을 세컨드 하우스로 확보해 자급자족 라이프와 5도 2촌 또는 4도 3촌 라이프(주중에는 도시에서 생활하고 주말에는 농촌에서 생활하는 방식)를 연결시켜도 좋다.

11장

욕망이 된 High-end Chair, 의자는 가장 작은 건축이다

의자에 눈뜬 사람들에 의해 의식주 트렌드가 바뀐다?

Life_Trend_2025
#의자 #체어 #의자 전문 잡지 #고급 가구 시장 #하이엔드 체어 #의자는 건축이다 #영포티피프티 #중산층

과거에는 연예인이 '얼마짜리 집에 사는지'가 핵심이었지만, 지금은 '어떤 가구를 쓰는지'가 새로운 핵심이 되고 있다. 이제 유효한 과시적 이슈는 어떤 집, 어떤 차에서 어떤 의자(소파), 어떤 예술 작품으로 넘어왔다. 의자에 눈뜬 사람들이 늘어나고 있고, 이것이 새로운 욕망으로 급부상하고 있다.

배우 윤여정은 어떤 의자에 앉을까? 미술 애호가이자 컬렉터로 알려진 BTS의 RM(김남준)은 어떤 의자에 앉을까? 한국 최고 부자이자 경영자 이재용은 어떤 의자에 앉을까? 방송에서 소개된 윤여정의 집은 평창동에 위치한 단독 주택인데, 거실에는 미스 반 데어 로에Mies van der Rohe의 바르셀로나 체어Barcelona Chair, 르 코르뷔지에Le Corbusier의 LC3(2인용)와 LC4, 마르셀 브로이어Marcel Breuer의 바실리 체어Wassily Chair 2개가 놓여 있다. 의자 디자인의 역사에서 손꼽히는 주요 의자들을 한 공간에 모아둔 것이다. RM의 집 거실에는 20세기 가구 디자인의 혁신가로 꼽히는 미국 건축가이자 목공예가 조지 나카시마George Nakashima의 나무 의자와 이탈리아 하이엔드 가구 브랜드 에드라EDRA의 앱솔루 소파Absolu Sofa가, 침실에는 스위스 건축가 피에르 잔느레Pierre Jeanneret가 디자인한 카시나Cassina의 시빌 벤치CIVIL Bench가 있다. 스티브 잡스는 집을 아주 미니멀하게 꾸미고 거실에는 단 하나의 가구만 두

었는데, 그게 바로 조지 나카시마의 나무 의자다. 이재용 회장의 한남동 단독 주택에 어떤 의자가 있는지는 알려지지 않았지만, 세계적인 건축가와 가구 디자이너의 작품인 것은 분명하다. 중요한 것은 한국 사회에서 의자에 눈뜬 사람들이 늘어나고 있고, 이것이 새로운 욕망으로 급부상하고 있다는 점이다.

어떤 의자를 가졌는지가 욕망이 되기 시작한 한국

▼

보편적인 대중의 욕망을 가장 잘 드러내는 존재가 연예인, 인플루언서다. 대중의 욕망을 채워주고, 대중의 욕망을 부추기는 역할이 그들의 존재 이유 중 하나다. 이런 이유로 연예인은 고액의 광고비를 받는다. 연예인은 방송을 통해 집을 공개하는 경우가 많아서 어떤 가구를 쓰는지가 쉽게 드러난다. 과거에는 '얼마짜리 집에 사는지'가 핵심이었지만, 지금은 '집 안에 어떤 가구를 쓰는지'가 새로운 핵심이 되고 있다. 비싼 집에 사는 것은 당연한 일이라 그것으로는 차별성을 누리기도, 자신의 스타일을 과시하기도 어렵다. 어떤 차를 타는지도 한동안은 유효한 과시적 이슈였지만, 이제는 어떤 의자(소파)를 쓰는지, 어떤 예술 작품을 가지고 있는지로 넘어왔다. 앞서 소개한 두 연예인 외에도 TV나 유튜브로 자신의 집을 드러내는 무수히 많은 연예인, 인플루언서가 놀랍게도 수백만 원대에서 수천만 원대에 이르는 고가의 의자와 가구를 공통적으로 갖고 있다. 의자 이름은 몰라도 제니 의자, 김나영 의자, RM 의자 등으로 기억하는 이들도 많다. 언젠가는 연예인 이름 대신 실제 의자의 이름을 기억하게 될 것이다. 과거에는 진짜 부자만 누리던 일상의 럭셔리를 이제 연예인, 인플루언서가 누리고 있고, 이는 대중에게 '과시의 새로운 주제'이자 '새로운 욕망'을 키워주는 데 결정적 기여를 한다.

이미 2030세대는 자신이 살아가는 공간을 어떻게 꾸미고, 누릴까에 대한 보편적 관심이 생긴 상태이고, 올드 머니를 비롯한 전통적 부자의 럭셔리 라이프에 대해서도 눈떠가는 중이다. 미술품을 사고파는 아트 마켓에 2030세대가 대거 몰려오고 있고, 이들이 고가 가구 시장에서 새로운 소비 세력으로 자라날 가능성도 충분해지고 있다. 4050세대 중에서도 경제력 여력이 있고, 취향 소비와 새로운 과시에 눈을 뜬 그룹은 고가 가구 시장에 이미 진입해 있고, 이들의 규모는 더 확산될 가능성이 크다. 분명 고가 가구 시장은 모두의 시장은 아니다. 하지만 그들만의 시장이 상위 1퍼센트에서 상위 10퍼센트로 넓어졌다. 즉 5000만 명 중 50만 명의 시장에서 500만 명의 시장으로 확장되었다. 이것은 단지 가구 시장에서의 변화뿐 아니라, 우리의 의식주, 라이프스타일 전반에서의 트렌드 변화로 이어질 수밖에 없다. 욕망은 늘 쉽게 가지지 못하는 것에 더 열광하는데, 아예 엄두도 안 내서 전혀 관심 가질 기회가 없었던 것이 어느 정도 관심 영역으로 진입하게 되면 시장이

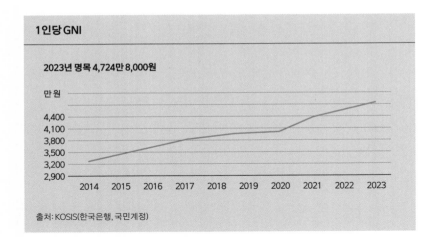

1인당 GNI

2023년 명목 4,724만 8,000원

만원

출처: KOSIS(한국은행, 국민계정)

폭발적으로 성장할 수 있다. 수년간 지상파 방송에서 부동산 임장(부동산 구매 시 직접 현장을 탐방하는 것)에 가까운 프로그램들이 인기를 끌며 인테리어에 대한 눈높이를 높이고 있고, EBS의 〈건축탐구 집〉은 중장년층의 단독 주택에 대한 욕망을 높이고 있는데, 2019년 시작한 이 다큐 프로그램은 지금까지 롱런하고 있다.

중장년층의 집에 대한 새로운 욕망과 함께 소득 증가, 탈대도시 등 고가 가구 시장의 성장을 위한 조건들이 계속 쌓이고 있는 중이다. 한국은 1인당 국민소득 3만 달러에 진입한 지 10년이 지났다. 3만 달러 진입은 가구, 인테리어, 여행, 레저 산업이 본격 성장하는 전환점이기도 하다. 한국은행에 따르면, 2023년 기준 한국의 1인당 GNI는 3만 6194달러였다. 한화로 약 4724만 원이다. 한국의 1인당 GNI가 3만 달러를 넘기 시작한 것이 2014년이고, 추세를 보면 머지않아 4만 달러대 진입도 가능하다. 1인당 GNI는 인구가 적을수록 유리한데, 인구

5000만 명 이상 국가 중 1인당 GNI 순위를 보면 미국, 독일, 영국, 프랑스, 이탈리아, 한국 순서다. 1인당 GNI에서는 일본(3만 5793달러)보다 우리가 높다. 일본은 1995년 1인당 GNI가 4만 달러를 넘어섰고(당시 한국은 1만 달러를 겨우 넘어섰다), 한때 5만 달러에 이르렀지만, 장기 불황을 겪으며 이제 한국보다 뒤처진 상태다. 일본에서 뜬 트렌드는 한국에서도 뜨는 경우가 과거에는 많았지만, 이제는 아니다. 오히려 한국에서 뜬 트렌드가 일본에서 뜨는 일이 종종 생긴다. 욕망과 소비 트렌드는 '소득'과 아주 깊은 관계가 있기 때문이다. 또한 모든 사람이 누릴 트렌드보다 소득 상위 계층이 누릴 트렌드가 갈수록 더 중요해지고 있다. 욕망은 늘 상향 지향적인데, 타인과의 비교가 잦은 한국에서는 이런 경향이 더 심하다.

　참고로 이재용 회장이 사무실에서 쓰는 사무용 의자는 스틸케이스Steelcase의 립 체어Leap Chair라고 한다. 애플의 팀쿡도 쓰고 있다는 이 의자는 허먼 밀러Herman Miller의 에어론 체어Aeron Chair와 함께 사무용 의자의 최상위 브랜드로 손꼽힌다. 에어론 체어는 사무용 의자의 샤넬로도 불리는데, 빅테크 기업들이 직원용 의자로 제공하고 있다는 이야기가 퍼지면서 국내에서도 주요 대기업들이 이를 따라 하는 움직임이 생겼다. 한국의 테크 기업들, 심지어 투자 잘 받은 스타트업들도 에어론 체어를 직원 복지 또는 직원 사기 진작용으로 구매하는 일이 많아졌다. 립 체어와 에어론 체어 외에도 100만~200만 원대 하이엔드 사무용 의자는 계속 시장을 키워가고 있는데, 국내에서 시장이 커진 기점이 바로 팬데믹이다. 재택근무가 늘어나면서 집에 일하기 좋은 환경을 꾸미려는 직장인이 늘었고, 좋은 의자가 그중 핵심이었다. 하이브리드 워크

Hybrid Work가 점점 문화로 자리 잡을 것이기에 고가의 사무용 의자에 대한 관심과 수요도 계속 커질 것이다. 고가의 사무용 의자에 대한 욕망이 커질수록, 거실 의자(소파)를 비롯한 고가 가구 시장에 대한 욕망도 함께 커진다.

전 세계 유일무이한 Chair 전문 잡지가 한국에서 시작되다

▼

2024년 7월, 의자를 전문적으로 다루는 매거진《C: NO. 1 STAN-DARD CHAIR》가 등장했다. 매거진《C》는 그란데클럽과 매거진《B》가 매호 아이콘 체어를 선정해 이를 중심으로 한 디자인, 라이프스타일을 소개하는 체어 다큐멘터리 잡지다. 전 세계에서 유일무이한 의자 전문 잡지가 한국에서 시작된 것이다. 한국에서 만들었지만 국내(한국어판)와 해외(영어판)에서 모두 판매하는 글로벌 잡지를 지향한다.

매거진《C》를 발행하는 그란데클럽은 김봉진 우아한형제들(배달의민족) 창업자가 새롭게 시작한 스타트업인데, '사소한 것을 위대하게'를 모토로 클럽처럼 사소하고 평범한 것들에서 가치를 찾아 의미 있고 위대하게 만드는 것을 지향하는 회사다. 그란데클럽의 여러 사업 중 하나가 매거진《C》로, '잡지'에 그치지 않고 이후 가구 시장에서도 '사소한 것을 위대하게'라는 모토를 사업으로 풀어낼 가능성이 있어 보인다. 매거진《C》는 일종의 출사표로 여겨진다. 고급 가구 시장은 전 세계에서 성장세이고, 한국에서는 더 가파른 성장세를 이어갈 것으로 보이는데, 이런 시점에 의자 전문 잡지가 등장한 셈이다. 창간호에서는 20세기 실용주의 디자인의 선구자로 불리는 프랑스의 디자이너이자 건축

가장 프루베Jean Prouvé(1901~1984)의 스탠더드 체어Standard Chair가 중심이다. 비싼 의자가 아니다. 장 프루베는 클래식한 디자인에 뛰어난 내구성과 합리적 가격, 다양한 쓰임의 실용성까지 갖춘 대량 생산에 용이한 표준 의자를 완성했다. 가장 의자다운 위자, 가장 기본이 되는 의자, 가장 널리 사용되는 의자로 의자 전문 잡지를 시작한 것인데, 가구에 대한 욕망이 자리 잡은 유럽, 북미 등 해외 시장에서 더 주목받을 가능성이 높은 잡지다. 매거진《C》2호는 독일 가구 디자이너 미하엘 토네트Michael Thonet(1796~1871)가 1859년 만든 'Thonet No 14'다.

의자는 앉는 도구 이상의 의미를 가진다. Chair에 Man(사람)이 붙으면 회장(의장)이 된다. 의자는 권력을 담고 있다. 실제로 승진하면서 권위적이 되는 것을 '의자 효과Chair Effect'라고 한다. 직장에서 "의자를 뺀다"라는 말은 섬뜩한 뜻으로 통하기도 하다. 의자는 기술과 문화, 예술이 교차하는 지점이자 가구, 패션, 리빙, F&BFood & Beverage 등 현대인의 라이프스타일 전반으로 확장하는 관문 같은 아이템이다. 그런 까닭에 건축가와 디자이너가 한 번쯤은 디자인하고 싶어 하는 대상이자, 20세기 디자인 역사에서 특정 스타일과 트렌드를 대변하는 아이콘이 바로 의자다. 프랑스의 애술린Assouline, 독일의 타셴Taschen과 함께 세계 3대 아트북 출판사로 불리는 영국의 파이돈Phaidon(예술, 건축, 디자인 전문 출판사. 1923년 설립)에서 나온 《파이돈 디자인 클래식Phaidon Design Classics》(전 3권: 1권 001~333, 2권 334~666, 3권 667~999)에서는 의자만 297개가 소개된다. 전체 디자인 역사에서 가장 손꼽히는 999개 제품 중 의자가 전체의 30퍼센트로 압도적 1위 아이템이다. 2위인 조명이 77개인 것을 보면, 의자가 디자인 영역에서 차지하는 의미는 더욱 특별해 보인다. 밀라노 디자인 위크 같은 세계적인 디자인 행사에서도 눈에 띄는 신제품은 대부분 의자이기도 하다.

　매거진 《C》의 전은경 디렉터는 "매거진 《C》는 현대인의 라이프스타일에 영향을 미친 아이콘을 통해 의자의 크리에이티브, 산업적·문화적·기술적 측면을 다양한 관점으로 다룹니다. 앉는 도구와 앉는 방법에 대한 새로운 시각, 의자를 둘러싼 사물들과 커뮤니케이션의 의미까지 살핍니다. 막대한 영향을 끼친 작품부터 거리의 의자까지, 매호 아이콘을 선정해 디자이너, 브랜드, 제조사, 컬렉터, 그 의자에 앉는 사람들의 라이프스타일과 동시대 디자인에 미친 영향을 조명할 계획입니다. 조형적 원본성, 기술적 혁신, 산업적 영향력, 대중의 라이프스타일에 얼마나 영향을 미쳤는지를 선정 기준으로 합니다. 마지막으로 제일 중요한 것은 변하지 않는 가치를 갖고 있느냐입니다. 몇 년만 지나도 낡아버리는 최첨단 디바이스와 달리 20세기 디자인 아이콘이 21세기 라이프스타일에 여전한 영향력을 발휘하는 점도 흥미롭습니다. 갖고 싶은 의자를 지금 당장 살 수 없더라도, 그 의자를 '한 권' 갖는 기분으로 매거진《C》를 읽어주시면 좋겠습니다"라는 말을 전했다.

아울러 김봉진 발행인은 "매거진《C》를 발행하는 첫 번째 이유는 선배 디자이너들에 대한 헌정과 존경을 표하기 위해서입니다. 두 번째는 가구 산업 관계자들의 가치 있는 콘텐츠를 널리 소개하고, 세 번째는 가구를 사랑하는 분들에게 유익한 정보를 드리고 싶었기 때문입니다. 그란데클럽이 기획한 매거진《C》는 매거진《B》의 자매지로 발행됩니다. 매거진 산업이 하향세라고 말하지만 매거진《B》조수용 발행인은 특별한 포맷을 만들어 시장에 성공적으로 안착시켰습니다. 저 역시 이러한 도전에 공감했고, 함께 여러 차례 이야기를 나눈 끝에 식문화에 영향을 미치는 식재료를 선정해 소개하는 매거진《F》를 선보인 바 있습니다. 그리고 두 번째 협업은 가구의 영역에서 가장 뾰족한 의자를 다루는 매거진《C》입니다. 매거진《F》성공의 척도는 셰프들이 모으는 잡지가 되는 것이라고 말한 바 있는데, 매거진《C》는 사람들이 아끼는 가구 곁에 놓이는 책이 되길 바랍니다"라는 말을 전했다.

디렉터와 발행인 두 사람 모두 공히 매거진《C》가 수집의 가치를 가진 잡지, 의자에 대한 욕망을 간접 해소하는 잡지로 자리 잡기를 바라고 있다. 과연 한국에서 매거진《C》가 어떻게 받아들여질지, 해외에서는 매거진《C》가 어떻게 자리 잡아갈지 지켜보는 일도 흥미로울 것이다. 그 반응과 결과가 곧 고가 의자, 고가 가구에 대한 욕망과 트렌드의 속도를 가늠할 것이기 때문이다. 사실 방향은 이미 정해져 있다.

의자는 가장 작은 건축이다
: 왜 High-end Chair가 잘 팔릴까?

▼

"의자는 건축이고, 소파는 부르주아다." 현대 건축의 아버지라 불리는 프랑스 건축가 르 코르뷔지에(1887~1965)가 한 말이다. 20세기 가장 영향력 있는 건축가였던 그는 프랑스, 독일, 벨기에, 스위스, 아르헨티나, 인도, 일본 등에 17개의 건축물을 남겼는데, 2016년 유네스코에서 17개 건축물 모두 세계문화유산에 등재했다. 그는 가구도 디자인했는데, 대표적인 것이 스티브 잡스가 신제품을 선보이며 프레젠테이션을 할 때나 언론 인터뷰를 할 때 주로 사용한 LC3(1인용) 의자이고, 세계에서 가장 유명한 라운지 체어 중 하나인 LC4를 비롯해 LC1, LC2, LC6, LC7 등 의자가 있다. 그의 이름을 딴 LC 시리즈는 1929년에 선보였고, 1965년부터 이탈리아 하이엔드 가구 회사 카시나에서 생산하고 있다. 이 밖에 모더니즘 건축의 거장 미스 반 데어 로에(1886~1969)의 '바르셀로나 의자', 건축가이자 산업 디자이너 마르셀 브로이어(1902~1981)가 만든 모더니즘 가구의 상징 같은 '바실리 의자' 등, 1920~1930년대 거장 건축가들이 만든 모더니즘 의자가 여전히 하이엔드 가구로서 수요가 많다. 이 시기 이후에도 거장 건축가들은 의자를 많이 만들었다.

유명 건축가가 지은 집을 가지지는 못해도, 그들이 만든 의자를 가

진다는 것은 특별한 의미가 된다. 사실 의미를 떠나 심미성이나 기능성에서도 만족도가 크다. 어떤 의자가 가장 멋진 디자인의 의자인지는 주관적인 문제지만, 어떤 의자가 가장 부티 나는 의자인지 묻는다면 주로 앞서 언급한 의자들이 손꼽히곤 한다. 실제로 카피 제품이 가장 많은 의자 중 하나가 '바르셀로나 의자'다. 원래 카피는 가장 유명한 것들이 대상이 되는 법이다. 롤렉스도, 샤넬도 카피가 많듯, 의자에서도 고가 의자는 카피가 많다. 그리고 카피 중에서도 최상급은 가격이 꽤 나간다. 오리지널을 사는 대신 카피를 사는 것은 절약이 아니라, 전적으로 허영이자 과시욕이다. 여유가 있다면 절대 그러지 않기 때문이다. 사치의 기준은 '얼마짜리'를 사느냐가 아니라, 자신의 수준에 비해 과도하

냐 아니냐다.

의자는 가구의 시작이자 끝이다. 덴마크 사람들은 첫 월급을 타면 좋은 의자를 산다는 말이 있다. 가구에 대한 관심과 욕망이 큰 북유럽에서는 가구와 조명에 돈을 쓰는 것은 중산층, 아니 서민도 하는 일이다. 북유럽은 기후 특성상 밤이 길고 겨울도 길어 집 안에서 보내는 시간이 많다보니, 오래전부터 가구와 조명이 중요한 욕망으로 자라났다. 세계적인 가구 디자이너 중 북유럽 출신이 많은 것도 이와 무관하지 않다. 북유럽, 서유럽, 그리고 북미로 번져간 고급 가구에 대한 욕망이 아시아로도 이어졌다. 한국에서 고가 가구 시장은 계속 성장하고 있고, 특히 팬데믹을 기점으로 성장세가 가팔라졌다. 유럽의 하이엔드 가구 브랜드들이 한국 시장에 대해 관망세를 지나, 이제 본격적으로 대응을 하고 있다.

"의자는 사람 크기만 한 건축물이다. 한 손으로 들 수 있는 건축물인 것이다." 세계에서 가장 성공한 가구 디자이너로 꼽히는 미국의 가구 디자이너 찰스 임스Charles Eames(1907~1978)가 한 말이다. 찰스 임스와 레이 임스는 부부 디자이너로 함께 유명한 가구를 많이 만들었는데, 그중 가장 대표작이 1956년에 선보인 '임스 라운지 체어 앤드 오토만Eames Lounge Chair & Ottoman'이다. 현재까지도 전 세계에서 팔리는 고가 의자의 대표 격이며, 한국에서는 '문재인 의자'라는 별칭을 가진 유명한 의자다.

온라인에서 팔리는 2000만 원짜리 의자?
하이엔드 체어에 눈뜨는 한국의 중산층

▼

이탈리아 하이엔드 가구 브랜드 카시나는 2023년 9월, 아트 마켓 프리즈 서울Frieze Seoul과 키아프 서울Kiaf Seoul 기간에 맞추어 플래그십 스토어 카시나 삼청을 오픈했는데, 카시나의 CEO가 직접 한국을 찾았을 정도로 한국 시장에 대한 기대가 커졌다. 한국에서 프리즈 서울이 성공적으로 안착할 정도로 예술품 구매 시장이 커지고 있고, 자연스럽게 고가 가구 시장도 동반 상승하는 흐름을 보이기 때문이다. 예술에 대한 관심이 높아질수록, 하이엔드 디자인 제품에 대한 관심도 높아진다.

신세계인터내셔널은 자사 온라인몰(www.sivillage.com)의 데이터를 활용해 '2023 연간 리포트'를 발표했는데(2024. 1), 2023년에 온라인몰에서 4400여 개 브랜드가 등록한 20만 종류의 상품 중 가장 비싸게 팔린 것이 카시나의 2173만 원짜리 LC3(1인용이 아닌 3인용 가죽 소파)였다(소파가 왜 이렇게 비싸 하는 이들도 있겠지만, 매장에서 대개 2500만

~2700만 원에 판매되기에 할인받은 가격일 것이고, 이 소파의 카피 제품 가격조차 250만 원 정도다). 고가의 의자를 오프라인 매장이 아닌 온라인으로 산다는 것은 확실히 변화다. 국내 주요 온라인 쇼핑몰, 홈쇼핑에서 비싼 의자, 고가 가구를 보는 것은 어렵지 않다. 온라인에서 명품 시계나 주얼리 등 수천만 원대 제품이 팔리는 것은 놀랍지도 않은 일이다. 명품 시계와 보석은 과시용으로도 좋다. 하지만 가구는 집에 누군가를 데려오지 않고서는 자랑도 쉽지 않은 데다, 아무리 비싼 가구여도 상대방이 쉽게 알아채지 못하는 경우가 많다. 즉 과시보다는 자기만족이 더 큰 아이템이다. 아무리 랜선 집들이로 가구를 자랑할 수 있다고 하지만, 사진으로는 오리지널 제품인지 카피 제품인지 구분도 잘 안 된다. 수입 자동차도 과시용으로 좋다. 갑자기 큰돈을 벌어서 돈 자랑이 하고 싶은 사람일수록 벤츠와 롤렉스 조합(이보다 더 비싼 조합도 얼마든지 있다)을 구매하는 경우가 많다. 가장 대중적으로 잘 알려진 고가 브랜드이기에, 자신이 돈이 많다는 것을 누가 보더라도 직관적으로 티가 나게 할 수 있다. 시계나 자동차는 얼마든지 가지고 돌아다니며 자랑하기 좋기에, 과시를 원하는 사람에게는 비용 대비 효과가 확실하다. 하지만 가구는 그렇지 않다.

자동차는 벤츠 S클래스를 타도, 막상 그 사람의 집에 가보면 가구는 너무 대중적인 브랜드의 저렴한 제품을 쓰는 이들도 많다. 의식주 전반에서 모든 아이템을 고급으로 쓰는 것이 아니라 차에만 선택과 집중을 하는 것일 수도 있고, 돈이 충분히 있더라도 가구에 대한 욕망이 아직 탑재되지 않아서 그럴 수도 있다. 둘 다 럭셔리 라이프를 제대로 누려보지 않은 것은 마찬가지다. 갑자기 부자가 된 졸부일수록 진짜 오랫동안 부자로 살았던 이들의 욕망을 단기간에 다 흡수하기 어렵다. 가장 티 나는 것부터 흡수하기 시작하는데, 가구에 대한 욕망은 나중에 드러나기 마련이다. 세계적 건축가의 의자를 탐하는 사람은 집에 대한 관심도 '얼마나 올라서 되팔 것인가'가 아니라 '얼마나 내 취향에 맞는 공간을 누릴 것인가'가 된다.《라이프 트렌드 2024: 올드 머니》를 통해 올드 머니 트렌드가 패션뿐 아니라 의식주 전반에서 오랜 기간 확산되리라 이야기했는데, 자신의 개성과 취향을 담아서 건축하고 꾸미고 구매하는 단독 주택에 대한 관심, 인테리어에 대한 관심, 고가 가구에 대한 관심으로 이어지는 것은 자연스러운 순서다. 자신만의 집을 짓고 싶은 사람에게 가구와 인테리어는 아주 중요하고, 그 시작은 의자다. 즉 단독 주택과 좋은 의자에 대한 욕망의 상관관계는 앞으로 계속 주목할 일이다.

아울러 너무 비싸진 서울로 인한 탈서울 러시가 가구와 인테리어 시장에 미칠 영향도 지켜볼 필요가 있다. 2030세대는 서울에 내 집 마련하기가 갈수록 불가능에 가까워진다. 서울의 비싼 집값을 감당하기 어려워 경기도로 이사한 사람들에게도 가구와 인테리어는 중요하다. 상대적으로 집값이 싼 지역을 찾아 서울을 벗어났기에, 보상 심리로 인테리어나 가구에 대한 투자가 더 커질 수 있다. 집값에 비해 가구는 아주 적은 비용이다. 비싸고 좋은 의자와 조명, 오디오(스피커)에 대한 소비는 탈서울에 대한 위안이자 욕망이다. 서울의 인구수는 2010년 1030만 명을 정점으로 10여 년간 계속 감소세를 이어가고 있다. 2024년 7월 기준 936만 명인데, 통계청 〈장래인구추계〉에 따르면. 2030년에 910만 명으로 전망된다. 탈서울(탈수도/탈대도시)은 한국만의 현상이 아니라, 경제력이 높은 선진국에서는 보편적으로 겪는 일이다. 수도(대도시)에서의 주거비 부담이 커졌기에, 젊은 세대는 불가피하게 외곽으로 이동할 수밖에 없다. 기성세대가 부동산으로 돈을 번 경험이 많다면, 젊은 세대는 그럴 기회가 상대적으로 적고, 애초에 그럴 마음도 먹지 않는 경우도 많다. 재산 증식 수단으로서의 집이 아니라, 자신이 누릴 공간이자 취향의 결집체로서의 집에 대한 관심이 훨씬 크다.

고급 가구, 고급 조명, 고급 오디오 시장은 자신을 위한 소비이면서, 취향 과시에서 중요한 소비다. 이런 시장에 먼저 눈뜨는 것은 소득 수준이 높은 선진국이다. 한국에서는 관련 시장과 소비가 10년 전부터 부상하기 시작했는데, 이제 한국도 경제력에서는 확실히 선진국이다. 소득 수준, 구매력 수준이 선진국인 것은 물론이고, 의식주와 라이프스타일 소비 행태에서도 선진국에 가까워졌다. 자동차 소비에 있어서는 한참 전부터 그랬고, 이제는 가구 소비에 있어서도 꽤 근접했다. 이제 비싸고 좋은 하이엔드 가구를 가지는 것은 부자가 아닌 중산층 이상이면 보편적으로 품는 욕망이 되어가고 있다.

의자에 대한 욕망의 보편적 확대와 영포티피프티

▼

《라이프 트렌드 2013: 좀 놀아본 오빠들의 귀환》에서 40대가 된 X세대가 새로운 소비 세력으로 부상한 트렌드를 중요하게 다루었고, 《라이프 트렌드 2014: 그녀의 작은 사치》에서도 '진격의 중년, 거침없이 놀다' '남자, 스타일에 눈뜨다'를 통해 40대가 된 X세대의 소비 방향을 다룸과 함께, '불황을 달래는 작은 사치의 지혜'를 통해 취향 소비와 자기만족형 가치 소비가 대세가 되고 있음을 다루었다. 작은 사치는 결국 큰 사치로 번지기 마련인데, 2014년 한국 사회에서 작은 사치가 핵심 트렌드가 되면서 수입 자동차 시장, 명품 패션 시장의 성장에 직접 영향을 주고, 중장기적으로는 고가 가구 시장, 고가 오디오 시장, 고가 시계 시장 등으로도 이어지리라 전망했다. 《라이프 트렌드 2016: 그들의 은밀한 취향》에서도 '취향을 숨기는 사람들, 취향을 따라 하는 사람들'을 통해 영포티Young 40가 된 X세대가 '취향 소비자'이자 '취향 트렌드 세터'로서 역할을 하게 되는 흐름을 다루었다. 즉 《라이프 트렌드》 시리즈에서는 10년 전부터 40대(모든 40대가 아니라, X세대로 20대를 제대로 누리고, 취향을 갖추기 위해 시간과 돈과 노력을 들이고, 경제력을 어느 정도 갖춘 40대로 한정)의 소비력과 이들이 가질 트렌드 영향력을 주목했다. 이들은 이제 영피프티Young 50가 되었고, 더 노련하고 성숙하게 트렌드에 영향을 미치고 있다. 아파트에서 나고 자란 세대인 이들은 4050세대가 되면서 자신의 경제력을 바탕으로 단독 주택, 별장, 세컨드 하우스에 대한 욕망을 드러냈고, 그 과정에서 건축에 대한 관심, 인테리어와 가구에 대한 관심, 조명과 오디오, 프리미엄 자동차, 럭셔리 빈티지에 대한 관심, 미술 작품 구매 등으로 취향과 소비를 확장시켰다. 요즘 20대가 열광하는 핫플레이스들도 엄밀히 따져보면 취향 소비에 적극적인 4050세대 트렌드 세터들이 만든 것이다. 좋은 취향에는 돈이 든다. 20대는 취향에 열광할지라도 그 취향을 돈을 투자해 사업으로, 핫플레이스라는 공간으로 만들어내는 데는 한계가 있다.

2024년 7월, 한국 딜로이트 그룹이 발표한 〈딜로이트 컨슈머 시그널스 링크Consumer Signals Link 인덱스〉에 따르면, 한국은 프리미엄 주류를 비롯한 식음료 분야의 과시성 소비 규모에서 조사 대상 20개국 중 4위였다. 직장인 평균 연봉이 한국보다 2배가 넘는 미국은 과시성 소비에서 15위였다. 우리가 돈이 더 많아서 과시성 소비를 하는 것이 아니다. 과시성 소비는 태도에서 나온다. 젊은 층에서 절약이 새로운 화두처럼 제기되고 있기는 하지만, 과시성 소비는 여전하다. 사실 무지출 챌린지, 거지방 등은 절약을 내세운 새로운 욕망이자 놀이였고, '비소비' 자체가 새로운 과시가 되었다. 절약을 한다고 전방위적으로 절약하는 것이 아니라, 한쪽에서 아껴서 다른 쪽에 더 쓴다. 선택과 집중이다. 무지출 챌린지, 거지방으로 놀면서, 동시에 엔데믹이 되자마자 해외여행을 간다. 사실 한국 사회는 오래전부터 과시성 소비에 능했다. 가격이 오르는 데도 일부 계층의 과시욕이나 허영심 등으로 인해 수요가 줄어들지 않는 현상을 일컫는 '베블런 효과Veblen Effect'가 잘 드러나는 곳이 한국 사회다. 과시의 소재는 달라질 수 있어도, 그동안 과시 자체가 줄어들지는 않았다. 아마 앞으로도 그럴 가능성이 크다. 상대적으로 싼 식음료조차 과시성 소비를 하는 이들이, 경제력이 더 갖추어지게 되면 더 비싼 카테고리에서도 과시성 소비를 이어갈 것이다. 작은 사치가 자라면, 결국 큰 사치가 된다.

《라이프 트렌드 2023: 과시적 비소비》에서 이를 중요 트렌드로 다루었고, 2023~2024년 전 세계에서 '비소비'와 '절약'이 중요한 소비 트렌드로 부각되었다. 국내외 여러 리서치 회사나 마케팅 연구 기관 등에서 '욜로YOLO, You Only Live Once는 가고 요노YONO, You Only Need One가 왔다' '플렉스FLEX 대신 밸류 해커VALUE HACKER' 같은 표현을 내세워 2030세대의 소비 트렌드에서 절약, 실용주의(현실주의)가 중요해졌음을 다루었다. CNN은 2024년 6월 'YOLO is dying(욜로는 죽었다)'이라는 제목으로 팬데믹 이후 소비 시장이 회복되지 못했고, 인플레이션과 고용 시장 불안정으로 욜로 라이프를 지향하던 2030세대가 점차 사라지고 있다고 보도했다. 그러나 정확히 말하자면 돈이 없어서 잠시 과시나 플렉스를 쉬는 것이지 이들의 욕망 자체가 지워진 것은 아니다. 이들 2030세대가 나이를 먹고, 경제력을 갖출수록 영포티피프티Young 4050의 욕망과 라이프스타일을 따라갈 가능성이 크다.

고가 가구 시장이 커지면 빈티지 가구 거래도 늘어나고, 고가 빈티지 가구 거래의 양상도 프리미엄 중고차 거래처럼 변해간다. 팬데믹 기간 중 부자가 크게 늘었고, 그에 따라 빈티지 시계 시장, 빈티지 자동차 시장, 빈티지 가구 시장, 빈티지 오디오 시장도 커졌다. 중고 중에서도 희소성과 특별함이 있는 것이 빈티지다. 중고는 통상 새것보다 더 싸고, 감가상각이 된다. 그런데 빈티지는 오히려 새것보다 비쌀 수 있다. 아무나 못 가지는, 희소성과 특별함이 담긴 상품에 대한 욕망은 점점 더 커질 수밖에 없다. 그리고 빈티지 소비는 지속가능성의 관점으로 보면 자원 순환이다. 새것을 만들지 않고, 있는 것을 계속 사용하고, 되팔고, 되사고 하면서 가치와 욕망을 이어가므로, 생산에 따른 탄소 배출은 제로인 셈이다. 럭셔리 시장이 빈티지 중심의 중고 시장으로도 확장되는 것은 이 시대, 아니 미래에도 지극히 당연한 일이다.

전 세계 고급 가구 시장은 계속 성장한다
: 특히 한국은 잠재력이 크다!

▼

글로벌 시장 조사 기관 포천 비즈니스 인사이트Fortune Business Insights에 따르면, 세계 고급 가구 시장 규모는 2023년 227억 8000만 달러로 평가되었고, 2024년 239억 8000만 달러에 이어 2032년 373억 3000만 달러로 성장할 것으로 전망했다. 한국에서 고급 가구 시장은 이제 겨우 초기다. 하지만 잠재력은 아주 크다. 벤츠의 국가별 판매 대수 순위를 보면 한국이 4위다. BMW의 국가별 판매 대수에서는 5위, 포르쉐는 6위다. 아우디, 볼보도 국가별 판매 대수 톱 10에 들어간다. 고급차 라인인 제네시스의 국내 판매량까지 더하면, 국내에서 팔리는 자동차의 20퍼센트 정도는 고급차다. 확실히 한국인의 자동차 욕망은 세계 최고 수준이다. 아파트 가격도 세계 최고 수준이다. 서울 반포의 아파트라면 집값 비싸기로 유명한 뉴욕, 런던의 집값 부럽지 않다. 자동차와 집 소비는 고가 영역이 아주 많지만, 가구에 대한 소비는 고가 영역이 상대적으로 적다. 이것은 고가 가구 영역에 대한 소비 욕망이 커질 순서가 곧 다가온다는 의미이자, 고가 의자 등에 대한 수요나 관심, 욕망이 증폭될 티핑 포인트가 발생할 가능성이 높아지고 있다는 의미다.

팬데믹을 거치며 단독 주택, 세컨드 하우스(별장), 정원, 텃밭 등에 대한 관심이 커졌다. 아파트가 대세인 나라에서 탈아파트 욕망이 부상한 것이다. 인테리어와 랜선 집들이에 대한 관심도 함께 커졌고, 조명과 가구 시장에도 영향을 주었다. 이런 관심이 바로 하이엔드 시장으로 옮겨가는 것은 아니지만, 적어도 욕망 속에 자리 잡는 계기가 된다. 욕망은 쉽게 해소되지 않을수록 오래, 강하게 자라난다. 누구나 포르쉐나 롤렉스를 욕망하지만, 누구나 쉽게 가질 수 없다보니 이 2가지에 대한 욕망이 세대를 막론하게 오랫동안 자라는 것처럼 말이다. 고가 가구도 쉽게 해소될 욕망이 아니다. 수백만 원대에서 수천만 원대에 이르는 고가 의자는 과거에는 최상위 부자만 관심 갖는 제한된 수요였다면 이제는 중산층까지 내려가고 있다고 해도 과언이 아니다. 수입 자동차 시장도 과거에는 최상위 부자만의 시장이었다면, 이제는 전혀 그렇지 않다. 카푸어가 흔한 말이 되었을 정도로 1억 원대를 호가하는 고가 수입 자동차를 타고 다녀도 월세조차 겨우 내는 이들도 있다. 적어도 수입 자동차에서는 욕망이 중산층을 넘어 서민까지 갔다고 해도 무방하다. 고가 가구에 대한 욕망이 더 확산되면, 월세 몇십만 원짜리 자취방에 살면서도 1000만 원대 고가 의자를 사는 이들도 생길 것이다. 카푸어가 아니라 체어푸어가 되겠지만 말이다.

프랑스 사회학자 피에르 부르디외Pierre Bourdieu(1930~2002)는 문화와 취향이 현대인의 계층 구분에서 중요한 기준이라고 했다. 돈이 계층의 기준이 아니라, 어떤 문화, 어떤 예술을 누리고, 어떤 취향을 가지는가가 계층의 기준이 된다는 것이다. 사실 이를 위해서는 경제력만큼이나 자신이 속한 환경이 중요하다. 풍부한 경험을 누리고, 취향을 쌓아가는 데는 오랜 시간이 걸린다. 결국 어떤 집안에서 태어나서 자라느냐가 중요한 영향을 준다. 바로 올드 머니다. 올드 머니는 돈만 많이 물려받는 것이 아니라 문화 자본, 취향도 물려받는다. 이들은 미술품을 소유하고, 전시도 자주 가고, 예술가와 교류에도 관심이 많다. 클래식 음악, 오페라를 즐겨 듣고, 공연 관람을 자주 하며, 고급 오디오도 집에 갖추고 있다. 테니스와 승마, 요트 같은 취미를 즐기고, 대대로 물려받은 저택도 있다. 집의 가격이 아니라 그 집의 역사와 가문의 스토리가 중요하다. 가구와 조명에 공들이는 것도 취향이자 문화 자산이다. "영국에서 자수성가한 유력 정치인이 다른 정치인으로부터 '자신의 가구를 자기 손으로 산 사람a man who bought his own furniture'이라는 말을 들은 적 있다. 사실 이 말은 멸시와 조롱 섞인 말이다. 아무리 부자가 되었어도 올드 머니가 가진 문화와 취향, 문화 자산을 가지지 못한 사람은 '졸부' 취급하는 것이 영국이다. 이것은 영국만 그런 것이 아니라, 미국도, 한국도 올드 머니의 힘은 여전히 유효하고, 그들이 가진 문화 자본은 중요하다."《라이프 트렌드 2024: OLD MONEY》에 나오는 한 대목이다.

《라이프 트렌드 2024: OLD MONEY》에서는 '욕망이 된 올드 머니'를 통해 2030세대가 전통적 부자의 의식주와 라이프스타일에 대해 관심이 커졌고, 이 트렌드는 전방위적으로 확대되며 오래갈 것이라 전망했다. 여기에도 단독 주택과 인테리어, 가구가 포함된다. 아울러 '각 집살이' 트렌드를 통해서는 별장과 세컨드 하우스, 공간의 확장에 대한 욕망이 부자를 필두로 중산층으로 확산되어가는 흐름을 다루었다.《라이프 트렌드 2023: 과시적 비소비》에서는 '대도시를 탈출하는 사람들과 세컨드 하우스'를 다루며 집에 대한 태도 변화, 단독 주택에 대한 욕망이 확산되는 트렌드가 계속될 것임을 이야기했다.《라이프 트렌드 2022: Better Normal Life》에서는 '유희가 된 가드닝과 반려식물' 트렌드를 다루며, 정원에 대한 관심 증대가 단독 주택과 인테리어에 대한 욕망으로 이어지는 것을 다루었다. 이처럼《라이프 트렌드》시리즈에서 최근 3년간 계속 주목한 공통 영역이 바로 단독 주택과 인테리어, 가구에 대한 것이다. 즉 하이엔드 체어에 눈뜨는 사람들이 늘어나는 것은 수년간 우리가 지켜본 트렌드의 연장선상에 있는 일이다. 결코 일시적 현상, 짧은 유행이 아니라 메가 트렌드를 지나 문화로 자리 잡을 가능성이 크다.

양극화는 더 심화된다. 서울 반포에서는 국민 평형이라고 하는 33평 아파트가 40~50억 원을 호가하고, 대형 평형에서는 100억 원대 아파트도 나오고 있다. 지방에서도 10~20억 원대 아파트가 많아졌고, 서울에서는 평균 집값이 10억 원을 넘은 지 오래다. 전체 부동산 시장보다 고급 부동산 시장의 성장세가 더 높고, 이는 고가 가구 시장의 성장에도 기여한다. 고급 주택을 사면 인테리어에도 더 많은 돈을 쓰고, 고가 가구도 더 적극적으로 소비하기 때문이다. 이는 가전 시장에도 영향을 주는데, 가전업계도 하이엔드 제품은 고가 가구와의 협업을 중요시한다. 쇼룸에서 하이엔드 가전 옆에 고가 의자(소파)를 두는 것은 가장 기본적인 설정이기도 하다. 보편적인 한국인이 하이엔드 체어를 욕망하는 순간, 고급 가구 시장은 폭발적 성장을 하게 될 것이다. 고가 수입 가구는 해외에서 배로 가져오기 때문에 주문을 해놓고 몇 달 걸리는 일이 많은데, 국내 수요가 많아질수록 미리 많은 물량을 선주문해둘 수 있으므로 배송 기간과 상품 가격 모두 더 유리해진다. 고급 가구 쇼룸을 찾는 사람이 아주 많아졌고, 전시 상품 세일을 할 때면 문전성시를 이룬다. 불황이라고, 자영업자의 위기라고, 새로운 경제 위기라고 아무리 떠들어도 모두의 위기는 아니다. 누군가에게는 안타까운 현실이지만, 그것이 자본주의다. 소비 트렌드, 라이프스타일 트렌드, 마케팅 트렌드, 비즈니스 트렌드 등은 모두 심화된 양극화 속에서의 '기회'를 더 주목한다. '위기'를 주목하는 것은 사회 트렌드이자 정치/정책 트렌드다. 중요한 것은 의자에 대한 욕망이 단지 가구에서 그치지 않는다는 점이다. 이 욕망이 의식주 전반에 어떤 영향을 미치게 될지 계속 주목하자.

12장

AI at Work와 AI 스트레스

일하는 방식이 바뀌면 인재상, 채용과 교육, 부동산 시장이 다 바뀐다

Life_Trend_2025
#AI at Work #AI 스트레스 #하이브리드 워크 #일하는 방식의 변화 #인재상 #채용 시장 #교육 시장 #부동산 시장 #작업 중심 #직무 중심 #대사직 시대 #ABS #공정성 #연공서열 #증강 인류

AI를 비롯한 기술적 진화가 초래한 산업적 변화, 경제적 변화는 일하는 방식을 바꾼다. 대표적인 것이 하이브리드 워크와 AI at Work다. 이것은 2025년 당신의 삶을 바꾸고, 당신의 비즈니스 기회를 만들어줄 가장 중요하고, 가장 거대한 트렌드 이슈다.

변화가 아주 더딘 시대를 살았던 사람도 있을 것이다. 그때는 한번 가진 생각, 한번 선택한 직업을 평생 고수할 수도 있었다. 하지만 지금은 그런 시대가 아니다. 살면서 새로운 변화에 적극 대응할 상황이 여러 번 오기도 한다. 누구나 직업을 여러 가지 바꿀 수 있고, 부모 세대에 유망했던 직업이 쇠락하는 것도 쉽게 목격하게 된다. 이런 변화의 가장 중요한 배경에 기술이 있다. 세상은 기술의 진화가 바꾼다고 해도 과언이 아닌데, 갈수록 진화의 속도가 빨라진다. 하지만 하루하루 일상에만 집중하다보면, 급변하는 시대를 살면서도 변화에 둔감할 수 있다. 한참 지나고 나면 누구나 그때가 엄청난 변혁기였다는 것을 알아채겠지만, 그 순간에는 변화에 과감히 올라타지 못하고 오히려 저항하기도 한다. 변화를 받아들이려면 새로 배워야 하고, 자신이 오랫동안 키워온 전문성을 내려놓아야 할 수도 있다. 무척 귀찮고, 두려운 일이다. 사람들은 익숙한 관성을 지키려 하는 경향이 있어서, 새로운 변화를 기회보다는 위기로 먼저 인식하기도 한다. 입지와 이해관계는 자신이 어떤 편에 서느냐에 따라서 완전히 달라진다. 과거의 편에 설 때와 미래의 편에 설 때 우리는 다른 선택을 하게 된다. 문제는 과거의 편에 서는 이들은 결국 밀려나고 만다는 것이다.

　AI를 비롯한 기술 진화가 초래한 산업 변화, 경제 변화는 일하는 방식을 바꾼다. 대표적인 것이 '하이브리드 워크'와 'AI at Work'다. 일하는 방식이 바뀌는 결정적 이유는 그것이 더 생산성이 높고, 효율적이어서다. 이것은 좋고 싫고의 취향 선택 문제가 아니라, 누구나 받아들여야 할 진화로 봐야 한다. 새로운 일이 벌어지는 것은 현상이다. 그 현상이 잠깐 번지는 것은 FAD(반짝 유행)이고, 몇 년을 이어가는 것은 트렌드다. 이것이 영향을 특정 영역에 제한적으로 미치는 것이 아니라 전방위적으로 미치면 메가 트렌드가 되고, 10년을 넘어갈 정도의 변화 흐름이면 패러다임이 되고, 수십 년을 이어가며 일상으로 자리 잡으면 문화가 된다. '하이브리드 워크'와 'AI at Work'는 문화가 될 수밖에 없다. 그리고 이는 기업의 채용 방식, 구인 구직 문화도 바꾼다. 자격증이나 학원 시장, 교재 시장, 콘텐츠 시장도 바뀌고, 대학의 교육도 변화가 필요하다. 기업의 인사 부서, 교육 부서가 바뀌고, 역할도 바뀐다. 평가 방식과 보상에 대한 기준도 바뀌고, 승진과 퇴사에 대한 기준과 태도도 바뀐다. 여기에 그치지 않고 비즈니스 출장과 회의도 바뀌고, 사무실 환경과 오피스 임대 시장도 바뀐다. 그리고 연애와 결혼, 여행, 주거, 패션 등 다양한 영역에도 영향을 미친다. 일하는 방식의 변화는 의식주 전반에서, 라이프스타일 트렌드 전반에서 수많은 나비 효과를 낳고, 새로운 기회와 위기를 만든다. 《라이프 트렌드 2025: 조용한 사람들》에서 순서상 마지막 이슈지만, 사실 이번 책에서는 가장 중요한 이슈를 시작과 끝에 배치했다. 'AI at Work'는 2025년 당신의 삶을 바꾸고, 당신의 비즈니스 기회를 만들어줄 거대한 트렌드 이슈다. 여기에 올라타고 나면 당신의 삶이 순차적으로, 전방위적으로 계속 바뀔 것이다. 마치 도미노가 이어지듯.

일하는 방식이 바뀐다: 메가 트렌드가 된 AI at Work

▼

2024년 5월 8일 발표된 마이크로소프트와 링크드인Microsoft & LinkedIn의《2024 워크 트렌드 인덱스 연례 보고서2024 Work Trend Index Annual Report》의 핵심 주제는 "AI at Work가 시작된다. 이제 어려운 부분이 다가온다AI at Work Is Here. Now Comes the Hard Part"다. 31개국 3만 1000명을 대상으로 한 설문 조사와 링크드인 채용 동향, 포춘 500대 기업 연

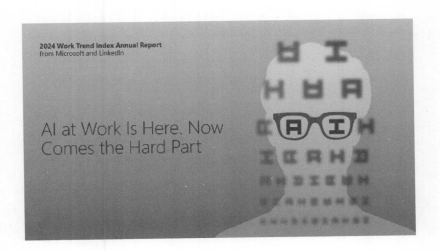

구를 기반으로 작성된 이 보고서는 워크 트렌드에서 AI가 강력한 이슈임을 보여준다. 보고서에 따르면, 현재 지식 근로자 75퍼센트가 직장에서 AI를 사용하고 있다. 생성형 AI 도구가 우리에게 주어진 지 얼마 되지 않은 시점에서 벌써 직장인 중 4분의 3이 쓰고 있다는 것은 조만간 거의 모든 직장인이 업무에서 AI 도구를 쓸 것임을 보여준다. 왜 사용하느냐는 질문에 시간을 절약하기 위해(90퍼센트), 본연의 업무에 집중하기 위해(85퍼센트), 좀 더 창의적이기 위해(84퍼센트), 일을 더 즐겁게 하기 위해(83퍼센트) AI를 사용한다고 답했다. 그만큼 AI가 업무의 효율성, 생산성 향상에 효과가 있고, 좀 더 창의적이고 즐겁게 일할 수 있게 해준다는 의미다. 회사 경영진의 79퍼센트는 경쟁력을 유지하기 위해 AI 도입이 중요하다는 데 동의했지만, AI 관련 비전과 실행 계획 부족에 대해서는 60퍼센트가 우려한다고 답했다. 이런 우려는 결국 시간의 문제다. 단기간 내 급속도로 확장된 새로운 변화이기에 가지는 우려인 것이다. 시간이 지나면 경영진도 AI 관련 비전에 확신을 더 가질 것이고, 실행에서도 시행착오가 해소되며 더 구체적이고 더 합리적인 실행으로 이어질 것이다. 그리고 경영진과 관리자급 리더 66퍼센트는 AI 기술이 없는 사람을 고용하지 않겠다고 응답했다. 이제 AI 사용 능력은 직장인의 필수 자질로 자리 잡을 수밖에 없다.

2023년 5월 발표된《2023 워크 트렌드 인덱스 연례 보고서》의 핵심 주제는 "AI가 일을 바꿀 것인가? Will AI Fix Work?"였다. 2022년 11월에 선보인 챗GPT로 생성형 AI 열풍이 뜨겁게 촉발된 시기이자 팬데믹이 엔데믹으로 전환되는 시기였기에 워크 트렌드의 중심축이 AI가 될 수밖에 없었다. 이 트렌드가 2023년을 지나 2024년이 되며 더욱더 증폭되고 있고, 2025년에도 AI가 워크 트렌드의 주인공일 수밖에 없다. 인류가 그동안 쌓아왔던 일하는 방식과 채용, 일자리 구조 등에서의 근본적 변화, 근본적 전환기를 지금 우리는 살아가고 있다. 2023~2024년을 거치며 AI가 촉발한 구조조정이 인재 전쟁, 산업과 비즈니스 모델 전환으로 이어지고 있는데, 2025년에도 더 활발한 구조조정과 전환이 진행될 것이다.

마이크로소프트가 《워크 트렌드 인덱스 연례 보고서》를 처음 만든 것은 코로나19 팬데믹 때문이었다. 2021년 3월 발표한 《2021 워크 트렌드 인덱스 연례 보고서》의 핵심 주제는 "다음번 대혁신은 하이브리드 워크다 – 우리는 준비가 되어 있는가?The Next Great Disruption is Hybrid Work—Are We Ready?"였다. 팬데믹으로 원격 근무가 본격 시작된 상황에서 '하이브리드 워크'가 워크 트렌드의 핵심임을 보여주었다. 사무실 출근과 원격 비대면 근무가 혼합되는 것은 팬데믹이 계기가 되어주었을 뿐, 팬데믹이 아니었더도 가야 할 미래 방향이었다. 팬데믹이 좀 더 미래를 앞당겨준 것이다. 2022년 4월 발표된 《2022 워크 트렌드 인덱스 연례 보고서》의 핵심 주제는 "큰 기대: 하이브리드 워크 활용하기 Great Expectations: Making Hybrid Work Work"였다. 2021~2022년에는 '하이브리드 워크'가 2023~2024년에는 'AI'가 핵심 주제였다.

엔데믹이 되며 '하이브리드 워크'가 팬데믹 때보다 줄어들기는 했어도, 팬데믹 이전보다는 비교하지 못할 정도로 크게 늘어난 것은 분명하다. '하이브리드 워크'는 워크 트렌드에서 메가 트렌드로 계속 유효하고, 'AI at Work'도 마찬가지다. 인류의 노동, 직장, 일하는 방식에서 이 2가지는 디폴트 값이지 결코 잠시 부는 바람이 아니다.

한국의 대기업도 다 시작한 AI at Work

▼

삼성전자는 2023년부터 DX 부문(가전, 스마트폰 사업)은 자체 개발한 생성형 AI에 기반한 '가우스 포털'을 업무 보조용(메일 작성, 문서 요약, 번역 등)으로 사용하고 있고, DS 부문(반도체 사업)은 생성형 AI 기반 'DS 어시스턴트'(시장·회사 분석, 번역, 코드 생성, 문서 생성 등에 활용)를 사용하고 있다. SK텔레콤은 2024년부터 생성형 AI 도구들을 쉽고 편하게 활용할 수 있도록 사내 포털 'AI One'을 사용하고 있다. LG전자는 마이크로소프트와 협업으로 생성형 AI 기반 빅데이터 분석 솔루션 '찾다CHATDA'를 도입해, 며칠씩 걸리던 데이터 탐색과 가공, 분석 시간을 30분으로 줄였다고 한다. 2023~2024년 한국의 주요 대기업은 대부분 생성형 AI를 업무에 활용하기 시작했는데, 이는 DXDigital Transformation(디지털 전환)의 일환이자 AXAI Transformation(AI 전환)이기도 하다. 이제 비즈니스를 위해 기업의 DX, AX는 필수다. 사업 모델, 일하는 방식모두에서 DX, AX가 필수가 된 시대에 'AI at Work'는 기본이자 문화다. 적어도 한국의 대기업에서 'AI at Work'는 당연해졌고, 중견기업, 중소기업으로도 점점 번져가고 있다.

한국 딜로이트 그룹의《아시아 태평양 지역 내 생성형 AI 업무 활용 현황과 시사점》(2024. 6) 보고서에 따르면, 아시아 태평양 지역 내 근로자 43퍼센트는 직장 업무에 생성형 AI를 활용 중이라고 답했다. 또한 생성형 AI 활용으로 일주일에 근로 시간이 약 6.3시간 감축되어, 생성형 AI가 노동 생산성 향상에 기여하고 있는데, 이는 주 4일제 도입, 인적 구조조정에도 영향을 줄 수 있다. 아시아 태평양 지역 내 학생 중

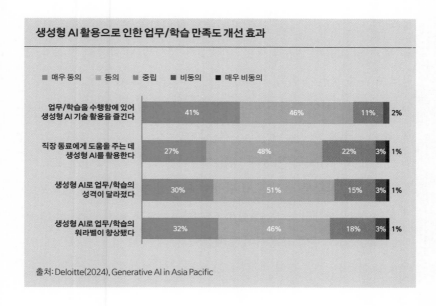

생성형 AI 활용으로 인한 업무/학습 만족도 개선 효과

■ 매우 동의   ■ 동의   ■ 중립   ■ 비동의   ■ 매우 비동의

	매우 동의	동의	중립	비동의	매우 비동의
업무/학습을 수행함에 있어 생성형 AI 기술 활용을 즐긴다	41%	46%	11%	2%	
직장 동료에게 도움을 주는 데 생성형 AI를 활용한다	27%	48%	22%	3%	1%
생성형 AI로 업무/학습의 성격이 달라졌다	30%	51%	15%	3%	1%
생성형 AI로 업무/학습의 워라벨이 향상됐다	32%	46%	18%	3%	1%

출처: Deloitte(2024), Generative AI in Asia Pacific

80퍼센트가 생성형 AI를 학습에 활용하고 있고, 60퍼센트는 생성형 AI가 커리어 결정에 영향을 미쳤다고 답했다. 현재 학생인 이들이 AI 열풍의 가장 큰 동조 세력이자 흡수층, 결과적으로는 수혜층이 될 것이다. 학생은 근로자보다 30퍼센트 정도 더 생성형 AI를 활용했다. 젊은 층 근로자가 중장년층 근로자보다 2배 정도 생성형 AI를 더 활용하고 있는 것을 보면, 새로운 기술에 대한 흡수력이 상대적으로 높은 젊은 층이 생성형 AI 활용에 더 적극적임을 알 수 있다. 즉 지금보다 미래로 갈수록 더 많은 학생, 더 많은 근로자가 생성형 AI를 활용할 것이고, 이는 대학 교육의 방식, 취업 교육과 진로 선택, 채용과 구인 구직 시장, 기업의 직무 교육과 업무 방식, 평가 방식, 인사 제도 등에서 전반적 변화를 가져올 수밖에 없다. 이런 사실은 생성형 AI 활용으로 인한 업무/

학습 만족도 개선 효과를 묻는 질문에서 확연히 드러난다. '매우 동의' 와 '동의'의 비율이 압도적으로 높은 것은 생성형 AI 활용의 장점과 긍정적 효과를 직접 경험하고 있어서다. 특히 생성형 AI 활용으로 업무/학습에서 워라밸이 향상되었다는 항목에서 '매우 동의' 32퍼센트, '동의' 46퍼센트로 '동의 그룹'이 78퍼센트인 반면, '비동의' 3퍼센트, '매우 비동의' 1퍼센트로 '비동의 그룹'이 4퍼센트에 불과했다는 점은 주목할 만하다. 이렇듯 생성형 AI 활용이 확대될 수밖에 없는 것은 생산성, 효율성이 높아져 '노동 생산성'(경영자가 원하는 것)과 '워라밸'(노동자가 원하는 것) 모두에 긍정적이기 때문이다. 해야 할 이유는 많은데, 안 해야 할 이유는 없는 것이 바로 'AI at Work'다.

채용이 바뀐다: 직업(직책) 중심에서 작업(직무) 중심으로 바뀐다는 것은?

▼

우리는 살면서 어떤 직업job을 가질지를 고민하지, 어떤 작업task를 할지를 고민하지는 않는다. 인류는 아주 오래전부터(어쩌면 수천 년 전부터) 직업(직책) 중심의 채용을 해왔다. 그동안의 일자리는 하나의 직업(직책) 개념이었다. 단 하나의 기능이자 작업이 아니라, 이것도 하면서 저것도 하는 식이다. 가령 개발자여도 코딩만 하는 것이 아니라, 개발을 위해 다른 직무를 하는 사람과 커뮤니케이션도 해야 한다. 일반 회사원은 훨씬 더 다양하고 많은 작업(직무)가 합쳐진 직업(직책)이다. 기본적으로 회사의 일은 협업이다. 각종 보고를 하고, 다양한 문서를 작성하고, 다른 역할의 누군가와 커뮤니케이션해야 한다. 더 나은 답을 찾기 위해 자기주장을 펼치고, 의견 충돌을 일으키고, 합의와 타협을 하고, 때로는 상대의 감정을 살피고, 결단도 내려야 한다. 여러 사람이 함께 일하다보니 친목이나 교류도 필요하다. 그동안 채용의 중심축은 당연히 직책이었다. 작업(직무) 중심으로 단기 채용하는 것은 인류 전체로 보면 아주 최근의 일이다. 프리랜서는 비주류였고, 21세기 들어서 긱 이코노미Gig Economy(필요할 때만 일하는 사람을 구하는 경제 형태)가 부상했음에도 여전히 비주류다. 하지만 'AI at Work'가 패러다임을 바꿀 수 있다. 전 세계의 거의 모든 직업은 특정 작업 부분에서는 자동화가 가능하다. 직책 자체를 다 대체하는 것이 아니라 자동화 가능한 특정 작업 중심으로 대체하는 것이다. 이는 효율성과 생산성 때문이다. 사람이 하던 일 중 일부는 그대로 사람이 직접 하고, 일부는 AI 도구를 활용해서 하고, 일부는 완전히 자동화한다. 앞으로 기술 진화가 거듭될수록 AI 도구를 활용하며 일하는 사람이 살아남을 수밖에 없고, AI나 로봇이 대체할 수 없는 업무를 하는 사람이 살아남을 수밖에 없다. 결국 미래에는 작업(직무)이 모든 일에서 중심이 되고, 인재상과 채용에서도 중요한 기준이 될 것이다. 그리고 지금이 바로 그 시작이다.

"사람들이 가지고 있는 프레임 워크는 현재 일자리 중 몇 퍼센트의 일자리가 AI로 완전히 대체될 것인가 하는 겁니다. 내가 생각하는 방식은 AI가 몇 퍼센트의 일자리를 대체할 것인가가 아니라, AI가 한 번에 몇 퍼센트의 작업을 수행할 것인가입니다The framework that people have is, what percentage of current jobs are just going to be totally replaced by some AI doing the job? The way I think about it is not what percent of jobs AI will do, but what percent of tasks will AI do on over one time horizon." 오픈AI의 공동 설립자이자

CEO인 샘 올트먼이 〈렉스 프리드먼 팟캐스트Lex Fridman Podcast〉(2024. 3. 19)에서 한 말이다. 사람들이 샘 올트먼에게 가장 많이 하는 질문 중 하나가 어떤 직업이 대체되고 사라질지에 대한 것이라고 한다. 미래의 직업과 관련해 그의 관점에서 핵심은 '어떤 직업이 대체될 것인가가 아니라, 어떤 업무가 대체될 것인가'인 것이다.

링크드인 CEO 라이언 로슬란스키Ryan Roslansky도 직책 중심에서 작업(직무) 중심으로 일자리 관점이 바뀔 수밖에 없고, 그 변화의 중심에 AI가 있다고 이야기했다. 2023년부터 회사의 모든 것을 AI 중심으로 바꾸고 있다고 했다. 일하는 방식, 채용 방식, 전문가와 연결되는 방식 등 모든 점에서 패러다임 전환이 이루어지고 있기 때문이고, 링크드인의 미래도 AI 중심의 패러다임 전환을 통해 존재한다고 여기기 때문이다. 링크드인은 세계 최대 비즈니스 전문 소셜 미디어 플랫폼이다. 현재 10억 명의 회원이 구인 구직부터 동종 업계 정보 습득과 인맥 연결까지 여러 서비스를 이요하고 있다. 어떤 일자리가 구직 중이고, 어떤 일자리가 구인 중인지 실시간으로 파악할 수 있는 곳이 링크드인이다. AI 인재 수요가 급증하고, AI 열풍이 구체적 비즈니스 기회로 확대되는 것을 가장 선제적으로 알아챈 곳이 링크드인인 셈이다. 새로운 사업을 하려면 가장 먼저 관련 인재를 확보해야 한다. 특히 그 사업이 기술 분야라면 관련 기술 인력을 확보하는 것이 무엇보다 시급하고 중요하다. 생성형 AI가 대중적 열풍을 일으킨 것이 챗GPT가 공개된 시점이라고 본다면, 주요 빅테크가 AI 분야 인재를 적극 확보하기 시작한 것은 그보다 더 이전이다. 적어도 1~2년 전에 AI 분야 인재에 대한 관심이 유의미하게 커졌을 수밖에 없다. 이것을 가장 먼저 지켜볼 수 있는 곳, AI가 비즈니스의 중심 흐름이자 일자리 변화의 중심 흐름이 된다는 사실을 그 누구보다 먼저 목격할 수 있는 곳이 링크드인이다. 이런 링크드인이 AI 중심 회사로의 전환을 이야기하는 것은 지극히 당연하다. 바꾸지 않으면 미래에 살아남지 못한다는 것을 알기 때문이다. 말 그대로 생존을 위한 전환이다. 하물며 빅테크들조차 이런 행보를 보이고 있는데, 우리야 두말할 나위 없다. 우리 역시 이 문제를 더 적극적으로 고민해야 한다. 현재 자신의 직책과 거기서 하는 여러 가지 작업(직무) 중 어떤 것은 대체되고, 어떤 것은 대체되지 않을지 스스로 따져보자. 그에 따라서 어떤 자질을 더 공부하고 키울지, 어떤 업무 역량은 확보하고 어떤 역량은 버려도 될지 판단해야 한다. 우리는 개인의 변화뿐 아니라, 채용과 교육, 콘텐츠 시장의 패러다임이 달라지는 거대한 변화의 시대를 맞이하고 있다.

참고로 이미 직책이 아닌 작업 중심 환경에서 일하는 사람들이 있다. 바로 프리랜서다. 노동 시장 분석 기업 블룸베리Bloomberry는 챗GPT가 출시되기 한 달 전인 2022년 11월 1일부터 2024년 2월 14일까지 프리랜서 플랫폼 업워크Upwork에서 가장 인기 많은 12개 직종의 프리랜서 채용 공고 변화 추이(84일 이동 평균)를 분석했다. 채용(구인)은 글쓰기Writing 33퍼센트, 번역Translation 19퍼센트, 고객 서비스Customer Service 16퍼센트 순으로 줄었고, 예상 시급에서는 번역이 21퍼센트로 가장 크게 줄었고, 동영상 편집/제작Video Editing/Production, 시장 조사Market Research 순으로 줄었다. 특히 구인은 39퍼센트나 늘어난 동영상 편집/제작이 예상 시급에서는 -15퍼센트로 크게 줄었다. (물론 이 변화 추이는 단기적이다. 향후 시간이 지날수록 더 큰 변화로 이어질 수 있다.) AI 도구는 특정 직업보다 특정 작업에 더 직접적이고 더 빠르게 영향을 미친다. 따라서 프리랜서 일자리 변화를 살펴보는 것이 향후 정규직 일자리 변화 추이를 전망하는 선제적 분석일 수도 있다. 아울러 'AI at Work'에서 어떤 작업이 대체되고 어떤 작업이 살아남을지, 채용과 인사에서 작업 중심 채용이 증가하면 어떤 변화가 생길지 우리는 계속 지켜봐야 한다. 정규직과 직업(직책) 중심으로 채용하던 오래된 관성은 계속되지 않는다. 지금 당장은 아니지만, 전환과 변화의 속도는 갈수록 빨라진다. 과거의 직업관, 직장관으로 미래의 직업, 고용 변화를 바라보면 안 된다.

아직 끝나지 않은 대사직 시대

▼

코로나19 팬데믹으로 대두된 '대사직The Great Resignation 시대'가 엔데믹에도 끝나지 않았다. 오히려 계속된다. 팬데믹이 확산시킨 '하이브리드 워크'가 대사직 시대의 1차 배경이었다면, 이제 'AI at Work'가 대사직 시대의 2차 배경이 되고 있기 때문이다. 글로벌 컨설팅 기업 PwC가 2024년 6월 발표한 보고서《글로벌 근로자 희망과 두려움 설문 조사 2024Global Workforce Hopes and Fears Survey 2024》에 따르면, 세계 50개국 5만 6000여 명의 근로자를 대상으로 한 설문 조사에서 응답자의 28퍼센트가 향후 1년 내 이직할 가능성이 높다고 답했다. 흔히 '대사직 시대'라고 불리던 코로나 팬데믹 때인 2022년 19퍼센트, 2023년 26퍼센트보다 높은 수치다. AI가 '일자리 이동' 현상을 더 심화시키고 있는 것이다.

2024년 5월, 크리스탈리나 게오르기에바Kristalina Georgieva IMF 총

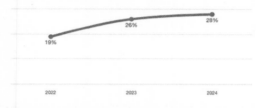

More employees say they are likely to change employer in the coming year than during the 'great resignation'

Question: How likely are you to change employer within the next 12 months?

(Showing only 'very likely' and 'extremely likely' responses)

19%   26%   28%

2022   2023   2024

Source: PwC's Global Workforce Hopes and Fears Survey 2024 of 56,600 workers across 50 countries and regions; PwC's Global Workforce Hopes and Fears Survey 2023 of 53,912 workers across 46 countries and regions; PwC's 2022 Global Workforce Hopes and Fears Survey of 52,195 workers across 44 countries and regions

재는 "인공지능이 쓰나미처럼 전 세계 노동 시장을 강타하고 있습니다. 인공 지능은 향후 2년 내에 선진국 일자리의 60퍼센트, 전 세계 일자리의 40퍼센트에 영향을 미칠 것입니다Artificial intelligence is hitting the global labour market like a tsunami. Artificial intelligence is likely to impact 60% of jobs in advanced economies and 40% of jobs around the world in the next two years"라며, 'AI at Work'가 바꿀 노동 시장 변화에 대해 목소리를 높였다.

앞선 PwC 보고서에는 아래 인용한 대로 생성형 AI가 초래하는 기회(혜택)와 위기(과제)에 대한 근로자들 생각도 잘 드러나 있다. 분명 'AI at Work'는 기회가 되지만, 그에 따른 스트레스도 클 수밖에 없다.

생성형 AI의 혜택

- 생성형 AI는 새로운 기술을 배울 수 있는 기회를 창출할 것이다: 76퍼센트
- 생성형 AI는 직장에서 더 창의적으로 일할 수 있도록 도와줄 것이다: 73퍼센트(생성형 AI가 단순 반복 잡무를 줄여주고, 업무 효율성을 높여주고, 업무 시간도 단축시켜주면, 결국 자신이 더 창의적으로 일할 기회가 늘어날 수 있다는 뜻이다.)
- 생성형 AI는 내 업무의 질을 향상시킬 것이다: 72퍼센트

생성형 AI의 과제

- 생성형 AI는 직장인에게 영향을 미치는 조직 내 편견을 증가시킬 것이다: 52퍼센트(여기서 말하는 '편견'은 생성형 AI로 인해 생산성과 효율성이 증가하므로, 일자리 구조조정이 필요하다는 견해를 가리킨다.)
- 생성형 AI는 나에게 신뢰할 수 없는 부정확하거나 오해의 소지가 있는 정보를 제공할 수 있고, 나는 이를 알지 못할 것이다: 52퍼센트(사고는 생성형 AI가 쳐도, 결국 책임은 그것을 믿고 수행한 사람이 져야 한다. 생성형 AI 활용이 늘어날수록 이런 문제가 발생할 가능성도 커질 수 있다는 불안감을 드러낸 것으로 해석된다.)
- 생성형 AI가 내 업무의 성격을 부정적인 방향으로 변화시킬 것이다: 47퍼센트(생성형 AI 활용으로 자신의 입지가 줄어들고, 자신이 대체되고 밀려날 것에 대한 걱정을 드러낸 것으로 해석된다.)

사무실이 바뀐다: 부동산 시장도, 상권도 바뀐다

▼

글로벌 신용 평가 기업 무디스의 자회사인 무디스 애널리틱스 Moody's Analytics에 따르면, 2024년 2분기 미국의 오피스 건물 공실률은 20.1퍼센트다. 미국 내 오피스 건물 공실률 데이터를 1979년부터 분석했는데, 역대로 20퍼센트 선을 넘어선 것은 이번이 처음이다. 2023년 4분기에 이미 역대 최고(19퍼센트대)였던 1991년, 1986년을 넘어섰다. 많은 이들이 기억하는 가장 최근의 경기 침체기가 2000년대 초반 닷컴 버블 붕괴, 2008년 글로벌 금융 위기일 텐데, 그때도 17~18퍼센트 정도였다. 오피스 건물 공실률은 경기 침체기에 주로 상승한다. 그런데 최근 수년간 미국 경제는 실업률도 3퍼센트대에 불과하고, 경기 침체

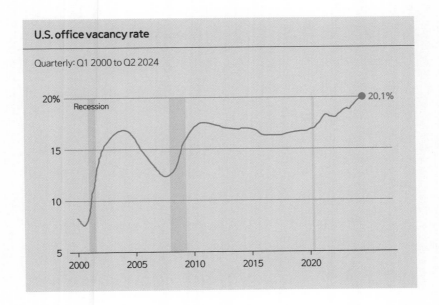

기가 전혀 아니었음에도 공실률이 계속 올라갔다. 오피스 공급 과잉도 이유가 되겠지만, 가장 핵심적 이유는 일하는 방식의 변화다. '하이브리드 워크'로 사무실 공간이 덜 필요해졌기 때문이다. 팬데믹이 '하이브리드 워크' 확산에 결정적 계기였지만, 팬데믹이 끝났음에도 공실률은 하락하지 않고 더 상승했다. '하이브리드 워크'는 팬데믹이 아니었어도 어차피 가야 할 길이었다. 이제 '하이브리드 워크'는 트렌드가 아닌 문화가 되어가고 있다. AI 열풍이 촉발한 'AI at Work'로 생산성이 높아지고 AI 발 구조조정이 대세가 되면서 업무 인력이 줄어든 것도 사무실 공간을 줄일 또 다른 이유가 된다. 일하는 방식의 변화는 일시적이 아니라 지속적이므로, 오피스 공실률도 일시적 상승으로 끝나지 않는다. 무디스는 2026년까지는 계속 상승할 것으로 전망하고 있는데, 만일 경기 침체까지 더해지면 공실률은 더 높아지고, 더 오래 상승기를 이어갈 것이다. 오피스 공실률이 높아지면 오피스 중심 지역의 상권도 치명타를 입는다. 미국에서 가장 심각한 지역이 샌프란시스코다. 왜일까? 이 지역에 빅테크 기업이 가장 많아서다. '하이브리드 워크'와 'AI at Work'를 가장 먼저, 가장 적극적으로 받아들이는 기업이 많은 곳이 오피스 공실률도 가장 높은 것이다.

2024년 2분기 샌프란시스코의 오피스 건물 공실률은 36.8퍼센트다. 2019년까지만 해도 샌프란시스코의 공실률은 3.6퍼센트였는데, 이 정도의 공실률이면 사실상 제로에 가까운 셈이다. 임대료도 부르는 게 값일 정도로 비쌌다. 오피스 건물 임대 시장은 활황을 누렸고, 오피스 건물 짓는 데 돈이 몰렸다. 그로부터 불과 5년 만에 샌프란시스코의 오피스 공실률은 10배나 높아졌다. 빅테크 기업들이 팬데믹 기간에 하

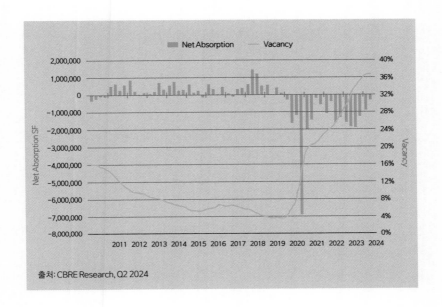

Net Absorption　　Vacancy

출처: CBRE Research, Q2 2024

던 재택 근무를 멈추고 사무실 복귀를 하고 있지만, '하이브리드 워크'
를 하며 사무실 공간을 줄였다. 2022년 4분기부터 시작된 구조조정이
2024년에도 활발히 이루어지며 조직 규모를 효율성, 생산성 중심으로
줄이는 것이 대세가 되었다. 'AI at Work'는 빅테크 구조조정의 중요
배경이 되고, 이는 전체 산업으로 확산된다. 과거에는 기업이 잘 나가
면 사옥을 멋지고 비싸게 짓고, 사무실도 더 크게 만들었다. 빅테크는
잘 나갈 때 부동산 시장의 큰손이었고, 덕분에 빅테크가 많은 샌프란시
스코는 부동산 시장이 뜨거웠다. 돈과 기업과 사람이 몰려드니 오피스
부동산 시장도 호황이었고, 주택 부동산 시장도 호황이었다. 그런데 AI
발 구조조정은 이 모든 것을 바꾸어놓았다. '하이브리드 워크'와 'AI at
Work'는 미국 기업이 더 먼저, 더 적극적으로 하고 있다. 한국 기업도

결국은 이를 받아들일 수밖에 없다. 2024년 한국 기업에서도 구조조정이 본격화되고 있고, 조직 문화의 변화, 평가와 보상 방식의 변화와 함께 '하이브리드 워크'와 'AI at Work'도 계속 대두되고 있다. 한국의 오피스 공실률 변화에 주목할 필요가 있고, 상권의 변화와 위기에도 대비해야 한다. 기업의 일하는 방식 변화에서 시작해 부동산 시장 변화로 이어지고, 자영업자와 상권 변화로까지 이어지는 것이다. 트렌드는 때로 도미노 같다.

ABS와 공정성, 그리고 탈연공서열

▼

2024년 5월 2일 자《경향신문》기사 〈기계가 야구 심판을 보니, 신기한 일이 벌어졌다!〉에서는 흥미로운 데이터를 소개했다. 한국 프로야구 2023년 시즌 OPS(출루율+장타율) 기준 국내 선수 상위 30명 중 30세 이상 타자는 23명이었다. 심지어 34세 이상도 12명이나 됐다. 반면 25세 이하 타자는 겨우 4명이었다. 이것만 보면 30대가 프로야구 선수의 전성기로 보인다. 그런데 2024년은 조금 달랐다. 개막일인 2024년 3월 23일부터 2024년 4월 29일까지, OPS 기준 국내 선수 상위 30명 중 30세 이상 타자가 19명이고, 25세 이하 타자가 7명이다. 특히 상위 10명 중 25세 이하 타자가 4명이다. 1년 만에 25세 이하 타자의 약진이 두드러진 것이다. 타자만 그런 것이 아니다. 투수에서도 25세 이하 선수들이 약진했다. 왜 갑자기 25세 이하 선수들, 즉 신인급 선수들이 달라진 것일까? 이것은 별안간 그들이 각성하거나, 잠재력이 발현되었기 때문이 아니다. 프로야구에서 2023년과 2024년은

ABSAutomatic Ball-Strike System(자동 투구 판정 시스템) 도입으로 나뉜다. 주심의 눈으로 판정하던 방식에서 카메라를 이용한 투구 추적 시스템PTS으로 기계가 판정하는 방식으로 바뀌었다. 사람은 심리적 편향이 있다. 점수 차가 커서 사실상 승부가 끝난 경기, 관심 많은 경기, 아주 중요한 경기에서도 편향이 작용할 수 있다. 신인 길들이기 같은 편향도 작용한다. 주심의 볼-스트라이크 판정은 절대적이었다. 다른 판정은 이의 제기가 가능하지만 볼-스트라이크 판정만큼은 주심의 절대 권력이었다. 주심도 사람이다보니 한계가 있고, 출신, 연줄로부터 완전히 자유롭지 못하다. 그래서 볼을 스트라이크로 만드는 프레이밍에 능한 포수가 가치 있었고, 유명하고 성적 좋은 선수 혹은 신인보다 베테랑이 상대적으로 판정에서 유리했다. 그런데 ABS 도입 이후 볼-스트라이크 판정에 불만을 제기하는 베테랑이 많아졌다. 베테랑으로서 누리던 유리함이 사라지자 상대적으로 손해를 보는 것처럼 느껴서다. 기계는 심리적 편향 자체가 없다보니 특정 선수를 편들지 않고, 분위기나 경기 상황의 영향도 받지 않는다. 프로야구에서 ABS 도입으로 신인급 선수들이 약진하고, 베테랑 선수들이 주춤해지는 상황은 계속 지켜볼 필요가 있다.

한국 프로야구가 시작된 1982년부터 2024년 전반기까지 고졸 신인 투수가 입단 첫해 데뷔전에서 선발승을 거둔 것은 11번에 불과하다. 그런데 그중 2번이 2024년 상반기에 나왔다. 두 선수 모두 2024년 신인 드래프트, 즉 2023년 9월에 치러진 신인 드래프트에서 지명되었고, 불과 반년 만에 데뷔전 선발승을 거둔 셈이다. 고등학교를 갓 졸업한 10대 후반의 어린 선수가 선발 투수로 등판할 기회를 얻는 것 자체가 어려운 일이다. 기회를 얻었어도 아마추어와 프로의 격차가 크게 나는 상황에서 프로 경험이 풍부한 선배 선수들을 압도하는 투구 실력을 갖춘 경우는 드물며, 실력이 출중하더라도 긴장과 부담 속에서 자신의 능력을 제대로 발휘하기란 쉽지 않다. 그런데 거기에 더해 베테랑에게 좀 더 유리한 볼-스트라이크 판정을 내리는 심판까지 상대해야 한다면 어떨까? 경기 중 공 몇 개만 판정이 바뀌어도 투수의 멘탈과 경기력은 크게 흔들릴 수 있다. ABS는 경계에 걸리는 공도 명확히 판정을 내린다. ABS 도입으로 프레이밍 기술은 무용지물이 되었다. 사람 눈은 교묘히 속일 수 있지만, ABS 기계는 속일 수 없기 때문이다.

한국 사회의 다른 분야에서는 어떨까? 법 적용에서도 어떤 판사, 어떤 변호사, 어떤 검사냐에 따라서 결과가 달라진다. 그러니 전관예우가 있고, 유명한 로펌이나 변호사들이 막대한 힘을 가지고 검사는 권력을 휘두른다. 하지만 우리 사회는 점점 더 공정성과 투명성을 요구한다. 학연, 지연 등 인맥의 폐해가 로봇과 AI 도입으로 해결된다고 장담할 수는 없지만 분명한 점은 로봇과 AI가 변화를 만들어낼 것이라는 사실이다.

신상필벌信賞必罰, 아주 오래된 화두지만 그동안 한국 기업에서는 이 일을 잘하지 못했다. 상도 공평하게 못 주고, 벌도 엄격하게 못 주었다. 이것을 인간적이라고 해야 할지 포용적이라고 해야 할지 모르겠으나, 분명 지금 시대에 보면 불공정, 불투명이다. 'AI at Work'는 조직 내 평가와 보상에서 투명성과 공정성을 더 강화할 것이며, 신상필벌도 더 현실화시키는 데 기여할 것이다. 인간이 가진 비효율과 불합리를 걷어 내는 일에 로봇과 AI는 많은 역할을 할 것이다.

'AI at Work'와는 무관할 수 있지만, 한국 사회의 단면 한 가지를 보여주는 사례가 있다. 굿데이터코퍼레이션에 따르면, 2023년 지상파와 종합편성, 케이블 39개 TV 채널에서 방영된 비드라마(프라임 시간대를 중심으로 방송된 시사, 교양, 예능 프로그램 등. 파일럿 프로그램 포함) 431편의 출연자 8319명을 분석했더니 4050세대가 많았다. 특히 영향력 높은 고정 출연자들 중에서는 4050세대가 압도적이었다. 방송을 20~30년씩 한 사람들이 여전히 예능을 장악하고 있다고 해도 과언이 아니다. 4개 이상 고정 출연한 출연자가 36명인데, 이들은 총 431편 중 42.7퍼센트인 184편에 출연했다. 이 36명 중 40대가 50퍼센트, 50대가 25퍼센트였다. 한국의 방송 프로그램에서 가장 영향력 높은 고정 출연자 36명 중 25명이 4050세대다. 20대는 1명, 60대도 1명이었다. 4050세대가 훨씬 더 유명하고, 방송을 더 잘해서 그런 것일까? 명성과 방송 능력이 나이순일까? 물론 2030세대가 OTT나 유튜브로 떠나고, TV 앞을 지키는 것은 405060세대 시청자가 많다보니 출연자도 이들에게 익숙한 4050세대 베테랑이 계속 자리를 차지하는 것이 당연할 수도 있다. 하지만 다른 시각으로 보면 모든 면에서 유리하고 지위도 우월한 4050세대 베테랑이 기회를 계속 독점하고 있다는 뜻이며, 이는 2030세대에게 돌아갈 기회가 그만큼 줄어들었다는 의미일 수 있다. PD를 비롯한 방송 제작진과 의사 결정권자도 4050세대가 많고, 중요한 고정 출연자도 4050세대가 많다. 이것은 우연이 아니다. 그런데 과거에도 그랬을까? 아니다. 지금 영향력 있는 4050세대 고정 출연자들은 10~20년 전에도 영향력 있었다. 분명 그때는 그들이 훨씬 더 젊었던 때다. 이런 상황을 2030세대가 볼 때는 '불공정'하다고 여길 수 있다.

이제 진짜 증강 인류의 시대가 열렸다: 과연 당신은?

▼

2025년에는 당신도 증강 인류로서 살아가고 있을 것이다. 증강 인류라는 말을 본격적으로 사용하기 시작한 것은 2010년부터다. 그해 9월에 열린 베를린국제가전박람회Internationale Funkausstellung Berlin, IFA 2010에서 기조연설을 맡은 구글 CEO 에릭 슈밋Eric Schmidt은 "증강 인류'의 시대를 환영합니다Welcome to 'Age of Augmented Humanity'"라는 말을 했다. 그는 인터넷 네트워크에 연결된 기기가 "그냥 작동하고just work", 사용자가 알고 싶어 하는 것을 "자동적으로 이해하게understand autonomously" 될 것이라면서, 이를 '증강 인류'라고 불렀다. 당시 구글은 스마트폰으로 서로 다른 언어를 사용하는 사람들이 실시간 대화하는 구글 번역의 대화 모드를 시연했다. 인간의 능력이 확장되고, 언어의 장벽도 무너지는 미래를 그려낸 것이다. 이를 계기로 증강 인류라는 말은 전 세계적으로 확산되었다. 네트워크에 연결된 스마트 기기는 인간의 암기력을 보완해줄 수 있고, 훨씬 더 많은 지식과 정보, 더 많은 일을 처리해내는 생산성을 안겨줄 수 있다. 스마트폰과 스마트글래스가 만들어내는 증강 현실Augmented Reality, AR에 대한 관심도 뜨거웠다. 소통 방식만이 아니라 교육 방식도 바뀌고 일하는 방식 등도 바뀔 것이다. 그러면 우리는 더 뛰어난 존재, 더 훌륭한 사회, 더 멋진 세상으로 진화할 수 있을 것이다. 인류가 오래전부터 품어왔던 꿈 같은 일이다. 그래서 사람들은 증강 인류라는 환상적인 말에 더 열광했고, 가까운 미래에 그렇게 될 것이라 확신했다.

그로부터 12년이 지난 2022년 11월 챗GPT가 서비스되면서 생성

형 AI 열풍이 본격화되었고, 2023년을 거치면서 우리는 2010년에 스마트폰을 기반으로 이야기했던 증강 인류가 이제 스마트폰+AI를 기반으로 현실로 구현되는 것을 목격하게 되었다. 2013년 12월에 나온 영화《그녀Her》도 증강 인류를 그려냈는데, 공교롭게도 영화 속 시대 배경은 2025년이다. 미래 도시에서 살고 있는 싱글 남성 시어도어가 AI 서맨사와 교감하며 사랑에 빠지고, 인간과 AI 모두 정체성의 혼란을 겪는다는 내용이다. 2024년 5월, 오픈AI는 GPT 4o를 선보이며 우리 모두 시어도어가 될 수 있음을 보여주었고, 영화 속의 2025년처럼 실제로 우리는 2025년에 AI 서맨사와 사랑에 빠지는 것도 가능해졌다.

인간이 높고 거대한 바벨탑을 쌓아 하늘에 닿으려 하자, 인간의 오만함에 분노해 하나의 언어를 여러 개로 나누어 서로 의사소통을 하지 못하도록 저주를 내렸고, 언어가 다른 사람들 사이에 불신과 오해가 생겨 결국 바벨탑 건설은 실패로 끝났다는 이야기가 《구약 성서》 〈창세기〉 11장에 나온다. 이 이야기를 반대로 바꾸면, 인간에게 언어의 장벽이 사라지면 인간의 능력도, 인류의 문명도 하늘에 닿을 정도로 발달한다는 이야기가 된다. 인류가 한 번도 겪어보지 못한 것이 언어의 장벽이 완전히 사라지는 일이다. 그리고 모든 인간에게 언어 장벽이 사라진다는 것은, 인간과 기계 사이의 소통과 교감도 완벽히 이루어질 수 있다는 의미가 된다. 서로 다른 언어를 사용하는 인간과 인간 사이에서 AI가 실시간으로 소통하게 만들어주므로, '인간 – AI – 인간'의 구도가 형성되고, AI가 인간 사이의 교집합 지점이 되는 셈이다. AI는 소프트웨어뿐 아니라 웨어러블 기기, 웨어러블 로봇 등 하드웨어를 통해서도 훨씬 더 자연스럽게 일상에 스며들게 된다. 증강 인류는 인간의 지적인 능력뿐 아니라, 신체적 능력, 사회적 능력까지 모두 키워준다. 이미 현실화되었고, 갈수록 더 당연해지는 일이다. 증강 인류는 사람이 소통하는 방식, 사람끼리 어울리는 방식, 지식을 쌓는 방식, 일하는 방식에 영향을 주고, 의식주를 비롯한 삶의 태도, 가치관과 세계관 등 모든 것에 영향을 끼치고 있다. 2025년, 현실이 된 증강 인류의 시대에 우리가 가지는 욕망도 달라질 수밖에 없다. 소비 트렌드와 라이프 트렌드, 비즈니스 트렌드에서 가장 강력한 변수를 오늘날 우리는 만나고 있다.

참고자료

1장 조용한 사람들의 시대
: 욕망과 태도가 된 Quiet & Silent! 새로운 소비와 경제가 된다

〈극 'I'의 시대가 왔다! 세상을 바꾸는 내향성의 힘〉, 2024. 6. 26, 《한경MONEY》.

〈"5분만 보려 했는데 새벽"… 오늘도 '쇼츠지옥'에 빠졌다〉, 2024. 3. 18(1569호), 《주간경향》.

〈'쇼츠'에 빠진 한국인… 유튜브 하루 1시간 넘게 본다〉, 2024. 3. 5, 《동아일보》.

〈한국인의 시간과 돈, 어느 콘텐츠에?〉, 2024. 2, 한국문화관광연구원.

〈'침묵의 리뷰', 조용한 숏폼 인기… 재미있어도 오래보면 안돼〉, 2024. 1. 24, 마켓뉴스.

〈말없이 리뷰하니 조회수↑… 새로운 숏폼 트렌드는 '침묵'〉, 2024. 1. 22, 뉴시스.

〈10년째 멍때리기 대회, 경쟁률 35대1 뚫었다… 우승자 누구〉, 2024. 5. 12, 《중앙일보》.

〈'멍 때리기 대회' 벌써 10년, 상 없어도 올해 경쟁률 35대1〉, 2024. 5. 13, 오마이뉴스.

〈[이슈 트렌드] 멍 때리는 2030… 힘들 땐 친구 대신 '이것' 찾는다〉, 2024. 5. 22, 시사Cast.

〈한국의 '멍 때리기', 새로운 웰빙 문화로!〉, 2022. 1. 24, 대한민국정책브리핑.

〈'인스타용'이라도 좋다… 서울국제도서전 역대급 흥행〉, 2024. 7. 3, 《국민일보》.

〈[신준봉의 시선] 서울국제도서전이라는 현상〉, 2024. 7. 5, 《중앙일보》.

〈책은 손맛이지! 오프라인 도서전의 힘 [활자예찬]〉, 2024. 7. 5, 《한국일보》.

〈지난해 소음 · 진동 민원 약 17만건… 역대 최다〉, 2021. 11. 28, 《한국경제신문》.

〈참을 수 없이 시끄러운 세상, 소음 민원 10년 새 3배 늘어… 없앨 수 없다면 감각을 다스려라〉, 2023. 7. 1, 《중앙선데이》.

〈경실련 "최근 5년간 층간소음 강력범죄 10배 증가… 층간소음 민원 실제 조치는 100건 중 4건"〉, 2023. 12. 6, 《경향신문》.

〈"대화 금지, 귓속말도 안돼"… 말 못하는 '침묵' 카페 만든 이유 [반차쓰고 마음투어]〉, 2024. 4. 21, 《중앙일보》.

https://floor.noiseinfo.or.kr/floornoise/home/statistics/all.do.

〈가전제품을 디자인으로 평가하는 시대는 끝, '스텔스 가전'〉, 2023. 3. 16, KOTRA.

〈차박의 계절… 올해 트렌드는 '스텔스 캠핑카'〉, 2024. 5. 15, 《주간한국》.

〈사운드 테라피스트 그레이스 최가 전하는 힐링〉, 2024. 2. 16, 《여성조선》.

〈위로를 전하는 '소리'의 힘〉, 2023. 1, 《ELLE Korea》.

〈The Introverts Have Taken Over the US Economy〉, January 22, 2024, Bloomberg.

〈Want to Get More Done? That Podcast in the Background Is Holding You Back〉, 2024.3.2, *Wall Street Journal*.

〈L.A, here's how to win Beyoncé's mute challenge. The experts weigh in〉, Sept. 1, 2023, *LA Times*.

〈What Is Beyoncé's Mute Challenge? All About the Renaissance Tour Trend〉, September 8, 2023, *People*.

〈Streaming unwrapped: Streaming viewership goes to the library in 2023〉, January 2024, nielsen.com.

https://www.wsj.com/tech/personal-tech/cant-get-things-done-without-background-noise-youre-not-alone-c5a41773.

https://www.nielsen.com/insights/2024/streaming-unwrapped-streaming-viewership-goes-to-the-library-in-2023/.

https://magazine.hankyung.com/money/article/202406251408c.

https://www.fool.com/the-ascent/personal-finance/articles/what-the-rise-of-the-introvert-economy-means-for-your-money-in-2024/.

https://www.fa-mag.com/news/the-introverts-have-taken-over-the-u-s—economy-76193.html.

https://www.bloomberg.com/opinion/articles/2024-01-22/the-introverts-have-taken-over-the-us-economy.

https://datepsychology.com/risk-aversion-and-dating/.

https://www.latimes.com/lifestyle/story/2023-09-01/l-a-heres-how-to-win-beyonces-mute-challenge-the-experts-weigh-in.

https://tripwyz.ai/from-hustle-to-hush/.

https://x.com/alexisohanian/status/1752753792058294725?s=46&t=zHQCBTtfz3h XdhbfUsgEAg.

https://www.worldnomads.com/responsible-travel/make-a-difference/planet/benefits-of-quiet-travel.

https://www.tripadvisor.com/Articles-lPZbecLojpiE-Silent_travel.html.

https://www.cntraveller.com/article/silent-travel-wellness-trend.

https://www.spaceoutcompetition.com.

https://people.com/beyonce-mute-challenge-renaissance-world-tour-everything-to-know-7967317.

https://www.wwdkorea.com/news/articleView.html?idxno=5643.

https://trends.google.co.kr/trends/.

https://www.elle.co.kr/article/74051.

https://www.instagram.com/etudes6/.

《라이프 트렌드 2024: OLD MONEY》, 김용섭, 부키, 2023.

《리더의 각성 Strong Leadership》, 김용섭, 퍼블리온, 2024.

2장 텍스트힙과 모형책의 묘한 관계
: 독서 열풍을 주도하는 Z세대, 그리고 책의 변신

〈교보문고 베스트셀러 1위가 쇼펜하우어?… 장원영 · 하석진 효과인가〉, 2024. 6. 3,《문화일보》.

〈책가도 · 문방도, 조선 후기 사람들의 취향 · 꿈을 담아내다〉, 2024. 3. 7,《경향신문》.

〈미국에선 '틱톡'이 아마존보다 책을 더 잘 판다?〉, 2022. 8. 12,《중앙일보》.

〈美 모델도 "정말 섹시"… 과시라도 좋아, Z세대 뜨는 '텍스트 힙' [비크닉]〉, 2024. 4. 27,《중앙일보》.

〈독서는 너무 섹시하다! Z세대 독서 붐〉, 2024. 2. 16, The PR.

〈"책 사느니 모형책 산다"… 독서 인구 감소 · 예산 감축에 출판업계 '삼중고'〉, 2024. 4. 12,

《헤럴드경제》.

〈예쁜 책방 늘었다고요? 사진만 찍습니다. … 독서율 최저시대 자화상〉, 2024. 4. 29,《한국
　　일보》.

〈감쪽같죠? 책이 아니라 인테리어입니다〉, 2024. 5. 18,《조선일보》.

〈'Reading is so sexy': gen Z turns to physical books and libraries〉, 9 Feb 2024 , *The
　　Guardian*.

https://www.theguardian.com/books/2024/feb/09/reading-is-so-sexy-gen-z-
　　turns-to-physical-books-and-libraries.

https://www.instagram.com/explore/tags/bookclub/.

https://www.oprah.com/app/books.html.

https://libraryscience.net.

https://www.youtube.com/watch?v=DilSsgN8OFY.

https://www.the-pr.co.kr/news/articleView. html?idxno=51217.

3장 Solopreneur, 역사상 가장 강력한 개인의 시대!
: 당신은 One-person Unicorn을 목격할 준비가 되었는가?

〈사장은 나, 직원은 챗GPT〉, 2023. 11. 28,《매일경제》.

〈트럼프 경호 실패 책임, 美 비밀경호국 국장 결국 사임〉, 2024. 7. 24,《조선일보》.

〈美 1인 매체는 어떻게 '트럼프 경호실패' 특종을 했나〉, 2024. 7. 23, ZDnet Korea.

〈How a one-man news site beat the national media on a Trump shooting scoop〉,
　　2024. 7. 20, *The Washington Post*.

〈Why Now Is The Best Time To Be A Solopreneur〉, Jun 4, 2024, *Forbes*.

https://www.forbes.com/sites/aytekintank/2024/06/04/why-now-is-the-best-
　　time-to-be-a-solopreneur/.

〈It's a Free Agent Nation, Except in Washington〉, March 18, 2011, *Harvard Business
　　Review*.

〈Free Agent Nation〉, 12-31-1997, *Fast Company*.

〈What's next for generative video〉, 2024. 3. 28, *MIT Technology Review*.

https://hbr.org/2011/03/its-a-free-agent-nation-except.

https://www.merriam-webster.com/dictionary/solopreneur.

https://www.fastcompany.com/33851/free-agent-nation.

https://trends.google.co.kr/trends/explore?date=all&q=Solopreneur&hl=ko.

https://x.com/kimhs0927.

http://www.joshkahn.tv/myles.

https://aytekintank.com .

https://www.terrilonier.com.

https://beavercountian.com.

《프리에이전트의 시대가 오고 있다》, 다니엘 핑크, 석기용 옮김, 에코리브르, 2001.

4장 자발적 고립주의자들의 시대
: 외로움이 두렵지 않다! 타인은 결국 소음이다!

〈쇼펜하우어 읽기, 이유 있는 열풍〉, 2024. 02. 23, 《매일경제》.

〈'자기계발'에서 '자기배려'로… 베스트셀러가 달라진 이유〉, 2024. 6. 10, 《한겨레》.

〈교보문고 상반기 판매 1위 책 '마흔에 읽는 쇼펜하우어'〉, 2024. 6. 3, 《이데일리》.

〈쇼펜하우어 · 니체… 출판가에 철학책 '열풍'〉, 2024. 3. 13, 《한국경제신문》.

〈아들러부터 쇼펜하우어까지… 서점가 철학서 열풍 왜?〉, 2024. 2. 7, 《파이낸셜뉴스》.

〈팬덤으로 자리잡은 '쇼펜하우어'… 고전읽기로 확장〉, 2024. 3. 18, 《서울경제》.

〈"90대 노인이 60대 자식 봉양"… 150만이 숨어사는 이 나라〉, 2023. 12. 14, 《코메디닷컴》.

〈[은톨이 보고서⑭] '고독부 장관' 둔 영국… '외로움 대처 네트워크'까지 운영〉, 2023. 5. 18,
　《뉴스웍스》.

〈누가, 얼마나 외로운가? – 외로움 실태조사〉, 2024. 2, 한국리서치 '여론 속의 여론'.

〈한국인의 외로움 인식 보고서: 한국에도 외로움 장관이 필요할까?〉, 2018. 5, 한국리서치
　'여론 속의 여론'.

〈2023년 혼인 · 이혼 통계〉, 2024. 3, 통계청.

〈2023 통계로 보는 1인가구〉, 2023. 12, 통계청.

Global Happiness 2024, 2024. 3, Ipsos.

World Happiness Report 2024, UN SDSN & GALLUP.

〈Workplace Loneliness: A Silent Pandemic CEOs Need To Pay Attention To〉, Mar 30,
　2024, *Forbes*.

〈The Loneliness of the American Worker〉, 2024. 5. 27, *The Wall Street Journal*.

https://worldhappiness.report/ed/2024/.

https://www.joongang.co.kr/article/25216789.

https://newsroom.thecignagroup.com/loneliness-in-america.

https://www.gatesnotes.com/Summer-Books-2024.

https://www.transparency.org/en/cpi/2023.

Huis clos, Jean-Paul Sartre, 1944.

《아웃스탠딩 티처》, 김용섭, 퍼블리온, 2023.

《라이프 트렌드 2020: 느슨한 연대》, 김용섭, 부키, 2019.

《라이프 트렌드 2021: Fight of Flight》, 김용섭, 부키, 2020.

5장 한국에서도 시작될 비만 치료제 열풍의 나비 효과
: 의식주 트렌드를 가장 극적으로 바꾸는 티핑 포인트

〈[위고비 쇼크] 5년 뒤 100兆 시장… 미국은 비만약 공장 증설 경쟁 중〉, 2024. 6. 27, 《조선
      일보》.

〈[위고비 쇼크] 한 달 치료비 183만원… 비만 불평등 시대 오나〉, 2024. 8. 6, 《조선일보》.

〈일론 머스크의 비만 약 '위고비', 미국서 보험 적용… 우리나라는?〉, 2024. 3. 23, 《조선일
      보》.

〈릴리, 넥서스 '생산공장' 인수… "'젭바운드' 공급 확대"〉, 2024. 4. 26, 《BIO Spectator》.

〈"27kg 빠졌다"던 기적의 비만약, 국내 판매 허가받았다〉, 2024. 8. 1, 《한경 BIO Insight》.

〈기적의 비만약 '마운자로' 국내 판매 허가… 출시는 미정〉, 2024. 8. 1, 《머니투데이》.

〈불붙는 韓 비만치료제 시장… '위고비 vs 마운자로' 격돌 [테크&포커스]〉, 2024. 8. 4, 《디지
      털타임스》.

〈"위고비 독주 끝내자" 글로벌 빅파마들, 비만신약 '왕좌의 게임'〉, 2024. 5. 20, 《조선비즈》.

〈美 성인인구 10명 중 4명이 비만, 비만 치료 시장의 높은 성장 가능성〉, 2024. 3. 19,
      KOTRA 해외시장뉴스.

〈GLP-1 비만치료제 르네상스 온다〉, 2024. 7. 29, 《The Milk》.

https://www.themiilk.com/articles/a197c0948?u=55bdb3b8&t=ac7177bbe&from=.

〈미국, 비만치료제 열풍에 성형·뷰티 산업도 지각변동〉, 2024. 7. 29, 《The Milk》.

https://www.themiilk.com/articles/a66a7ea08?u=55bdb3b8&t=a6c3192be&from=/
      articles/a197c0948.

〈오젬픽 페이스에 패션 · 단백질 보충제 · 샴푸도 바꿨다〉, 2024. 7. 29, 《The Milk》.

https://themiilk.com/articles/a61e5854e?u=ce03d34c&t=a27e008c2&from=.

https://trends.google.co.kr/trends/explore?date=today%205-y&geo=US&q=wegov
　　y,Zepbound,Saxenda,Ozempic,Mounjaro&hl=ko.

https://www.novonordisk.com.

https://www.lilly.com.

6장 과연 2025년에 Military Look이 유행할까?
: 밀리터리 룩이 뜬다면 OO에 투자하라!

〈전세계 방산업체는 '채용전쟁'… "냉전 이후 최대 주문량"〉, 2024. 6. 17, 《동아일보》.

〈전쟁 · 패권다툼에 전세계 국방비 2천930조원 사상 최대〉, 2024. 2. 14, SBS biz.

〈뉴욕컬렉션에 나타난 밀리터리 룩 디자인 분석 – 1996년부터 2000년까지의 패션잡지를
　　중심으로〉, 《한국패션디자인학회지》 제9권 3호3, 2009.

〈세기말 말고, 2024 버전 밀리터리 룩!〉, 2024. 6. 28, 《VOGUE》.

〈Global defence groups hiring at fastest rate in decades amid record orders〉, 2024.
　　6. 16, *Financial Times*.

The Military Balance 2024,, 2024. 2, IISS.

2024 Military Strength Ranking, globalfirepower.com.

〈Global military spending surges amid war, rising tensions and insecurity〉, 22 April
　　2024, SIPRI.

https://www.vogue.co.kr/2024/06/28/세기말-말고-2024-버전-밀리터리-룩/?utm_
　　source=naver&utm_medium=partnership.

https://www.globalfirepower.com/countries-listing.php.

https://indianexpress.com/article/trending/top-10-listing/top-10-largest-
　　economies-in-the-world-in-2024-9358501/.

https://indianexpress.com/article/trending/top-10-listing/top-10-most-
　　powerful-countries-in-the-world-by-military-strength-in-2024-9382565/.

https://www.sipri.org/media/press-release/2024/global-military-spending-
　　surges-amid-war-rising-tensions-and-insecurity.

https://www.sipri.org/databases/milex.

참고자료　　　　　　　　　　　　　　　　　　　　　　　　　　　　　　　**319**

https://www.sipri.org/.

《리더의 각성 Strong Leadership》, 김용섭, 퍼블리온, 2024.

7장 여행 욕망의 리셋! 경험, 솔로, 즉흥, 노마드
: 2025년 여행 지출이 최대가 될 수밖에 없는 이유!

Travel Trends 2024: Breaking Boundaries, Mastercard Economics Institute, 2024.

2024 Global Travel Trends Repor, AMERICAN EXPRESS TRAVEL, 2024.

〈[상반기 인바운드 여행 트렌드] '한국인처럼 꾸미고 먹고 놀자'는 외국인 관광객〉, 2024. 7.
    26, 《여행신문》.

〈방일 외국인 역대 최고치… 여행객 4명 중 1명은 한국인〉, 2024. 7. 26, 《여행신문》.

〈"그 돈이면 일본"… '피크아웃' 제주, 생산·소비·인구 다 줄었다[르포]〉, 2024. 6. 10, 《한
    경비즈니스》.

〈엔데믹 전환 이후, 여행 관련 산업의 변화〉, 2023. 6, 삼일PwC경영연구원.

《2024년 관광트렌드 전망 및 분석 보고서》, 2023. 12, 한국관광공사.

https://www.mastercardservices.com/en/industries/travel/insights/travel-trends-
    2024-breaking-boundaries.

https://explodingtopics.com/blog/travel-industry-trends.

https://nomadlist.com/digital-nomad-statistics.

https://blog.naver.com/flexwork/223397137639.

https://hitchhickr.com/2024_nomad_list_reports/.

https://creatrip.co.kr.

《머니 트렌드 2025》, 김용섭 외, 북모먼트, 2024.

8장 늘어나는 Workoutholic과 Fun Running
: 왜 싱글일수록 운동에 진심일까? 왜 운동이 핵심 욕망이 되었을까?

〈'장보기런'부터 '수육런'까지 이색 러닝… MZ들 사로잡은 이유〉, 2024. 5. 26, 《중앙일보》.

〈여의나루역에서 러닝하고, 광화문에서 요가한다… 운동의 열기에 빠진 도시〉, 2024. 7. 5,
    MBN.

〈'헬시 플레저'에 딱… 매서운 '온러닝' 질주〉, 2024. 6. 23, 《매경이코노미》.

〈미코로나19 이후 러닝 열풍에 고프코어·Y2K 유행 업고 질주〉, 2024. 06. 17(545호), 《EconomyChosun》.

〈[월드 트렌드] 맥주잔 대신 덤벨 든 밀레니얼 세대… '아령 경제' 떴다〉, 2018. 2. 12,《국민 일보》.

〈2023 통계로 보는 1인가구〉, 2023. 12. 12, 통계청.

〈2023년 사회조사 결과 (복지. 사회참여. 여가. 소득과 소비. 노동)〉, 2023. 11. 8, 통계청.

〈[미국] 무알코올 주류 시장 트렌드〉, 2024. 6. 13, Kati 농식품수출정보.

〈2023년 학생 건강검사 표본통계 및 청소년 건강행태조사〉, 2024. 3. 28, 교육부·질병관리청.

〈2023년 사회조사〉, 2023. 11, 통계청.

〈The dumb-bell economy: inside the booming business of exercise〉, FEBRUARY 9 2018, *Financial Times*.

European Health & Fitness Market Report 2024, Deloitte & EuropeActive.

European Health & Fitness Market Report 2023, Deloitte & EuropeActive.

European Health & Fitness Market Report 2022, Deloitte & EuropeActive.

European Health & Fitness Market Report 2021, Deloitte & EuropeActive.

European Health & Fitness Market Report 2020, Deloitte & EuropeActive.

https://news.gallup.com/poll/509690/young-adults-drinking-less-prior-decades.aspx.

https://www.pewresearch.org/short-reads/2024/01/03/10-facts-about-americans-and-alcohol-as-dry-january-begins/.

https://www.ft.com/content/f34eaa04-0a9d-11e8-839d-41ca06376bf2.

https://www.futuremarketinsights.com/reports/health-and-fitness-club-market.

https://www.instagram.com/explore/tags/러닝/.

9장 자신의 죽음을 디자인하는 사람들, Well-Dying & Last Dance
: 어떻게 살 것인가만큼 어떻게 기억될 것인가도 중요하다!

〈사카모토 류이치의 마지막 플레이리스트가 공개됐다〉, 2023. 5. 16,《하입비스트》.

〈"비싼 관 필요 없다"… 日서 유행한다는 '골판지 관' 정체는〉, 2024. 6. 20,《동아일보》.

〈"따로 살지만 함께 묻어주오" 생전에 '무덤친구' 구하는 일본인들〉, 2024. 04. 25,《일요신문》.

〈日 80세 이상 노인, 인구의 10% 넘었다… 한국은 4.5%〉, 2023. 9. 18, 《머니투데이》.

〈일본 인구, 작년 역대 최다 86만여명 감소… 외국인 첫 300만명대〉, 2024. 7. 24, 《한국경제
   신문》.

〈죽음을 상상하는 명상〉, 2023. 8. 23, 《Lether》.

〈죽음에 마음챙기는 죽음명상(死念)〉, 2023. 1. 21, 《법보신문》.

〈인생의 끝, 준비하지 않으면 '웰다잉'은 없다〉, 2023. 6. 5, 《미래에셋증권 매거진》.

https://lether.kr/trend/죽음을-상상하는-명상/.

http://www.beopbo.com/news/articleView.html?idxno=314227.

https://www.instagram.com/skmtgram/.

https://magazine.securities.miraeasset.com/contents.
   php?category=pension&idx=921.

https://kabamerica.lnk.to/funeralplaylist.

https://ifcx.jp/en/.

10장 본격적 Climateflation 시대 & 소비 대상이 된 heirloom
: 의식주 트렌드를 바꾸는 이상 기후, 결국 머니 트렌드가 바뀐다

〈金보다 귀한 토마토?… 가격 급등에 토마토 노린 강도 살인까지〉, 2023. 7. 20, 《서울신문》.

〈"토마토 1인당 2개까지만 팝니다"… 영국의 채소 대란〉, 2023. 3. 1, 《머니투데이》.

〈"오렌지 주스가 사라진다"?… 매우 심각한 상황이라는데〉, 2024. 8. 2, 《파이낸셜뉴스》.

〈텃밭 하다 자연스레 비건… 이것이 '시대적 추구미'〉, 2024. 8. 12, 《한겨레21》.

〈뜨거워지는 지구… 미래 식량으로 '뱀' 지목한 이유〉, 2024. 3. 18, 《서울신문》.

〈고대 로마 제국의 힘… 다이어트부터 혈당조절까지 가능한 저당 고대곡물 '파로(Farro)'〉,
   2024. 3. 5, 《조선비즈》.

〈식량·에너지 위기의 대안, 자급자족과 미니멀리즘〉, 2022. 9. 1, 《Economy Insight》.

〈日, 오렌지 주스 판매 중단… 우리나라도 '곧'이라는데, 왜?〉, 2024. 6. 4, 《헬스조선》.

〈기후 위기, 인플레이션 불러온다… 향후 10년간 식품 값 연간 3%p까지 상승 가능성〉,
   2024. 4. 3, 《ESG경제》.

〈네이처 연구, 기후인플레이션이 온다… 기후가 식량 및 경제에 영향 미쳐〉, 2024. 4. 2, 《임
   팩트온》.

〈IMF "기후發 인플레 금리 대응 효과↓ … 침체 부작용 고려해야"〉, 2024. 5. 10, 연합인포맥스.

〈"기후변화로 2050년 한국 소비식량의 5배 사라져… 농업의 과제는"〉, 2022. 12. 19,《경향신문》.

〈기후변화가 바꾼 '사과 지도' … "2100년이면 강원에서만 재배"〉, 2023. 9. 14,《조선비즈》.

2024 Global Report on Food Crises, 2024. 4, WFP

〈Global warming and heat extremes to enhance inflationary pressures〉, Maximilian Kotz, Friderike Kuik, Eliza Lis & Christiane Nickel , 21 March 2024, *Nature Communications Earth & Environment* 116, 2024.

〈Warming reduces global agricultural production by decreasing cropping frequency and yields〉, 10 October 2022, Peng Zhu, Jennifer Burney etc., *Nature Climate Change* 12, 2022.

〈A new age of energy inflation: climateflation, fossilflation and greenflation〉, 17 March 2022, *Frankfurt am Main*.

https://www.ecb.europa.eu/press/key/date/2022/html/ecb.sp220317_2~dbb3582f0a.en.html.

https://www.nature.com/articles/s43247-023-01173-x.

https://news.einfomax.co.kr.

http://www.impacton.net.

https://climatechange.umaine.edu.

https://climatereanalyzer.org/clim/sst_daily/.

https://climatereanalyzer.org/clim/t2_daily/?dm_id=world.

https://ko.tradingeconomics.com/commodity/cocoa.

https://ko.tradingeconomics.com/commodity/orange-juice.

11장 욕망이 된 High-end Chair, 의자는 가장 작은 건축이다
: 의자에 눈뜬 사람들에 의해 의식주 트렌드가 바뀐다?

〈200만원짜리 의자에 꽂힌 회사원들… 경기 안좋다는데 왜〉, 2024. 5. 4,《중앙일보》.

〈일본은 꺾었지만… 1인당 국민총소득, 10년째 3만 달러대 왜〉, 2024. 6. 10,《중앙일보》.

〈이탈리아 가구 브랜드 까시나, 소격동에 모노 스토어 오픈〉, 2023. 9. 11,《아주경제》.

〈"온라인쇼핑으로 2000만원대 소파도 척척"… 작년 '시마을' 트렌드 보니〉, 2024. 1. 23, 《한국경제신문》.

〈"비싼 집값 때문에 못살겠다"… '탈 서울' 급증〉, 2024. 6. 26, 《한경비즈니스》.

〈빈티지 가구 거래도 중고차처럼… 가구 시장의 게임 체인저[비크닉]〉, 2024. 5. 25, 《중앙일보》.

〈흔들리는 가구 업계, '프리미엄' 전략으로 돌파〉, 2023. 11. 10, 《The Living》.

〈Consumer Signals Q2(글로벌, 한국, 미국): 불황에도 지속되는 자기만족성 소비〉, 2024. 7, 한국 딜로이트 그룹.

〈장래인구추계 시도편(2022 2052년)〉, 2024. 5, 통계청.

〈매거진《C》No.1 Standard Chair 창간호 보도자료〉, 2024. 7, 그란데클럽.

〈YOLO is dying. That could be bad news for the economy〉, June 4 2024, CNN.

https://www.fortunebusinessinsights.com/ko/luxury-furniture-market-107326.

https://www2.deloitte.com/kr/ko/pages/consumer/articles/2024/20240703.html.

http://www.theliving.co.kr/news/articleView. html?idxno=23027.

https://beyondapartment.kr.

https://www.fortunebusinessinsights.com.

《매거진 C(Magazine C) Vol. 1: Standard Chair》, 2024. 7, 그란데클럽.

《매거진 C(Magazine C) Vol. 2: Thonet No 14》, 2024. 10, 그란데클럽.

《라이프 트렌드 2013: 좀 놀아본 오빠들의 귀환》, 김용섭, 부키, 2012.

《라이프 트렌드 2014: 그녀의 작은 사치》, 김용섭, 부키, 2013.

《라이프 트렌드 2016: 그들의 은밀한 취향》, 김용섭, 부키, 2015.

《라이프 트렌드 2022 Better Normal Life》, 김용섭, 부키, 2021.

《라이프 트렌드 2023: 과시적 비소비》, 김용섭, 부키, 2022.

《라이프 트렌드 2024: OLD MONEY》, 김용섭, 부키, 2023.

12장 AI at Work와 AI 스트레스
: 일하는 방식이 바뀌면 인재상, 채용과 교육, 부동산 시장이 다 바뀐다

〈'AI로 딸깍'… 대기업, 일하는 방식 바꾼다〉, 2024. 6. 19, 《IT조선》.

〈대학 DIY 전공이 뜬다. … AI로 인해 대학 커리큘럼 대변화〉, 2023. 10. 15, 《The Milk》.

〈글로벌 노동 시장이 변하고 있다. … 링크드인이 내다본 미래〉, 2024. 5. 7, 《The Milk》.

〈기계가 야구 심판을 보니, 신기한 일이 벌어졌다!〉, 2024. 5. 2,《경향신문》.

〈언제까지 28명이 TV 예능을 책임질까?〉, 2024. 4. 11,《반론보도닷컴》.

〈AI가 쏘아올린 '대이직'〉, 2024. 6. 26,《조선일보》.

〈[매경춘추] 아직도 연공서열로 평가해요?〉, 2023. 11. 21,《매일경제》.

〈태어난 김에 출장여행 시즌2. ⋯ 해외 출장의 부활〉, 2024. 6. 2,《The Milk》.

〈랜드마크 효과가 사라진다⋯ SF 공실률 36% 치솟아 금융위기급〉, 2024. 5. 8,《The Milk》.

〈'닷컴 버블' 이후 역대급 구조조정 태풍〉, 2023. 6. 5,《Fortune Korea》.

〈日, AI가 직원 미소 · 목소리까지 평가한다⋯ '고객 갑질' 심화 우려도〉, 2024. 7. 2,《서울신문》.

〈"지키려다 당한다" 구글의 자기 파괴. ⋯ 검색 · 광고 25년만에 대혁신〉, 2024. 5. 22,《The Milk》.

〈미국 Z세대 "구직 힘들어요". ⋯ 유령 일자리도 등장〉, 2024. 7. 1,《The Milk》.

〈2024 기업교육 전망〉, 2023. 11, 휴넷.

〈생성 AI 시대, 일하는 방식이 변한다〉, 2023. 5. 30, LG경영연구원.

〈아시아 태평양 지역 내 생성형AI 업무 활용 현황과 시사점〉, 2024. 6. 17, 딜로이트.

〈San Franciso Office Q2 2024〉, 2024. 7, CBRE.

2024 Work Trend Index Annual Report: AI at Work Is Here. Now Comes the Hard Part, May 2024. Microsoft.

2023 Work Trend Index: Annual Report: Will AI Fix Work?, May 2023. Microsoft.

2022 Work Trend Index: Annual Report: Great Expectations: Making Hybrid Work Work, April 2022. Microsoft.

2021 Work Trend Index: Annual Report: The Next Great Disruption is Hybrid Work⊠Are We Ready?, March 2021. Microsoft.

Global Workforce Hopes and Fears Survey 2024,, June 2024. PwC.

〈The Future According to Schmidt: "Augmented Humanity," Integrated Into Google〉, 2011. 1. 25, *FastCompany*.

〈LinkedIn CEO says galvanizing 18,000 employees to shift objectives to AI hasn't been easy but they've worked to 'create a movement around it'〉, April 24, 2024, *Fortune*.

〈Sam Altman: OpenAI, GPT-5, Sora, Board Saga, Elon Musk, Ilya, Power & AGI #419〉, 2024. 3. 19, Lex Fridman Podcast.

https://news.microsoft.com/annual-wti-2024/.

https://educationstormfront.wordpress.com/2010/09/08/eric-schmidt-welcome-
to-"age-of-augmented-humanity"-≪/.

https://www.axios.com/local/san-francisco/2024/07/10/office-vacancy-rate-
economic-recover.

https://www.cbre.com/insights/figures/san-francisco-office-snapshot-q2-2024.

https://fortune.com/topic/leadership-next/.

https://fortune.com/2024/04/24/linkedin-ceo-says-galvanizing-18000-
employees-to-shift-objectives-to-ai-hasnt-been-easy-but-theyve-worked-
to-create-a-movement-around-it/.

https://www.youtube.com/watch?v=jvqFAi7vkBc.

https://www.axios.com/2024/07/09/office-vacancy-rate-record-high.

https://cre.moodysanalytics.com/insights/cre-trends/q4-2023-preliminary-trend-
announcement/.

《리더의 각성 Strong Leadership》, 김용섭, 퍼블리온, 2024.

Quiet & Silent

Life Trend 2025